인공지능 시대 인성 역량 향상을 위한

인성교육의 이해와 실제

신재한 · 박소영 · 노정은

 Understanding and Practice of Character Education
to Improve Character Competency in the Age of Artificial Intelligence

머리말

　인성이란 무엇일까? 인품, 인격, 성품, 성격, 인간성, 도덕성, 심성 등 유사한
말들이 너무나도 많이 있다. '인성'에 대한 사전적 의미는 '사람의 성품이나 개인
이 가지고 있는 사고와 태도 및 행동 특성'이다. 그리고 일반적 통용되는 '인성'
의 의미로는 '사회적으로 인정되는 바람직한 인간적 특성 또는 사람됨'을 말하기
도 한다.

　현재 전 세계는 인공지능이 중심이 되는 '4차 산업혁명 시대'를 맞아 정치, 경
제, 사회, 문화 등 다양한 분야에서 변화의 움직임이 대두되고 있다. 이러한 시대
에 인성의 중요성이 점점 더 강조되고 있기 때문에 인성교육의 방향도 변화해야
한다. 인성교육은 '인간으로서 필요한 올바른 덕성을 바탕으로 타인과 사회 속에
서 함께 어울리며 살아갈 수 있는 사고와 행동의 습관을 가르치는 교육'이다. 즉,
인성교육은 자신의 내면은 바르고 건전하게 가꾸고 타인, 공동체, 자연과 더불어
살아가는 데 필요한 인간다운 성품과 역량을 길러 주는 일이라 할 수 있다. 따라
서, 인성교육은 교과를 통한 인성교육, 창의적 체험활동을 통한 인성교육, 생활지
도 및 상담을 통한 인성교육 등 다양한 유형으로 접근해서 실시해야 한다.

　본 저서는 1부 4차 산업혁명 시대에 필요한 핵심역량, 2부 인성 및 인성교육
의 이해, 3부 인성교육에 대한 주요 관점, 4부 인성교육 발달 이론 및 단계, 5부
인성교육 수업 사례 등 크게 5부로 구성되어 있다. 1부에서는 4차 산업혁명 시
대의 특징 및 미래교육 방향, 4차 산업혁명 시대의 핵심 역량과 교육 모델, 역량
기반 학교 교육과정으로 구성되어 있고, 2부에서는 인성교육 개념 및 요소, 인
성교육 원리 및 유형으로 구성되어 있으며 3부에서는 전통주의적 관점, 아동발
달적 관점, 배려공동체적 관점, 구성주의적 관점, 절충적 관점, 배려윤리적 관점,
사회정서학습 관점 등 인성교육을 바라보는 다양한 관점을 제시하고 있다. 또
한, 4부에서는 인성교육 발달 이론, 청소년기의 인성 발달 등으로 구성되어 있
고, 5부에서는 개념 기반 인성교육 수업 사례, 주제 중심 인성교육 수업 사례,

교과 융합 인성교육 수업 사례, 과정 중심 평가 인성교육 수업 사례 등 다양한 인성교육 수업 사례로 구성되어 있다.

본 저서는 미래사회에 필요한 핵심 인성 역량을 기를 수 있는 이론과 실제적인 내용으로 구성하였으므로, 교육전문가, 상담전문가, 코칭전문가 등에게 매우 유용할 뿐만 아니라, 실제 사례를 중심으로 구성되어 있어 누구든지 쉽게 이해할 수 있다. 아무쪼록 본 저서가 인성교육의 이해와 방법을 실천하는 데 기초가 되는 기본 지침서가 되기를 바라는 마음이다. 끝으로 본서 출판에 도움을 주신 박영사 가족 여러분께 감사를 드린다.

2021년 10월
신재한

목차

목차

4부   인성교육 발달 이론 및 단계

제 **1** 부

4차 산업혁명 시대에 필요한 핵심역량

CHAPTER

01

4차 산업혁명 시대의
특징 및 미래교육 방향

01 4차 산업혁명 시대의 개념

현재 전 세계는 인공지능이 중심이 되는 '4차 산업혁명 시대'를 맞아 정치, 경제, 사회, 문화 등 다양한 분야에서 변화의 움직임이 대두되고 있다. 4차 산업혁명은 18세기 증기기관에 기초한 기계화혁명인 1차 산업혁명, 19세기에서 20세기 초 전기에너지에 기초한 대량생산혁명인 2차 산업혁명, 20세기 후반 컴퓨터와 인터넷 기반의 지식정보혁명인 3차 산업혁명과는 달리, 인공지능을 기반으로 한 사람, 사물, 공간을 초연결, 초지능화한 만물초지능 혁명이다(한경호, 2016). 결론적으로 말하자면 4차 산업혁명은 인공지능, 빅데이터, 사물인터넷, 클라우드, 3D 프린팅, 자율주행 자동차 등과 같이 소트트웨어와 데이터 기반의 지능 디지털 기술변환(intelligent digital technology transformation)에 의한 혁명이라 할 수 있다(Schwab, 2016).

특히, 4차 산업혁명 시대는 과학기술간의 경계, 실재와 가상현실의 경계, 기계와 생명의 경계가 희미해지는 시대로서(조현국, 2017), 이전의 그 어떤 혁명보다도 가장 큰 변화를 가져올 것으로 예상할 수 있다. 즉, 기존의 현재 시장을 유지하면서 이뤄지는 현재 지향적인 형태의 지속적 혁신(substaining innovation)과는 달리, 기존의 시장을 완전히 대체하는 미래 지향적 형태의 파괴적 혁신이라 할 수 있다(Downes & Nunes, 2014). 이러한 4차 산업혁명으로 인해 세계 각국은 빈부격차 심화로 인한 국가 간 불평등과 불균형 심화, 저출산 및 고령화로 인한 경제적 위기, 기존의 직업의 변화로 실업률 증가, 인간성 상실의 위기 등 많은 위기가 노출될 수 있다(박남기, 2017; 한은미, 2016; 조현국, 2017).

따라서, 4차 산업혁명 시대를 적극적으로 준비하고 대응할 수 있는 미래교육의 목적과 방향 탐색, 교수-학습 방법 개선, 미래 사회에 길러야 할 인재 역량 등 다방면으로 모색할 필요가 있다. 또한, 4차 산업혁명 시대는 현재 인간이 수행하고 있는 거의 대부분의 기능이 인공지능으로 대체될 것을 감안하면, 미래교육의 방향도 "두뇌(brain)"의 기능을 밝히는 신경과학, 뇌과학, 인지과학을 토대로 획기적인 패러다임 전환을 가져올 필요가 있다. 즉, 기존의 뇌과학, 심리학, 교육학 등을 융합한 형태로 새롭게 등장하는 교육신경과학(educational neuroscience)은 뇌과학적 지식인 뇌의 인지기능 및 구조를 이해하고, 다양한 실험 상황에서 발견된 연구결과와 일치하는 교육적 원리와 전략을 마련하여 그것을 실제 교육 현장에 적용함으로써, 모든 학습자들이 자신의 뇌기능을 활용하여 주도적으로 학습을 계획, 수행할 수 있도록 하는 데 목표를 둔 새로운 교육 패러다임이라 할 수 있다(Jensen, 2007; Ki, 2006).

2016년 다보스포럼에서 Schwab(2016)은 1차, 2차, 3차 산업혁명을 거쳐 4차 산업혁명의 도래를 주장하였다. 먼저 1차 산업혁명을 통해서 증기기관의 발명으로 수송 수단, 물과 증기를 이용한 생산 기계들을 사용하여 산업의 발전을 가져왔고, 2차 산업혁명을 통해 대량 생산을 가능하게 한 자동화를 가져왔다. 또한, 3차 산업혁명은 정보기술의 발달로 컴퓨터를 통한 자동생산 시스템을 구축하였다.

그림 1-1 4차 산업혁명 시대의 방향성

초연결성(Hyper connectivity)

컴퓨팅과 통신의 대상이 사람과 사람을 넘어 사람·사물·공간으로 퍼져가는 **네트워킹의 수평적 관점**에 주목하는 개념

초지능성(Hyper intelligence)

초연결성을 지닌 인터넷과 모바일 플랫폼을 기반으로 CPS(Cyber Physical System: 사이버물리복합시스템)와 인공지능을 기축으로 하는 사회 시스템간의 상호작용이 한층 심화되는 **네트워킹의 수직적 확장**에 비중을 두는 개념

특히, 4차 산업혁명은 컴퓨팅과 통신의 대상이 사람과 사람을 넘어 사람, 사물, 공간으로 퍼져가는 수평적 네트워킹 확장인 '초연결성(Hyper connectivity)', 인터넷과 모바일 플랫폼을 기반으로 사이버물리복합시시스템(Cyber Physical System)과 인공지능을 주축으로 사회 시스템 간의 상호작용이 심화되는 수직적 네트워킹 확장인 '초지능성(Hyper intelligence)' 등 [그림 1-1]과 같은 방향성을 가지고 있다.

02 4차 산업혁명 시대의 특징

4차 산업혁명의 특징을 1차, 2차, 3차 산업혁명과 비교해 보면 <표 1-1>과 같이 정리할 수 있다(성태제, 2017; 한동숭, 2016).

표 1-1 1, 2, 3, 4차 산업혁명의 비교 분석

구분	시기	에너지원	기술	주요 특징
1차 산업혁명	18세기	석탄, 물	증기기관	기계에 의한 생산
2차 산업혁명	19-20세기초	석유, 전기	내연 연소기관 전기에너지	자동화에 의한 대량생산
3차 산업혁명	20세기 후반	핵에너지, 천연가스	컴퓨터, 로봇	반도체, PC, 인터넷, IT
4차 산업혁명	2015년 이후	친환경에너지	인공지능, 사물인터넷, 3D프린터, 유전공학	빅데이터, 융복합

특히, 세계경제포럼(World Economic Forum)의 창립자인 Schwab(2016)은 1차 산업혁명은 기계화, 2차 산업혁명은 전기화, 3차 산업혁명은 정보화, 4차 산업혁명은 인공지능화, 디지털과 물리세계와의 결합, 바이오 분야의 혁신 등 <표 1-2>와 같이 구분하고 있다. 즉, 4차 산업혁명은 인공지능, 로봇공학, 사물인터넷, 자율주행자동차, 3D 프린팅, 나노기술, 생명공학, 재로공학, 에너지 저장기술, 퀀텀 컴퓨팅(Quantum Computing)의 발달 등 과학기술의 혁명적인 진보가 이루어지는 시대라고 볼 수 있다(임종헌, 유경훈, 김병찬, 2017).

표 1-2 1, 2, 3, 4차 산업혁명의 핵심 기술 및 내용

구분	핵심 기술	내용
1차 산업혁명	물, 증기 (water and steam power)	물과 증기를 이용한 증기기관을 활용 생산성 향상
2차 산업혁명	전기 (electric power)	전기 에너지 이용을 통한 대량생산 체제 구축
3차 산업혁명	전자, 정보 기술 (electronics, information technology)	전자와 정보 기술을 이용한 자동화 및 디지털화
4차 산업혁명	디지털, 물리학, 생물학 (digital, physical, biological)	디지털 기술을 바탕으로 물리학, 생물학 결합

또한, Schwab(2016)은 1차 산업혁명은 4차 산업혁명 시대의 특징을 속도, 범위와 깊이, 체제 변화 등 세 가지 측면에서 <표 1−3>과 같이 설명하고 있다.

표 1-3 4차 산업혁명의 특징

구분	특징
속도 (Velocity)	• 과학기술을 포함한 인간 삶의 변화 속도가 기하급수적 증가 • 각 분야들 간의 연계 및 융합 가속화
범위와 깊이 (Breadth & depth)	• 디지털혁명을 기반으로 한 과학기술의 변화 주도적 • 사회, 경제, 문화, 교육 등 사회 전반의 광범위한 변화로 연결 • 인간의 정체성에 대한 철학적 사유 및 논의까지 요구하는 변화
체제 변화 (Systems Impact)	• 시스템 및 체제의 변화, 패러다임 변화 • 개인적인 삶, 국가 체제, 세계 체제 등 변화까지 연결

지금까지 살펴본 산업혁명의 변화 과정과 특징을 정리하면 [그림 1−2]와 같이 도식화할 수 있다(안종배, 2017).

그림 1-2 산업혁명의 변화 과정과 특징

제 1차 산업혁명	제 2차 산업혁명	제 3차 산업혁명	제 4차 산업혁명
18세기	19~20세기 초	20세기 후반	2015년~

증기기관 기반의 기계화 혁명	전기 에너지 기반의 대량생산 혁명	컴퓨터와 인터넷기반의 지식정보 혁명	IoT/CPS/ 인공지능 기반의 만물초지능 혁명

03 4차 산업혁명 시대 미래직업의 변화

4차 산업혁명 시대에 가장 큰 변화는 미래사회에서의 직업에 대한 전망이다. WEF(2016)는 직업미래보고서에서 인공지능 기술 개발로 인해 202만개의 새로운 직업을 창출하지만, 710만개의 직업은 줄어들 것이라고 발표하고, 구체적인 직업군별 채용 증감 추이를 비교하면 <표 1-4>와 같다. <표 1-4>에서도 알 수 있듯이, 단순 반복적인 직업은 로봇이나 인공 지능이 대체하지만, 오히려, 인성, 감성, 창의성을 요구하는 직업은 오히려 증가할 것으로 예상할 수 있다.

표 1-4   4차 산업혁명 시대에 따른 직업군별 채용 증감 추이 비교

(2015년-2020년, 단위: 천개)

감소 직업군	직업수	증가 직업군	직업수
사무, 관리	-4,759	마케팅, 금융	+ 492
제조, 생산	-1,609	경영	+ 416
건설, 채굴	-497	컴퓨터, 수학	+ 405

또한, 4차 산업혁명 시대에 고용의 변화를 상위 주요 직업과 하위 주요 직업을 비교해 보면 [그림 1-3]과 같이 정리할 수 있다.

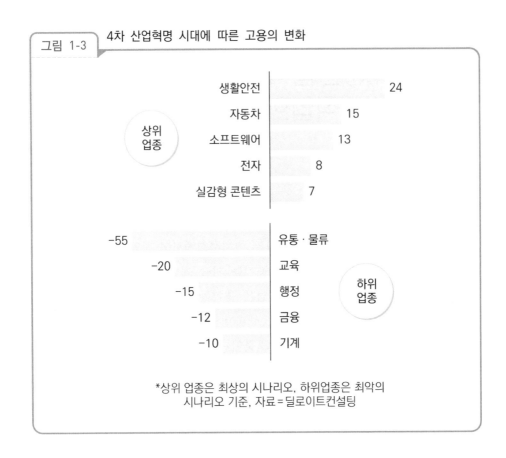

그림 1-3 　4차 산업혁명 시대에 따른 고용의 변화

상위 업종	
생활안전	24
자동차	15
소프트웨어	13
전자	8
실감형 콘텐츠	7

	하위 업종
-55	유통·물류
-20	교육
-15	행정
-12	금융
-10	기계

*상위 업종은 최상의 시나리오, 하위업종은 최악의 시나리오 기준, 자료＝딜로이트컨설팅

특히, 영국 BBC에서 4차 산업혁명 시대 사라질 위험이 높은 직업으로 텔레마케터, 컴퓨터 입력요원, 법률 비서, 경리, 분류업무, 검표원 등 <표 1-5>와 같이 제시하고 있다. 또한, 4차 산업혁명 시대 직업별 인공지능 대체 비율을 살펴보면 청소원, 주방보조원, 매표원 및 복권 판매원 등의 순으로 가장 높고, 조사 전문가, 세무사, 큐레이터 및 문화재 보조원 등의 순으로 가장 높은 것으로 나타났다.

| 표 1-5 | 4차 산업혁명 시대 사라질 위험이 높은 직업(영국 BBC) | | | |

단위: 명

순위	직업	Job Title	위험성	종사자 수
1	텔레마케터	Telephone Salesperson	99.0%	43,000
2	(컴퓨터)입력요원	Typist or related keyboard worker	98.5%	51,000
3	법률비서	Legal secretaries	98.0%	44,000
4	경리	Financial account manager	97.6%	132,000
5	분류업무	Weigher, garder or sorter	97.6%	22,000
6	검표원	Routine inspector and tester	97.6%	63,000
7	판매원	Sales administrator	97.2%	70,000
8	회계관리사	Book-keeper, payroll manager or worker	97.0%	436,000
9	회계사	Financial officer	97.0%	35,000
10	보험사	Pensions and insurance clerk	97.0%	77,000
11	은행원	Bank or post office clerk	96.8%	146,000
12	기타 회계 관리사	Financial administrative worker	96.8%	175,000
13	NGO 사무직	Non-governmental Organisation	96.8%	60,000
14	지역 공무원	Local government administrative worker	96.8%	147,000
15	도서관 사서 보조	Library clerk	96.7%	26,000

총 종사자 수 1,527,000

표 1-6   4차 산업혁명 시대 직업별 인공지능 대체 비율

순위	대체 비율 높은 직업	대체 비율	대체 비율 낮은 직업	대체 비율
1	청소원	1.000	회계사	0.221
2	주방보조원	1.000	항공기조종사	0.239
3	매표원 및 복권판매원	0.963	투자 및 신용 분석가	0.253
4	낙농업 관련 종사원	0.945	자산운용가	0.287
5	주차 관리원 및 안내원	0.944	변호사	0.295
6	건설 및 광업 단순 종사원	0.943	증권 및 외환 딜러	0.302
7	금속가공기계조작원	0.943	변리사	0.302
8	청원경찰	0.928	컴퓨터하드웨어 기술자 및 연구원	0.323
9	경량철골공	0.920	기업고위임원	0.324
10	주유원	0.908	컴퓨터시스템 및 네트워크 보안 전문가	0.338
11	펄프 및 종이 생산직(기계조작)	0.905	보건위생 및 환경 검사원	0.345
12	세탁원 및 다림질원	0.902	기계시험원	0.349
13	화학물 가공 및 생산직(기계조작)	0.902	보험 및 금융 상품개발자	0.354
14	곡식작물재배원	0.900	식품공학 기술자 및 연구원	0.367
15	건축도장공	0.899	대학교수	0.370
16	양식원	0.898	농림어업시험원	0.371
17	콘크리트공	0.897	전기·가스 및 수도 관련 관리자	0.375
18	패스트푸드원	0.890	큐레이터 및 문화재보존원	0.379
19	음식 배달원	0.888	세무사	0.379
20	가사도우미	0.887	조사 전문가	0.381

한편, 4차 산업혁명 시대 10년－20년 후까지 남는 직업 25개는 레크레에이션 치료사, 정비설치수리 일선 감독자, 위기관리 책임자, 정신건강 약물 관련 사회복지사, 청각 훈련사 등이 있고, 사라질 직업 25개는 전화 판매원, 부동산 등기의 심사조사, 손바느질 재단사, 컴퓨터 이용한 데이터 수집 가공 분석, 보험업자 등 <표 1－7>과 같다.

표 1-7 4차 산업혁명 시대 남는 직업과 사라질 직업

10~20년 후까지 남는 직업 상위25		10~20년 후에 사라지는 직업 상위 25	
1	레크레이션 치료사	1	전화 판매원(텔레마케터)
2	정비설치 수리 일선 감독자	2	부동산 등기의 심리조사
3	위기관리 책임자	3	손바느질 재단사
4	정신 건강약물 관련 사회복지사	4	컴퓨터 이용한 데이터 수집가공분석
5	청각훈련사	5	보험업자
6	작업치료사	6	시계수리공
7	치과교정사의치 기공사	7	화물 취급인
8	의료사회복지사	8	세무신고 대행자
9	구강외과	9	필름사진 현상 기술자
10	소방방재의 제일선 감독자	10	은행 신규계좌 개설 담당자
11	영양사	11	사서 보조원
12	숙박시설의 지배인	12	데이터 입력 작업원
13	안무가	13	시계 조립조정 공학
14	영업 엔지니어	14	보험 청구 및 보험 계약 대행자
15	내과외과	15	증권회사의 일반 사무원
16	교육 코디네이터	16	수주계
17	심리학자	17	대출 담당자
18	경찰청형사의 제일선 감독자	18	자동차 보험 감정인
19	치과의사	19	스포츠 심판

10~20년 후까지 남는 직업 상위25		10~20년 후에 사라지는 직업 상위 25	
20	초등학교 교사(특수교육 제외)	20	은행 창구계
21	의학자(역학자 제외)	21	금속목재고무의 에칭 판화 업체
22	초중학교의 교육 관리자	22	포장기계필링 운영자
23	다리(발)관련 의사	23	구매 담당자
24	임상심리사상담사학교 카운슬러	24	화물 배송 수신계
25	정신건강 상담	25	금속 · 플라스틱 가공용 기계 조작원

(출처: 칼프레이 베네딕트 · 마이클 오스본 '고용의 미래')

04 4차 산업혁명 시대 미래교육의 방향

4차 산업혁명 시대를 대비하여 미국, 영국, 프랑스, 일본 등 세계 각국의 교육정책 현황을 소개하면 <표 1-8>과 같다(서혜숙, 2017).

표 1-8   4차 산업혁명 시대 세계 각국의 교육정책 현황

국가	SW교육	디지털교과서(교수학습) 관련 정책	교육환경(인프라) 정책	개인맞춤형 서비스
미국	모든 학생을 위한 컴퓨터 과학 교육 정책 추진 발표('16년 1월)	디지털교과서 활용 가이드라인('15년)에 따라 주 단위의 디지털교과서 확산 중	학교 인터넷 개선, 디지털 학습 강화를 위해 민간과 협력하여 ConnectED('13년) 추진, 학교 무선망 확충, 학생용 기기(아이패드, 구글 크롬북 등) 보급 확대	사립학교의 24%가 맞춤학습 시스템 이미 사용 또는 사용 예정
영국	'14년 9월부터 초중등학교 모든 학령에서 SW교육 필수화	케임브리지, 옥스포드 등 민간출판사 주도 디지털교과서 개발·활용 확산	(런던) 2,500개 학교에 고속보안네트워크, 문서작성 및 스토리지, 화상회의 시스템 제공	영국학교는 edu-tech에 매년 900만 파운드 이상 투자
프랑스	'16년 9월 신학기부터 SW를 중학교 정규 과목화	연구학교 시범적용('09~'11년)을 거쳐 디지털교과서 활용 확산 중	디지털학교 프로젝트로 '20년까지 교사 100%, 초중학생 70%에 기기(PC, 스마트패드) 보급 계획	정부보조금으로 초등학교에 맞춤학습 솔루션 보급

국가	SW교육	디지털교과서(교수학습) 관련 정책	교육환경(인프라) 정책	개인맞춤형 서비스
● 일본	'12년부터 중학교, '20년부터 초등학교 SW교육 필수화	'20년부터 디지털교과서 전면 도입 계획	'14년부터 초중고 인프라 개선사업 추진, '20년 모든 학교 무선망 완비 목표(교육정보화 비전)	일본 총무성은 교육클라우드 정책을 추진하여 학습분석 관리

특히, 3차 산업혁명 시대 특징인 표준화, 규격화, 정형화된 교육의 방향을 탈피하여 4차 산업혁명 시대에는 다양성, 창의성, 유연성을 강화하는 방향으로 교육이 변화해야 한다. 이러한 변화를 위해서는 미래교육 콘텐츠, 미래교육 시스템, 미래학교, 미래교육 거버넌스 등 교육 관련 모든 체계가 총체적으로 상호 협력하여 [그림 1-4]와 같은 교육 혁신 프레임워크를 설계해야 한다(안종배, 2017).

그림 1-4   **4차 산업혁명 시대 미래교육 혁신 프레임워크**

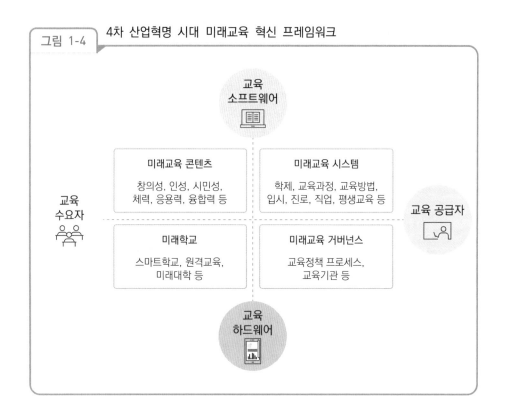

한편, 4차 산업혁명 시대 미래교육의 혁신 방안은 제도, 학교, 사회, 기술 측면에서 교육과정, 학습평가, 교수학습 영역 등 [그림 1-5]와 같이 도식화할 수 있다(김진숙, 2017).

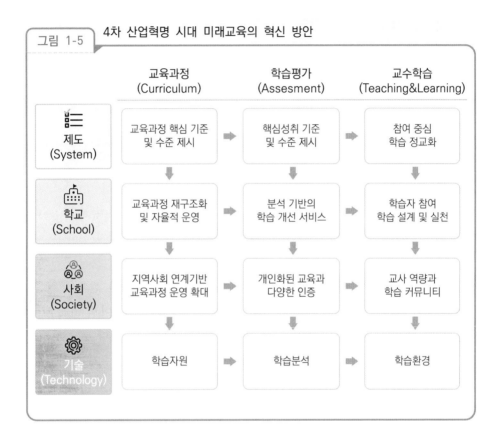

그림 1-5 4차 산업혁명 시대 미래교육의 혁신 방안

안종배(2017)는 4차 산업혁명 시대를 주도할 미래창의혁신 인재를 양성을 미래교육의 비전으로 제시하였고 글로벌 경쟁력 갖춘 미래 창의혁신 인재를 양성하는 교육, 개인의 창의성과 다양성이 존중되고 행복한 삶과 건강한 사회의 지속 발전에 기여하는 교육을 미래교육의 목표로 제안하였다. 4차 산업혁명 시대의 미래교육의 비전, 목표를 토대로 미래교육의 혁신 방향을 정리하면 [그림 1-6]과 같이 도식화할 수 있다.

그림 1-6

4차 산업혁명 시대의 미래교육 방향(안종배, 2017)

① 미래교육 시스템 혁신	② 미래학교 혁신	③ 미래교육 콘텐츠 혁신	④ 미래교육 거버넌스 혁신
• 4차 산업혁명 시대에 대응하는 유연한 학제 • 자율적 교육과정과 평가 • 다양한 진로·직업 교육 • 자율적 입시제도와 대학제도 • 다양한 장학 복지	• 4차 산업혁명 시대에 대응하는 창의적 미래 • 지역과 함께하는 학교 • 교사 역할과 교사 시스템 및 교사의 영역 변화 • 교육 공간의 변화 • 직업학교와 대학 모습의 변화	• 4차 산업혁명 시대에 대응하는 창의적 인지 역량 • 인성적 정서 역량 • 협력적 사회 역량 • 생애 학습 역량을 함양할 수 있는 교육 콘텐츠	• 4차 산업혁명 시대에 대응하는 새로운 미래교육 정책 결정 프로세스 • 교육 거버넌스의 새로운 패러다임 • 미래대학 학교 단위 거버넌스의 변화

특히, 4차 산업혁명 시대를 준비하기 위해서는 현재 학생들이 현재에 잘 적응하는 교육 방향을 설정하기 보다는 현재 학생들이 10년, 20년 이후 미래에 잘 적응할 수 있는 역량을 길러주는 교육 방향을 설정할 필요가 있다. 즉, 기존의 선다형 평가 위주의 교육 방법, 단순 암기식 수업 형태, 정답 위주의 입시 체제 등은 미래에 존재하지도 않을 지식을 가르치기 위해 오히려 '시간과 노력의 낭비'라는 결과만 초래할 수 있기 때문에, 4차 산업혁명 시대에 필요한 미래교육의 패러다임을 전환할 필요가 있다. 이에 우리나라 교육부에서는 4차 산업혁명 시대의 미래를 전망하고 현재 우리나라 현실을 감안하여 미래교육의 방향을 유연화, 자율화, 개별화, 전문화, 인간화 등 [그림 1-7]과 같이 5가지를 제시하였다.

그림 1-7 4차 산업혁명 시대의 미래교육 방향(교육부, 2016)

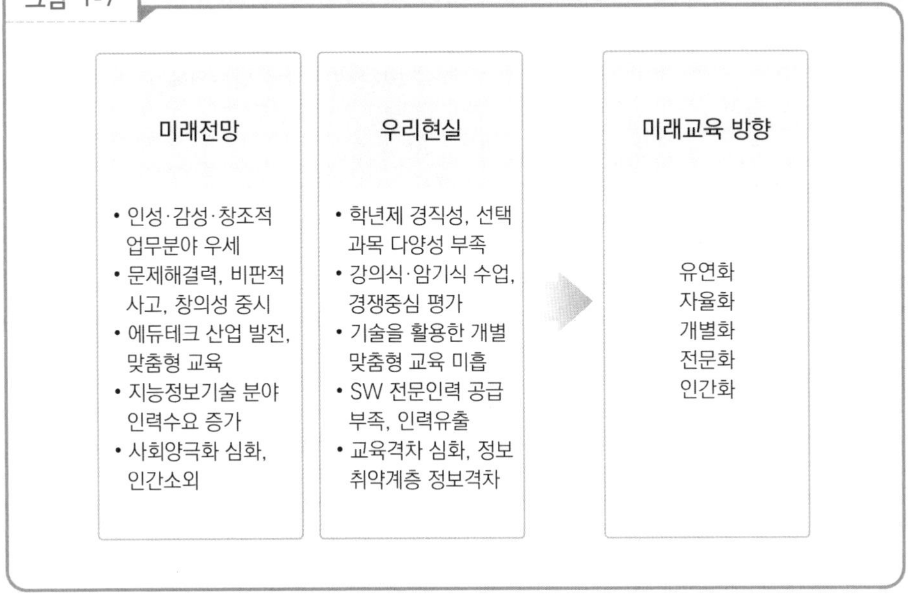

미래전망	우리현실	미래교육 방향
• 인성·감성·창조적 업무분야 우세 • 문제해결력, 비판적 사고, 창의성 중시 • 에듀테크 산업 발전, 맞춤형 교육 • 지능정보기술 분야 인력수요 증가 • 사회양극화 심화, 인간소외	• 학년제 경직성, 선택 과목 다양성 부족 • 강의식·암기식 수업, 경쟁중심 평가 • 기술을 활용한 개별 맞춤형 교육 미흡 • SW 전문인력 공급 부족, 인력유출 • 교육격차 심화, 정보 취약계층 정보격차	유연화 자율화 개별화 전문화 인간화

또한, 4차 산업혁명 시대에 적합한 미래교육의 목적을 '창의융합 인재 강국 만들기'로 제시하고 구체적인 미래교육의 방향과 추진 전략을 [그림 1-8]과 같이 발표하였다(교육부, 2016).

그림 1-8   4차 산업혁명 시대의 미래교육 추진 전략(교육부, 2016)

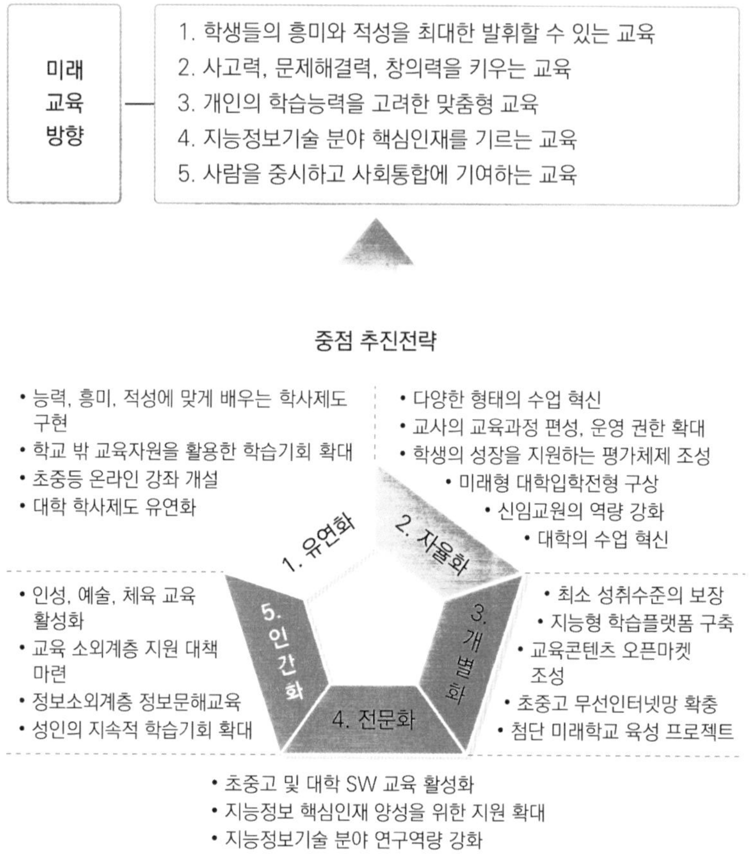

미래
교육
방향

1. 학생들의 흥미와 적성을 최대한 발휘할 수 있는 교육
2. 사고력, 문제해결력, 창의력을 키우는 교육
3. 개인의 학습능력을 고려한 맞춤형 교육
4. 지능정보기술 분야 핵심인재를 기르는 교육
5. 사람을 중시하고 사회통합에 기여하는 교육

중점 추진전략

• 능력, 흥미, 적성에 맞게 배우는 학사제도 구현
• 학교 밖 교육자원을 활용한 학습기회 확대
• 초중등 온라인 강좌 개설
• 대학 학사제도 유연화

• 다양한 형태의 수업 혁신
• 교사의 교육과정 편성, 운영 권한 확대
• 학생의 성장을 지원하는 평가체제 조성
• 미래형 대학입학전형 구상
• 신임교원의 역량 강화
• 대학의 수업 혁신

• 인성, 예술, 체육 교육 활성화
• 교육 소외계층 지원 대책 마련
• 정보소외계층 정보문해교육
• 성인의 지속적 학습기회 확대

• 최소 성취수준의 보장
• 지능형 학습플랫폼 구축
• 교육콘텐츠 오픈마켓 조성
• 초중고 무선인터넷망 확충
• 첨단 미래학교 육성 프로젝트

1. 유연화   2. 자율화   3. 개별화   4. 전문화   5. 인간화

• 초중고 및 대학 SW 교육 활성화
• 지능정보 핵심인재 양성을 위한 지원 확대
• 지능정보기술 분야 연구역량 강화

한편, 4차 산업혁명 시대가 도래함에 따라 불확실한 미래 변화에 빠르게 적응하여 가치있고, 생산성 높고, 유의미한 아이디어와 산출물을 개발할 수 있는 창의인성을 갖춘 인재상을 요구한다. 이러한 21세기 미래인재는 정보통신기술의 발달에 따라 진화하는 지식 기반 사회에 유연하고 탄력 있게 대처할 수 있는 역량이 구비되어야 한다. 따라서 이러한 인재 양성을 위해서는 기존의 표준화된 내용으로 순차적 지식 암기 및 습득을 중요시하는 기존의 교육 패러다임이 아니라, [그림 1-9]과 같이 교과 및 체험활동이 융합된 다양하고 특성화된 내용으로 창의적 사고 역량에 중점을 두는 새로운 교육 패러다임이 필요하다(계보경 외, 2106).

그림 1-9	4차 산업혁명 시대 미래교육의 변화 방향			
	교육목표/내용	교육방법/ 매체/서비스	교수자	학습자
기존의 교육 패러다임	• 선형적·순차적· 정형화·표준화된 지식 습득 • 이론 중심 내용 • 짜여진 과도한 분량 • 위계적·수렴적 사고 • 암기지식 측정 중심의 평가 • 인지적 영역에 초점	• 오프라인 교육 • 강의식 수업(교수자 중심 교육방법) • 교과서(텍스트) 중심의 획일적 교육 • 면대면 상호작용	• 지식전달자	• 수동적 학생 • 외재동기 또는 내재동기 • 단선형 인간 • 학력중심 • 학습·일 분리 • 개인학습 중심
새로운 교육 패러다임	• 다차원적·비선형적· 비구조화된 지식 습득 및 활용 • 현장 중심 내용 (멀티태스킹) • 유연하고 수준별 적절한 분량 • 창의적·발산적 사고 • 수행 과정 및 결과에 대한 종합적 평가 • 인지적·사회적· 정의적 영역 고루 포함	• 온·오프라인교육 (Blended Learning) • 토론식/문제기반 수업(학습자 중심 교육방법) • 교과와 체험활동이 창의융합된 다양하고 특성화된 교육 • ICT 및 멀티미디어 기반 쌍방향 상호작용	• 지식조력자/ 촉진자/ 코치/ 카운셀러	• 능동적 학생 • 자기결정성동기 • 창의·융합형 인간 • 역량 중심 • 학습·일 병행 • 학습공동체

이 외에도 4차 산업혁명 시대 대학 교육은 교양과 전공 교육과정을 구분하는 이원적인 교육과정이 아니라, 통합적인 교육과정 설계가 필요하다. 4차 산업혁명 시대는 직업 생태계의 변화, 소비 중심에서 공유 중심의 경제 체제 전환, 탈도시화 및 분산화 체제, 인간성 상실의 위기 등 <표 1-9>와 같은 다양한 사회 변화가 일어나기 때문에, 대학의 교양교육도 변화하지 않을 수 없다(조헌국, 2017).

표 1-9 4차 산업혁명 시대 대학교육의 변화 및 해결 방안

미래 사회의 변화	• 직업 생태계의 변화	• 소비 중심에 서 공유중심 으로의 전환	• 탈도시화, 분산형 체제	• 인간성 상실의 위기
대학의 변화	• 사회변화 적응을 위한 유연한 전공 창업 교육 강화	• 학습 자원의 공유	• 인공지능 기반 학습 및 가상 캠퍼스 개발	• 포스트휴머니즘 에 따른 인간- 기계 상호작용
교양 교육의 과제	• 미래사회 핵심역량 진단 및 분석 • 분석 기업가정신 교육 • 자기 주도적 전공 설계	• 개방형 플랫 폼 개발	• 가상현실 시스 템 활용 • 글로벌 시민 교육	• 디지털 인문학의 강조 • 인성교육 강화
해결방안	• 유기체적 교양 · 전공 통합 교육과정 설계 • 중핵 교육과정 고도화 융복합 심화 교과목 개발	• 기초학문 중심 • 개방형 교과 목 개발	• 학습 진단 도구개발 • 블렌디드 러닝 활성화 • 지역학 교과목 편성	• 협동학습 중심의 교육 및 평가 체계 구축 • 공동체 학습 경험

CHAPTER

02

4차 산업혁명 시대의
핵심역량과 교육 모델

01 4차 산업혁명 시대의 미래 인간상

4차 산업혁명 시대의 바람직한 인간상은 인터넷, 글로벌한 시민적 책임의식, 탐구적 자율인 등 총체적이고 포괄적이다. 이러한 인간을 기르기 위해서 인지능력(기초인지능력, 인문학적 소양 등), 인지 특성(지적호기심. 탐구정신 등), 정의적 특성(정직, 성실, 은근, 끈기 등) 등 [그림 1-10]과 같이 크게 세 가지 핵심역량을 길러야 한다(성태제, 2017).

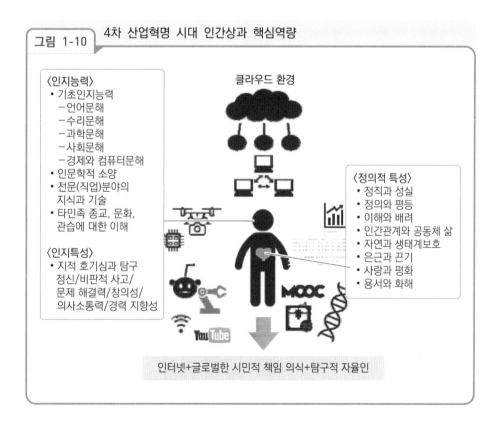

그림 1-10 4차 산업혁명 시대 인간상과 핵심역량

〈인지능력〉
• 기초인지능력
 −언어문해
 −수리문해
 −과학문해
 −사회문해
 −경제와 컴퓨터문해
• 인문학적 소양
• 전문(직업)분야의 지식과 기술
• 타민족 종교, 문화, 관습에 대한 이해

〈인지특성〉
• 지적 호기심과 탐구 정신/비판적 사고/ 문제 해결력/창의성/ 의사소통력/경력 지향성

클라우드 환경

〈정의적 특성〉
• 정직과 성실
• 정의와 평등
• 이해와 배려
• 인간관계와 공동체 삶
• 자연과 생태계보호
• 은근과 끈기
• 사랑과 평화
• 용서와 화해

인터넷+글로벌한 시민적 책임 의식+탐구적 자율인

CHAPTER 02 4차 산업혁명 시대의 핵심역량과 교육 모델 **27**

02 4차 산업혁명 시대의 인재 핵심역량

특히, World Economic Forum(2016)은 4차 산업혁명 시대 길러야 할 미래 인재의 핵심역량으로 특정 기능 역량(functional skills)보다는 사회적 역량, 자원 관리 역량, 시스템 역량, 문제해결 역량, 과학기술 역량 등 다기능 역량(cross‒ functional skills)을 강조하였다.

표 1-10   4차 산업혁명 시대 인재 핵심역량

능력(Abilities)	기본 역량 (Basic Skills)	다 기능 역량(Cross-functional Skills)	
인지능력 • 유연한 인지 • 창의성 • 논리적 추리력 • 문제 민감성 • 수학적 추리력 • 시각화 능력	직무내용 역량 • 능동적 학습 • 발표력 • 독해력 • 문장력 • ICT 역량	사회적 역량 • 협업능력 • 감정지능 • 협상력 • 설득력 • 서비스 지향성 • 교수력(teaching)	자원관리 역량 • 재무관리 • 재물관리 • 인적자원관리 • 시간관리
신체 능력 • 육체적 힘 • 손재주	직무처리 역량 • 경청 • 비판적 사고 • 모니터링 역량	시스템역량 • 의사결정 • 시스템 분석 문제해결 역량 • 복잡한 문제해결	과학기술 역량 • 장비 유지, 보수 • 장비 운영, 제어 • 프로그래밍 • 품질관리 • 테크놀로지 및 사용자 경험 디자인 • 기술 문제해결

특히, 4차 산업혁명 시대 미래교육에서 길러야 할 역량으로 김진숙(2017)은 2015 개정 교육과정에서도 제시하고 있는 창의융합형 인재를 강조하면서 초연결, 초지능, 초융합 사회를 살아가는 창조융합형 인재(Creative Learner)를 제안하였다. 창조융합형 인재가 갖추어야 할 역량으로 상황 맥락 지능, 감성 지능, 사회정서 지능, 신체 지능 등 [그림 1-11]과 같이 도식화할 수 있다.

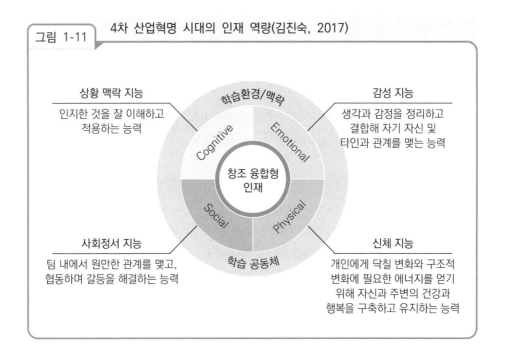

그림 1-11 | 4차 산업혁명 시대의 인재 역량(김진숙, 2017)

또한, 4차 산업혁명시대의 미래교육에서 길러야 할 인재상은 건강한 미래사회를 주도할 창의적으로 사고하는 인성을 갖춘 전문 인재 즉, '미래 창의 혁신 인재(Future Creative Professional)'라 할 수 있다(안종배, 2017). 이러한 인재를 기르기 위해 필요한 역량은 창의로운 인지 역량, 인성을 갖춘 정서 역량, 협력하는 사회 역량, 생애주기 학습 역량 등 [그림 1-12]와 같이 도식화 할 수 있다.

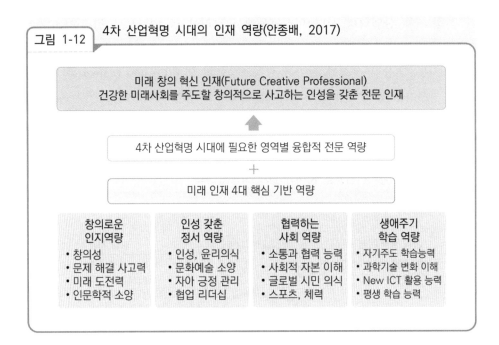

그림 1-12 4차 산업혁명 시대의 인재 역량(안종배, 2017)

미래 창의 혁신 인재(Future Creative Professional)
건강한 미래사회를 주도할 창의적으로 사고하는 인성을 갖춘 전문 인재

⬆

4차 산업혁명 시대에 필요한 영역별 융합적 전문 역량

＋

미래 인재 4대 핵심 기반 역량

창의로운 인지역량	인성 갖춘 정서 역량	협력하는 사회 역량	생애주기 학습 역량
• 창의성 • 문제 해결 사고력 • 미래 도전력 • 인문학적 소양	• 인성, 윤리의식 • 문화예술 소양 • 자아 긍정 관리 • 협업 리더십	• 소통과 협력 능력 • 사회적 자본 이해 • 글로벌 시민 의식 • 스포츠, 체력	• 자기주도 학습능력 • 과학기술 변화 이해 • New ICT 활용 능력 • 평생 학습 능력

한편, 4차 산업혁명 시대에 새롭게 강조될 시민성의 덕성 및 역량을 소개하면 <표 1－11>과 같이 정리할 수 있다(김봉섭, 김현철, 박선아, 임상수, 2017).

표 1-11　4차 산업혁명 시대 시민성의 덕성 및 역량

영역	의미	덕성	역량
① 인공지능 관련 '지식 정보에 대한 권리와 의무'	인공지능의 작동 원리와 오작동 위험성에 관한 필수 지식정보를 충분히 알고 이해할 수 있어야 하며, 필요한 정보의 공개를 요구할 권리를 요구할 권리와 더불어 필수 지식을 숙지하고 변경된 사항들에 대해 관심을 갖고 업데이트를 위한 노력을 기울일 의무도 갖고 있음. (알 권리, 소비자 교육을 받을 권리, 환경의식에 대한 책임, 정보에 대한 책임 등)	근면, 성실의 덕성(꾸준한 정보 탐색과 업데이트를 위한 노력)	정보 검색과 획득, 취사선택의 능력 (알 권리 행사, 알아야 할 의무 준수)
② 인공지능 관련 '태도와 의지에 대한 권리와 의무'	분쟁이나 피해가 발생하거나 발생할 가능성이 있는 경우에, 귀찮다고 넘어가거나 내 일이 아니라고 덮어두지 않고 적극적으로 해결을 위해 참여하려는 태도와 의지에 관련한 권리와 의무 (안전할 권리, 선택할 권리, 의견 반영 권리, 구제받을 권리, 지속가능 환경 권리, 기술적 중립성 권리, 비판의식에 대한 책임, 사회적 배려에 대한 책임 등)	공감, 배려, 끈기, 이타적 덕성 (피해에 대해 공감하고, 분노하며, 도와주려는 태도)	자기동기화 능력 (귀찮고 힘들어도 문제해결을 위해 포기하지 않으려는 실천 의지를 스스로 북돋우고 그것을 유지하는 능력)
③ 인공지능 관련 '실천과 조직에 대한 권리와 의무'	문제 해결을 위해 효과적으로 대응하고, 자신의 문제해결뿐만 아니라 비슷한 처지의 다른 소비자들을 위해 단체를 조직하고, 연대하여 문제해결의 절차를 제도화하는 데에까지 나아갈 수 있는 권리와 그렇게 해야할 의무 (의견 반영 권리, 단체조직활동의 권리, 참여에 대한 책임, 연대에 대한 책임 등)	능동, 적극, 책무성(움츠러들지 않고 앞으로 나아가 문제를 해결하고 책임을 감당하려는 태도)	의사소통력, 사회적 조직력 (다른 사람들과 함께 힘을 합치고 효과적으로 협력할 수 있는 능력)

03 4차 산업혁명 시대의 미래교육 모형

4차 산업혁명 시대 미래의 교육 모형은 <표 1-12>와 같이 5P(Permeable, Public, Pervasive, Paced, Personal) 학습 체제로 정의할 수 있다(조헌국, 2017).

표 1-12 4차 산업혁명 시대의 미래교육모형 5P 학습체제

구분	개념	특징
Permeable	• 산업 사회와 직업 생태계의 변화로 인해 등장하게 될 융복합 중심의 교육과정 개편은 기존의 전공이나 학문 분야 간 장벽의 붕괴 가속화	• 온라인과 오프라인, 인문학과 과학기술, 교과와 비교과, 현실과 사이버 세계, 생물과 무생물 등 경계 붕괴 • 교양과 전공 경계 붕괴, 교양교육 내 여러 학문 분야 간 경계 붕괴 • 교수자와 학습자의 경계 모호
Public	• 인간과 기계의 결합과 개방형 플랫폼의 보급은 집단 지성 등 공동체 중심의 학습 자산 형성 강화	• 인간과 기계를 포괄한 집단 학습을 통해 인간의 인지적, 신체적, 정서적 능력 극대화 • 학습의 성과물 역시 개인의 것이 아닌, 집단의 것으로 이해 • 이론과 실천의 연계 강화
Pervasive	• 인공지능의 발달과 빅데이터의 활용은 학습에 대한 시공간적 제약을 해제하여 언제 어디에서나 학습 가능	• 개방형 플랫폼과 사이버 물리 시스템을 통한 토론과 실습, 강의가 복합된 교과목 운영
Paced	• 탈도시화, 탈분권화된 교육과정의 등장은 개인 잠재력과 학습 목적에 적합한 맞춤형 학습 실현	• 각자의 수준에 맞게 학습량과 과제를 조절해 누구든지 목표에 도달 가능
Personal	• 개인의 성격와 인성을 다루는 인간성을 위한 교육 강조	• 생명 가치와 인간에 대한 참된 이해, 서로 다른 문화 이해 및 배려, 존중

특히, 성태제(2017)는 4차 산업혁명의 특징이 융합과 초유기체이듯이 교육도 교육의 모든 활동이 분절되지 않으며 초유기적으로 이루어져야 하기 때문에, 교육과정, 교수·학습, 교육평가가 유기적인 관계를 가지며 클라우드 환경과 사이버 공간에서 [그림 1-13]과 같이 이루어져야 한다고 주장하였다.

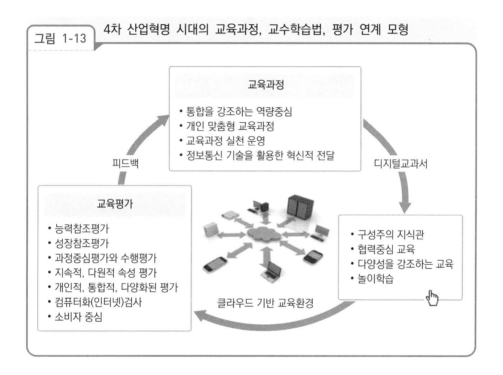

그림 1-13   4차 산업혁명 시대의 교육과정, 교수학습법, 평가 연계 모형

교육과정
• 통합을 강조하는 역량중심
• 개인 맞춤형 교육과정
• 교육과정 실천 운영
• 정보통신 기술을 활용한 혁신적 전달

피드백

디지털교과서

교육평가
• 능력참조평가
• 성장참조평가
• 과정중심평가와 수행평가
• 지속적, 다원적 속성 평가
• 개인적, 통합적, 다양화된 평가
• 컴퓨터화(인터넷)검사
• 소비자 중심

구성주의 지식관
• 구성주의 지식관
• 협력중심 교육
• 다양성을 강조하는 교육
• 놀이학습

클라우드 기반 교육환경

04 4차 산업혁명 시대의 미래교육 구성 체제

4차 산업혁명 시대 미래교육의 구성 체제는 교육철학 및 목표, 교육과정, 교육내용, 교육방법 등 <표 1-13>와 같이 구분할 수 있다(임종헌, 유경훈, 김병찬, 2017).

표 1-13 4차 산업혁명 시대에 미래교육의 구성 체제

구분	내용
교육철학 및 목표	• '평생학습자' 육성, 개인 개성의 발견과 발전, 협력과 소통, 인간 존중
교육과정	• 국가 교육과정의 유연화, 교육과정 경로(course) 다양화, 삶 중심 교육과정 재구성
교육내용	• 역량 중심 교육, 인성/시민성/협업능력 강조
교육방법	• 다양한 교육방법 활용, 학습자주도, 테크놀로지 기반 교육, 온라인 기반, 네트워크 기반

특히, 4차 산업혁명 시대에 미래교육의 목적과 방향을 효과적으로 달성하기 위해서는 기존의 교육 패러다임과는 달리, 교육과정, 교수·학습 방법, 교육평가, 교수자 역할, 학습자 역할 등 구성 체제에 많은 변화가 있어야 한다(계보경·박태정·차현진, 2016; 성태제, 2017).

표 1-14	4차 산업혁명 시대의 구성 체제 변화	
구분	기존의 교육 패러다임	새로운 교육 패러다임
교육과정	• 분화된 교과 중심 • 국가 주도 표준화된 교육과정 • 선형적, 순차적, 정형화 • 이론 중심 교육내용	• 통합과 융합을 강조하는 역량 중심 • 학교 중심 맞춤형 특색있는 교육과정 • 다차원적, 비선형정, 비표준화 • 현장 실천 중심 교육내용
교수학습 방법	• 행동주의 교육 방법 • 경쟁 중심 교육 • 오프라인 교육 • 한정 공간에서 전달형 교수체제	• 구성주의 교육 방법 • 협력 중심 교육 • 온오프라인 교육(블렌디드 교육) • 공간을 초월한 맞춤형 학습체제
교육평가	• 규준참조 평가, 준거참조 평가 • 결과 중심 평가 • 암기지식 측정 중심 평가	• 능력참조평가, 성장참조평가 • 과정 중심 평가, 수행평가 • 인지, 정의, 사회 영역 균형된 평가
교수자 역할	• 지식 전달자 • 감독자, 권위자	• 지식 조력자, 촉진자 • 코치, 카운셀러
학습자 역할	• 수동적 학습자 • 개인학습 중심 • 학습과 일 분리	• 능동적 학습자 • 학습공동체 • 학습과 일 병행

특히, 4차 산업혁명 시대 학교의 변화 방향을 학교 체제, 학년－학급 체제, 학교 인프라, 거버넌스, 평가, 교사의 역할 등 측면에서 살펴보면 <표 1－15> 와 같이 정리할 수 있다(임종헌, 유경훈, 김병찬, 2017).

| 표 1-15 | 4차 산업혁명 시대의 학교의 변화 방향 |

구분	내용	비고
학교 체제	유연한 통합 학교 운영(유초, 초중, 유초중, 초중고 등), 기능 복합 체제(보육, 평생학습 등)	유, 초, 중, 고 학제를 필요에 따라 융통적으로 운영
학년 · 학급체제	학제 유연화, 무학년 및 무학급제 도입, 경험학습인정제 등	테크놀로지(가상현실 등)를 바탕으로 개별화 학습 강조
학교 인프라	테크놀로지 기반(가상학습 환경), 지역사회 교육 자원을 연계, 환경 연계	학교를 넘나드는 지역, 지구촌 학습공동체 구축
거버넌스	교육자치 확대, 단위학교 자율성 강화, 학교 자치 확대, 교사 수급과 배치 유연화	-
평가	획일화된 평가 지양, 형성평가 강화, 평가 방법의 다양화, 학생의 삶에 초점을 맞춘 평가	-
교사의 역할	학습 디자이너, 학습 컨설턴트, 삶의 멘토, 네트워크 관리자	테크놀로지를 바탕으로 교사의 활동 영역 확대(학교 안팎, 온 · 오프라인)

CHAPTER

03

역량 기반 학교 교육과정

01 핵심역량의 개념 및 유형

일반적으로 역량과 유사한 개념은 비전, 미션, 핵심능력, 핵심역량, 역량 요소, 역량 메뉴, 지식, 기술, 내적 특성, 행동 등(이홍민·김종인, 2006)이 있는데, 20세기 초반에는 경영학, 심리학, 교육학 등에서 많이 사용되어 왔으나, 최근에는 그 활용 범위가 확대되고 있다. 이러한 핵심역량의 개념은 학자들마다 매우 다양하게 정의하고 있다(<표 1−16> 참조).

표 1-16 핵심역량의 개념

구분	개념
Hamel & Prahalad (1990)	• 경쟁기업이 결코 따라올 수 없는 자기 기업 특유의 차별화된 기술 및 노하우의 결정체
OECD(2003)	• 복잡한 요구를 성공적으로 충족시키는 능력 또는 활동, 과제를 수행하는 능력
Spencer & Spencer (1998)	• 직무나 특정 상황에서 준거가 되는 효과적이고 탁월한 수행 성과에 직접 관련된 개인 동기, 특질, 자아의식, 지식, 기능 등의 안정적이고 지속적인 특성
Dubois(1993)	• 삶에서의 역할을 성공적으로 수행하도록 사용되거나 소유하고 있는 개인의 특성
Boyatzis (1982)	• 직무에서 효과적이고 탁월한 수행의 원인이 되는 개인의 내적인 특성
Klemp(1980)	• 직무현장에서 효과적이고 우수한 성과를 산출하는 개인의 잠재적 특성

구분	개념
이광우(2008)	• 다양한 현상이나 문제를 효율적으로 또는 합리적으로 해결하기 위해 학습자에게 요구되는 지식, 기능, 태도의 총체
현주 외(2004)	• 요구를 충족시키거나 과제를 성공적으로 수행할 수 있는 능력
김태기 외(2002)	• 특정한 상황이나 직무에서 준거에 다른 효과적이고 우수한 수행의 원인이 되는 개인의 내적 특성
김진모(2001)	• 조직 환경 속에서 탁월하고 효과적으로 업무를 수행할 수 있는 조직원의 행동 특성으로, 그들에게 요구되는 지식, 기술, 태도의 총체

특히, 핵심역량은 선천적으로 타고나는 것이 아니라, 학습될 수 있는 것으로서, 지적능력, 인성(태도), 기술 등을 포괄하는 다차원적(multidimensional) 개념으로, 향후 직업세계를 포함한 미래의 삶에 성공적으로 대처하기 위해 필수적으로 요청되는 능력이다(최승현 외, 2011; 이광우 외, 2008; 박순경 외, 2008). 또한, 핵심역량은 개인 또는 사회인으로서 성공적이고 행복한 삶을 유지하기 위해 기본적으로 갖추어야 할 보편적 능력으로서(이광우 외, 2009), 직업적 삶, 사회적 삶, 인간적 삶, 개인적 삶 등 다양한 측면에서의 유의미한 삶을 살아나가기 위해 필수적인 능력이다.

한편, 미래 사회에 필요한 핵심역량과 교과별 지식이 구심점이 된다는 측면에서 21세기 핵심역량과 교과지식의 균형 잡힌 발달을 강조하였다(Griffin, et al, 2012). 즉, 교과지식과 핵심역량을 긴밀하게 잘 연계함으로써 지식의 깊은 이해는 물론 지식을 활용할 수 있는 창의성도 함양할 수 있다.

따라서, 미래 학교 교육과정은 기존의 교과내용을 보다 교과답게 가르치는 방편으로서 핵심역량을 도입할 수 있다(최승현 외, 2011). 이러한 미래 학교 교육과정의 비전 및 인간상으로 '창의·융합형 인재' 및 '미래 핵심역량을 지닌 융합인재'를 설정하여 교과 교육과정을 통한 핵심역량 구현 및 핵심역량을 통한 교과 교육과정 구현이라는 목적을 달성하기 위해 '교과 교육과정'과 '핵심역량'이라는 두 가지 축으로 [그림 1-14]와 같이 도식화할 수 있다(이근호 외, 2012).

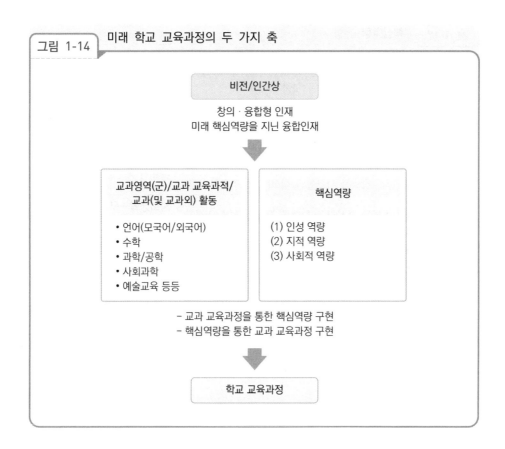

그림 1-14 미래 학교 교육과정의 두 가지 축

비전/인간상

창의 · 융합형 인재
미래 핵심역량을 지닌 융합인재

교과영역(군)/교과 교육과적/
교과(및 교과외) 활동

• 언어(모국어/외국어)
• 수학
• 과학/공학
• 사회과학
• 예술교육 등등

핵심역량

(1) 인성 역량
(2) 지적 역량
(3) 사회적 역량

– 교과 교육과정을 통한 핵심역량 구현
– 핵심역량을 통한 교과 교육과정 구현

학교 교육과정

일반적으로 핵심역량은 인성 역량, 지적 역량, 사회적 역량 등 크게 3가지 유형으로 <표 1-17>과 같이 구분할 수 있다(이광우 외, 2009).

표 1-17   핵심역량 유형

구분	개념	구성요소
인성 역량	• 인간 성품 계발과 관련된 역량 • 자기존중, 수용, 잠재력 계발, 자기통제와 조절능력 등 개인 차원 및 개인 자격으로 타인을 만나 발생하는 관계 속에서 필요한 역량	도덕적 역량, 자아정체성, 자기인식, 자존감, 개방성, 이해심, 배려윤리 등
지적 역량	• 기본 소양 준비를 기초로 문제를 해결하고 그 과정 속에서 비판적·창의적 사고를 발휘하는 데 필요한 역량	창의적 사고능력, 학습역량
사회적 역량	• 사회적 소통을 중시하고 참여를 통해 문제를 인식하고 사회생활 속에서 자신의 위치나 진로를 개척해 나가는 데 필요한 역량	사회생활능력: 공동체에서 개인 삶과 관련된 역량 직무수행능력: 인적자본으로서 직업생활에 필요한 역량

02 미래 학교 교육과정에 필요한 핵심역량

미래 사회는 저출산 및 고령화, 과학·정보통신기술 발전, 지구촌 및 다원화 사회 등 다양한 특징을 가지고 있다. 이러한 미래 사회 특징에 따른 미래교육의 방향과 그에 요구되는 핵심역량을 소개하면 <표 1−18>과 같이 요약할 수 있다(이근호 외, 2012; 박재윤 외, 2010).

표 1-18 미래 학교 교육과정에 필요한 핵심역량

구분	미래 사회 특징	미래교육 방향	핵심역량	비고
저출산 및 고령화	• 가족규모변화, 핵가족	• 삶의 질을 높이는 교육	• 삶 향유능력 • 건강한 자아상 • 문화 및 예술적 감수성	인성 역량
	• 저출산 및 고령화	• 학습코칭, 자기주도적 학습 • 평생학습기반 구축 • 삶과 교육·문화 연계 • 진로교육 활성화 • 학교학습과 직업 간 연계성 강화 및 평생직업능력 개발	• 자기주도적 학습역량 • 자기관리능력 • 문화예술소양	지적 역량
과학·정보통신기술 발전	• 기술혁신, 네트워크 사회 • 가치관 및 생활양식 변화	• 인간소외 해소 교육	• 자아정체성 • 다름에 대한 관용	인성 역량

구분	미래 사회 특징	미래교육 방향	핵심역량	비고
	• 첨단테크놀로지 • 디지털화된 지식사회 • 정보화, 네트워크 사회	• 교육체제 유연화 • 가상현실 이용한 학습환경, 사이버학습 • 디지털교과서, 스마트러닝, U러닝 • 평생학습사회	• ICT소양 • 정보처리능력 • 자기주도학습역량 • 문제해결역량	지적 역량
지구촌 및 다원화 사회	• 다원주의 • 사회 다원화 • 다문화 및 세계화	• 교육대상자 다원화 • 다문화교육 • 세계시민교육 • 국제이해교육 • 학교와 지역사회 연계 강화	• 남과 더불어 살 수 있는 자질 • 공동체 의식 • 타인 배려 • 열린 자세로 세상 수용 • 다문화이해능력	인성 역량
	• 국제화/세계화 • 다원주의 • 사회다원화/신자유주의 • 다문화 및 세계화	• 교육경쟁 심화 • 학교와 지역사회 연계 강화 • 다문화이해교육	• 글로벌 시민의식/세계시민성 • 문화 및 예술적 감수성 • 의사소통능력 • 문제해결능력 • 갈등조정능력 • 개인적/사회적 책무성 • 문화적 역량	사회적 역량
지식 기반 사회	• 간학문적 융합기술발달 • 학문 간 융복합/융복합 지식 창출	• 간학문적, 범교과적, 융합학문적 교육 • 고급융합기술 인력양성 • 통섭형 인재양성 • 학제 간 통합교육	• 전문지식	지적 역량
사회·경제적 양극화	• 개인주의 성향 강화 • 사회적 갈등/격차 심화	• 교육 양극화/격차 해소 요구 • 교육기회 형평성/교육복지 증진 요구	• 배려와 관용 • 소통과 협동 • 팀워크 역량	사회적 역량
환경 문제	• 제한된 지구환경	• 친환경교육/인간중심 사고를 벗어난 생태중심 사고 • 지속가능발전교육	• 글로벌 시민의식 • 생태적 지속가능성 • 사회적 책무성 • 환경감수성/생태학적 윤리/환경의식	사회적 역량

03 초 · 중등교육에서 강조해야 할 핵심역량

초 · 중등교육에서 강조해야 할 핵심역량은 창의력, 문제해결능력, 의사소통 능력, 정보처리능력, 대인관계능력, 자기관리능력, 시민의식, 국제감각, 진로개발 능력 등 <표 1−19>와 같다(이광우, 2008).

표 1-19 │ 초 · 중등교육에서 강조해야 할 핵심역량

구분	하위요소		개념
창의력	사고 기능	유창성	특정 문제 상황에서 가능한 많은 아이디어를 산출하는 능력
		융통성	고정적인 시각을 변화시켜 다양한 아이디어나 반응을 산출하는 능력
		독창성	남과 다른 독특하고 새로운 아이디어를 산출하는 능력
		정교성	다듬어지지 않은 아이디어를 유용하게 발전시키는 능력
		유추성	특정 대상을 기존의 것과 연결지어 생각하는 능력
	사고 성향	민감성	주변 세계와 문제에 예민한 관심을 보이며 새로운 것을 탐색하는 성향
		개방성	제한 없이 모든 가능성과 다양한 경험을 수용하는 성향
		독립성	타인에게 의존하지 않고 자신의 힘으로 해결하는 성향
		과제집착력	성취하고자 하는 일을 포기하지 않고 과제에 몰두하는 성향
		자발성	문제 상황에 적극적으로 대처하고 자신의 내적 동기에 의해 필요한 아이디어를 산출하려는 성향이나 태도

구분	하위요소	개념
문제 해결 능력	문제 발견	문제가 존재한다는 사실을 발견하고 찾아내는 능력
	문제 명료화	여러 가지의 창출된 문제들로부터 자신이 해결하고 싶은, 해결할 수 있는 문제를 선택하여 명확하게 진술하는 능력
	해결 대안 탐색	문제를 해결하기 위한 다양한 아이디어를 산출해 내고, 적합한 기준을 세워 아이디어를 평가함으로써 최적의 해결안을 선택하는 능력
	대안 실행 및 효과 검증	선택한 해결 대안을 실제로 현실에 적용해 보고 그 효과를 검증하는 능력
의사 소통 능력	경청 및 공감	타인의 생각과 감정, 정서에 대한 정확한 이해를 위해 경청하고 공감하는 능력
	이해 및 반응	타인과의 상호작용 내용에 대한 명확한 이해와 이에 기초한 적절하고 정확한 반응적 표현 능력
	다양한 상호작용 기술	다양한 맥락에서 이루어지는 언어, 상징, 텍스트를 해석하고 활용할 수 있는 능력
정보 처리 능력	정보수집·분석·평가	• 정보수집: 정보를 이용하고 활용하기 위해 기록, 저장하는 행위 능력 • 정보 분석 및 평가: 정보 가치를 평가하고 이를 사용하는 행위 능력
	정보전달 및 공유	정보 송수신을 비롯하여 불특정 다수와의 공유 행위 능력
	정보활용	다양한 유형의 정보를 효율적으로 처리하여 활용하는 모든 방법적인 능력
	정보윤리	정보에 대한 접근 및 활용에 있어 사회적 책무성으로서의 윤리적 행위 능력
대인 관계 능력	인내력(타인 이해 및 존중 태도)	집단 내 또는 개인 간 관계에서 자신의 이익과 요구에 반하거나 자신이 원하지 않는 방향으로 일들이 진행될 때 참아내는 능력
	정서적 표현능력	자신의 정서에 대해 분명하게 파악하고 그 정서를 건강하게 외부로 표출하는 능력
	타인과의 협동 및 정적 관계 유지	개인이 타인과의 협동을 통해 소기의 목적을 달성하게 되는 다양한 경험을 하며 상호 간에 긍정적인 관계를 유지하는 능력
	갈등 조정 및 해결	대인관계에서 직면하게 되는 집단 간 또는 집단 내 개인 간의 갈등을 의미있고 건설적으로 해결하는 능력

구분	하위요소	개념
자기 관리 능력	자아정체성	자신의 흥미, 적성, 장점을 발견하고 이를 가치롭게 발전시키는 능력
	긍정적 사고	모든 현상을 긍정적으로 이해하고 수용하려는 마음가짐
	실행력	수행해야 할 업무를 열정적으로 추진하는 능력
	기본생활태도	일상생활에서 요구되는 기본적인 생활습관 및 태도를 형성하기
	기초학습능력	읽기, 쓰기, 셈하기 등과 같은 모든 학습의 기본이 되는 능력
	자기주도적학습능력	변화하는 상황에 대처하기 위해 학습자 스스로의 학습 역량을 지속적으로 계발하는 자세
	여가 선용	주어진 시간을 잘 활용하여 유익하게 놀 줄 아는 능력
	건강 관리	생활에 필요한 체력을 보존하고 건강한 신체를 유지하는 능력
시민 의식	공동체 의식	자신이 속한 공동체 또는 그 구성원에 대해 귀속의식이나 유대감을 갖고 공동체의 유지 및 발전을 위해 공동체의 이익을 중시하는 태도와 가치관
	신뢰감 및 책무성	개인 및 기관, 사회에 대한 신뢰감을 형성하고 사회적 역할과 의무를 수행하는 능력
	민주적 생활방식	상대방의 존재를 인정하는 토대 위에서 타협과 협상을 통해 민주적 절차를 거쳐 합리적으로 문제를 해결하려는 태도
	준법정신	공공 질서와 정의를 유지하기 위해 만들어진 법이나 사회 규범을 준수하려는 의식
	환경의식	환경의 지속가능한 보존을 위해 자신의 가치관, 소비습관, 생활방식을 변화시킬 수 있는 능력
국제 감각	문화 계승 발전	우리나라 문화를 깊이있게 이해하고 계승 발전하는 창조적 태도
	다문화 이해	다원화 사회에 존재하는 다양한 문화의 차이를 이해, 관용, 존중하는 능력
	외국어 소양	국제화 사회의 상호 소통에 요구되는 외국어 문해 능력
	문화 감수성	예술 및 문화에 대한 감각을 넓히고 그 자체를 향유할 수 있는 능력
진로 개발 능력	진로인식	진로 선택에 필요한 다양한 직업세계를 이해하는 능력
	진로탐색	자신의 적성과 소질에 적합한 진로를 탐색하는 능력
	진로개척	자신의 적성과 소질에 적합한 진로를 설계하고 이에 필요한 능력을 준비하는 능력

특히, 핵심역량의 하위 요소에는 기본 역량과 실천 역량이 있다. 우선, 기본 역량은 청소년의 성장과 발달에 반드시 필요한 역량으로 모든 역량 요소의 토대가 되는 역량으로 신체적 역량과 지적 역량 등을 말한다.

신체적 역량은 건강 유지와 신체의 균형성을 갖도록 하는 능력을 말하며 이것에는 체력관리, 공동체 의식 등의 핵심 가치가 있다.

정서적 역량은 어떤 일을 하게 하는 원동력으로 '좋아하는 또는 하고 싶어 하는 마음'으로, 자기인식, 자기관리능력이며, 그 가치는 긍정, 도전의식, 탐구, 지적호기심, 자신감, 감사, 애국심 등이 있다.

사회적 역량은 이질집단에서 소통하며 더불어 사는 능력으로, 사회적 인식능력, 대인관계능력이며 그 가치로는 공감, 소통, 협동, 신뢰, 약속, 연민, 배려, 봉사, 나눔, 시민의식 등이 있다.

도덕적 역량은 올바른 삶의 영위를 위한 인간됨과 가치 판단의 기초가 되는 능력이며, 핵심 가치 인식 및 책임 있는 의사결정능력으로 정직, 책임, 자율, 성실, 근면, 절약, 청렴, 의무감 등의 가치가 있다.

지적 역량은 지식 및 정보를 이해하고 기술을 습득하는 능력으로 자기주도적 문제해결 및 종합적 사고능력을 갖추고 있어 몰입, 통합, 창조, 호기심, 집단사고 등의 핵심 가치를 지니고 있다.

그리고 실천 역량은 기본 역량을 토대로 청소년이 자신의 의도적인 사고와 인지적 태도로서 구체적 행동을 하거나, 행위 과정에서 자신과 타인에게 영향력을 발휘하게 하는 사회적, 정서적, 도덕적 역량 등을 말한다.

한편, 대구광역시교육청은 5대 핵심역량과 10대 핵심 가치[1]를 <표 1-20>와 같이 학교급별로 설정한다.

---

1) 학교급별 핵심역량 교육과정에 관한 여러 나라의 주요 자료를 참고하여, 그 자료를 분석하고 이론적 배경을 토대로 대구행복교육과정의 5대 핵심역량과 10대 핵심 가치를 학교급별로 설정함

표 1-20   5대 핵심역량과 10대 핵심 가치에 따른 학교급별 목표

역량군	가치	유치원	초등학교	중학교	고등학교
신체적 역량	건강	건강하고 안전한 생활을 한다.	안전하고 규칙적인 생활습관을 실천한다.	생명의 소중함을 깨닫고 몸과 마음을 관리한다.	건강의 제문제를 해결할 수 있는 신체관리 능력을 기른다.
	체력	신체활동에 즐겁게 참여한다.	신체활동의 즐거움을 알고 운동하는 습관을 기른다.	단체 스포츠를 통해 협동과 경쟁을 경험하고 경기규칙을 준수한다.	운동하는 습관과 단체 스포츠를 통해 지속적으로 도전할 수 있는 체력을 기른다.
정서적 역량	긍정	자신에 대해 긍정적 관심을 가진다.	자신을 가치있게 생각하고 감정을 긍정적으로 표현한다.	주변 사람과 자신이 하는 일을 소중하게 여기고 감사할 줄 안다.	나에서 우리로 시야를 확장하여 폭넓게 수용하고 신뢰하는 개방성을 기른다.
	도전	주변 일을 호기심을 가지고 해 본다.	흥미있는 일에 자신있는 태도로 끈기를 가지고 노력한다.	자신감을 가지고 자기 한계를 이겨내기 위해 노력한다.	어려운 상황에 굴하지 않고 목표를 이루기 위해 끊임없이 도전한다.
사회적 역량	소통	자신의 생각이나 감정을 즐겁게 표현한다.	다른 사람의 말을 경청하고, 자신의 경험과 생각을 다양하게 표현한다.	다양한 견해를 존중하고 다른 사람의 생각에 공감하고 협동할 줄 안다.	대립상황을 이해하고 다른 사람과의 갈등을 합리적으로 해결한다.
	배려	가족, 친구의 소중함을 알고 관심을 가진다.	나와 함께 살아가는 사람에게 관심을 가지고 도와준다.	이웃과 지역사회를 사랑하고 가진 것을 나누려고 노력한다.	국가 공동체의 발전을 위해 노력하며 더불어 살아가는 글로벌 시민의식을 기른다.

역량군	가치	유치원	초등학교	중학교	고등학교
도덕적 역량	정직	솔직하게 말하고 바르게 행동한다.	자신과 남을 속이지 않는 말과 행동을 일상생활에서 실천한다.	정직한 삶의 태도를 습관화하고 친구도 동참하도록 유도한다.	정직한 삶의 가치를 알고 신뢰로운 사회를 만들기 위해 노력한다.
	자율	혼자서 할 수 있는 일은 스스로 해 본다.	자신의 일을 스스로 하는 바른 생활습관을 기른다.	가정과 사회규범에 맞게 스스로 판단하고 성실하게 행동한다.	자신의 삶을 설계하고 다양한 문제를 주도적으로 해결한다.
지적 역량	통합	주변 사물을 연결하여 생각한다.	학습 및 일상 생활에서 일어나는 여러 문제를 서로 관련지어 생각한다.	자신의 지식과 경험을 활용하여 종합적으로 사고하고 탐색한다.	다양한 현상과 복잡한 문제들을 통합적으로 이해하고 접근하여 해결한다.
	창조	자신의 생각을 자유롭게 표현한다.	자신의 느낌과 생각을 자유롭게 표현하고 이를 즐긴다.	기존의 지식을 활용하여 새로운 방법으로 문제를 해결한다.	사회의 다양한 문제에 대한 원인을 탐구하고 해결하는 창조적 능력을 기른다.

04 직업세계에서 요구되는 핵심역량

직업세계에서 요구되는 핵심역량은 의사소통능력, 정보 · 기술 및 자원활용, 문제해결력, 맥락과 환경에 대한 이해능력, 대인관계능력, 자기관리 등 <표 1-21>와 같다(임언, 2008).

표 1-21 직업세계에서 요구되는 핵심역량

구분	하위 요소	개념
의사소통 능력	말하기	다른 사람과 효과적으로 이야기하는 능력
	적극적 청취	언어적 정보에 집중하고 적절하게 이해하는 능력
	독해력	문서화된 자료로부터 도출된 정보의 이해 능력
	쓰기	문서를 통해 다른 사람과 효과적으로 의사소통하는 능력
	영어 읽기	영어로 작성된 기초적 수준의 문서 이해
	수계산능력	수리를 통한 문제해결 능력
	도표 이해능력	숫자 및 도표로 제시된 정보이해 능력
정보 · 기술 및 자원 활용	정보활용	적절한 방법을 사용하여 필요한 핵심정보 찾기
	자원활용	업무에 필요한 자원을 적절하게 배분하고 활용하는 능력
	기술활용	업무에 필요한 적절한 기술을 선택하고 활용하는 능력

구분	하위 요소	개념
문제 해결력	창의력	문제를 발견하고 새롭고 독창적인 해결 방안을 착상하는 능력
	분석적 사고력	수렴적 사고 과정을 통해 제시된 아이디어의 질을 평가하는 능력
	문제해결실행력	제시된 문제해결 방법을 활용하여 실제로 시도하는 능력
맥락과 환경에 대한 이해능력	조직이해능력	시스템 내에서 개인의 행동과 역할의 관련성을 이해하고 시스템을 모니터링하고 변화를 예측하고 대비하는 능력
	사회문화이해능력	법, 규칙, 사회적 규범에 대한 이해 능력
대인관계 능력	리더십	업무 수행 과정에서 다른 사람을 이끄는 능력
	협력	다양한 배경을 가진 사람들과 함께 일할 수 있는 능력
	고객서비스	고객의 요구를 파악하고 충족시킬 수 있는 능력
자기관리	자기주도적학습능력	자기주도적으로 새로운 것을 배울 수 있는 능력
	신체적 · 정서적 건강유지	신체의 지구력과 민첩성을 유지하며 정서적 조절을 통한 자존감, 행복감을 유지하는 능력
	진로계획 수립 및 실천	삶의 계획을 적극적으로 수립하고 실천하고자 애쓰는 능력
	직업윤리	책임감 있고 성실하게 직업에 임할 수 있는 태도

제 2 부

인성 및 인성교육의 이해

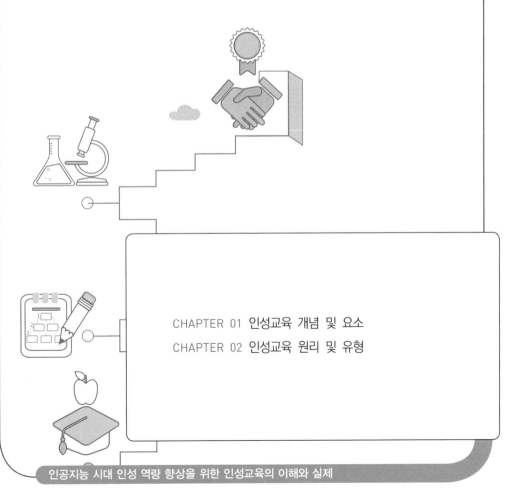

인성교육 개념 및 요소

01 인성의 개념 및 구성요소

가. 인성(人性)의 개념

인성이란 무엇일까? 인품, 인격, 성품, 성격, 인간성, 도덕성, 심성 등 유사한 말들이 너무나도 많이 있다. '인성'에 대한 사전적 의미는 '사람의 성품이나 개인이 가지고 있는 사고와 태도 및 행동 특성'이다. 그리고 일반적 통용되는 '인성'의 의미로는 '사회적으로 인정되는 바람직한 인간적 특성 또는 사람됨'을 말하기도 한다.

우리는 이러한 개념들을 모두 분류하여 규정할 수 있을까? 오랜 시간 동안 우리는 이러한 모호한 인성의 개념을 가지고 혼용해 왔다. 그것은 누구의 탓으로 돌릴 문제가 아니라 우리 역사 및 전통과 관련이 깊다고 할 수 있다. 인성의 개념이 우리나라에서 오랜 유학의 전통 속에서 강조되며 명확한 정의를 내리려는 노력 없이 사용되어져 왔기 때문에 다양한 의미를 포괄하는 추상적인 개념으로 자리 잡았다고 분석하였다(장성모, 1996; 조연순, 2007). 또한 우리 사회는 역사적으로 인성의 본질에 대한 이해와 탐구보다 개인적·사회적 덕으로서 포괄적인 개념을 갖춘 인간상을 추구해 왔기 때문이기도 하다. 그러나 인성교육의 구체적 실행과 교육 결과에 대한 평가 등을 위해 인성이 무엇인지에 대한 명확한 개념 규명이 필요하다.

그렇다면 오늘날 인성의 개념은 어떻게 정의되고 있을까? 여려 연구에서 제시되고 있는 인성의 개념은 개별적 성격이나 기질로 이해되거나 인간관계나 감정을 지칭하는 것으로 생각되어지기도 한다. 또는 여러 개념들을 포괄하는 상위 개념으로 설명되어지기도 한다고 한다(박성미, 허승희 2012; 박민서, 2015).

인성은 그 개념 자체가 매우 포괄적이기 때문에 연구자의 관점에 따라 인성을 성격, 인격, 인간의 성품 등으로 다양하게 정의하고 있다. 최근의 많은 연구들에서는 인성을 인간의 정의적 행동, 책임감, 인내심, 타인이해, 좌절극복, 불안감 극복, 행동하기 전에 생각하기 등 인성의 개념이 보다 포괄적으로, 구체화되어 제시되고 있다(곽정환, 2003; 김경숙, 2007). 인성의 사전적 의미는 '사람의 성품'이며, 성품은 성격과 품격을 의미한다. 즉, '인성'이란 사람의 성품으로서 "각 개인이 가지고 있는 사고와 태도 및 행동 특성"을 의미한다. 한편, 영어에서 인성에 해당되는 개념으로는 personality와 character를 들 수 있다. 우리는 일반적으로 personality를 심리학적 용어로 이해하면서 도덕성과 다른 중립적인 특성을 지닌 '성격'이라는 의미로 해석하며, character를 인격교육(character education) 개념과 연결하여 도덕적 품성, 도덕적 자질 등을 내포하는 '인격'이라는 의미로 해석한다. 어원적으로, personality는 고대 그리스 시대의 연극 무대에서 배우가 쓰던 가면(persona)에서 유래된 것으로서 사람의 외양적, 행동적, 역할적 특성을 나타내는 데 주로 사용한다. 또한 성격은 정신적인 바탕 혹은 본디부터 지니고 있는 독특한 바탕으로 정의되며, 품격은 물건의 좋고 나쁨의 정도, 혹은 품위, 기품이라고 정의된다(민중 실용국어사전, 2010). 따라서 인성이란 개인의 독특한 특성을 바탕으로 길러지는 그 사람의 사람됨이라고 정의할 수 있다(교육부, 2011). 이러한 인성의 개념은 타고난 기질적 특성이 아니라 후천적으로 획득 가능한 특성으로 볼 수 있다(지은림 외, 2013). 따라서, 인성은 의도적인 학습이나 반복 연습 및 피드백을 통해 습득시킬 수 있는 심성, 특히 학교교육의 맥락에서 학생들에게 함양시켜 줄 수 있는 바람직한 성품이라 할 수 있다(조난심, 2004).

한편, 인성을 '인격(character), 성격(personality), 도덕(morality), 인간 본성, 인간의 본연이나 인간다운 품성'으로 본다면 인성의 의미는 더욱 확대될 수 있다. 다양한 인성에 대한 정의에는 '우리 인간이 지향하고 성취해야 하는 인간다운 면모, 성질, 자질, 품성'이라는 의미가 부분적 또는 전체적으로 내포되어 있다(강성보 외, 2008). 이와 더불어, 오늘날 '인성' 개념은 동서양의 이상적인 인간상을 지향하면서 사회적으로 인정받고 칭찬받을 만한 성격적 특성과 도덕 판단 능력, 도덕적 실천 능력, 도덕적 반성 능력 등 도덕적 역량 및 건전한 사회성, 민주적 시민성 등 시민적 역량을 포괄하는 넓은 의미의 도덕성 개념을 포함하여 인간

본연의 사람됨, 인간다운 품성, 도덕적 자질, 덕성, 인격 등을 포괄하는 것이라고 이해된다(유병열 외, 2012).

국내·외 연구에서 언급되어지고 있는 인성의 다양한 정의는 <표 2-1>과 같이 정리할 수 있다.

표 2-1) 인성의 개념

학자	인성의 개념
서울대학교 교육연구소 편, 『교육학 용어사전』(1994)	• 인간의 지속적 동기의 경향이나 행동 성향의 조직으로서, 이는 인지적 사고나 가치 그리고 신체적 특성을 포함하는 개념 • 감정적이거나 의지적 특성과 같은 정의적 측면을 가리키며, 개인의 독특하거나 두드러진 행위와 생각을 결정한다고 간주되는 심리학적 복합이나 무의식적이거나 내현된 행동 성향
박영태(2002)	한 개인이 자신을 둘러싸고 있는 대상과의 특정한 형태의 상호작용으로 표출되는 내면적 특성
심미향(2004)	유전 및 생물학적 경향성, 사회 경험, 그리고 변화하는 환경과 같은 다양한 내적 그리고 외적 영향력에 따라 변화하는 진화적 과정
강선보 외(2008)	인간이 도달해야 하는 이상적인 인간다운 성품, 인간본연의 모습
정희태(2011)	인간의 마음과 사람됨이라는 두 요소
교육부(2014)	'자신의 내면을 바르고 건전하게 가꾸고, 타인·공동체·자연과 더불어 살아가는 데 필요한 인간다운 성품과 역량'
황응연(1992)	환경에 대응함으로써 나타나게 되는 행동 및 태도, 동기, 경향성, 인생관과 정서들의 총합을 뜻하며, 사람들에게 있어 시간과 상황에 걸쳐 지속되는 독특한 구조
문용린(1997)	개인의 심리적이거나 행위적인 성향
임승권(1994)	성격적 특성에 따라 고유하고 일관된 반응 양식을 보이는 것으로 대인관계에서 나타나는 개인의 인상
서울시교육연구원 (1994)	여러 가지 환경에 대하여 제각기 나름대로 반응하는 일관적인 행동의 구조와 역동의 특성
울산광역시교육청 (1998)	그 사람의 가치관, 도덕적 성숙, 정신적 수양 등을 포괄하는 개념으로서, 사람의 삶의 방향과 도덕적 행위의 질적 수준을 결정한다
한국교육연구원 (1997)	개인의 정신 능력, 흥미, 태도, 기질 등과 그 외의 사고와 감정, 행동에서의 개인차의 총합

학자	인성의 개념
조연순(2007)	자신의 내면적 요구와 사회 환경적 필요를 지혜롭게 잘 조화시킴으로써 세상에 유익함을 미치는 인간의 특성
조난심(2004)	태어나면서 지니고 있는 성격이나 특질의 개념의 아니라, 의도적 교육이나 학습에 의해 습득하거나 변화가 가능한 인간의 성품을 지칭
이근철(1996)	좁게는 도덕성, 사회성 및 정서(감정) 등을 의미하지만, 넓게 보면, 지·덕·체 또는 지·정·의를 모두 골고루 갖춘 전인성을 의미
이윤옥(1998)	다른 사람에게 주는 그 사람의 전체적인 인상으로 성품, 기질, 개성, 인격 등 가치개념의 의미를 내포
미교육부(2007)	존중, 공정성, 보살핌 등의 도덕적, 윤리적 가치와 책임감, 신뢰, 시민성 등을 망라하는 개념이며, 이러한 가치들을 행동하고 추론하며, 정서 속에서 증명하는 것
미교육부(2008)	개인 또는 집단의 정서적, 지적, 도덕적 자질은 물론 이러한 자질들이 친사회적 행동으로 발현되는 것

특히, 학자들이 언급한 인성의 개념은 자기와 타인 2가지 측면에서 분류해 보면 <표 2-2>와 같이 정리할 수 있다.

표 2-2 인성에 대한 학자들의 개념 및 영역

구분 학자	인성의 정의	영 역	
		자기	타인
김용래 (1990)	시간과 상황에 걸쳐 지속되며, 사람들을 구별해 주는 특징적인 사고, 감정, 행동의 양식	지속적인 사고, 감정	타인과 관련된 행동의 양식
남궁달화 (1999)	한 사람의 마음의 바탕과 사람됨의 바탕	마음	사람됨
이근철 (1996)	사람이 지니는 총체적인 성질을 표현하는 것으로 인격, 성격, 성질, 품격 등의 의미를 총괄적으로 내포	총체적 성질	총체적 성질
이성호 (1996)	좁게는 도덕성, 사회성 및 정서(감정)등을 의미하지만 그것을 좀 넓게 보면 인성은 지·덕·체 또는 지·정·의를 모두 골고루 갖춘 전인성을 의미	도덕성, 정서(감정)	사회성

학자 \ 구분	인성의 정의	영역	
		자기	타인
이윤옥 (1998)	다른 사람에게 주는 그 사람의 전체적인 인상으로, 성품, 기질, 개성, 인격 등 가치개념의 의미를 내포	기질, 개성, 인격	타인에게 주는 인상
윤운성 (1998)	지·정·의를 포함하는 마음과 가치 지향적인 행동을 포함하는 특정한 반응양식의 개념이다.	가치 지향적인 행동	특정한 반응양식
한국 교육학회 (1998)	인성이란 사람의 마음의 바탕이 어떠하며, 사람된 모습이 어떠하다는 것을 말하는 개념으로 사람의 '마음'과 '사람됨'이라는 두 가지 요소로 이루어진 다고 할 수 있다. (특정적인 반응양식 내지 행동양식)	마음과 사람됨 (행동양식)	타인 속에서의 사람됨 (반응양식)
황의연 (1992)	환경에 대응하면서 나타나게 되는 행동 등의 총합	개인이 환경에 적응	환경 속에 타인이 포함
Sullivan (1968)	인간생활을 특징짓는 재현적, 인간 상호적 장면의 지속적 유형	재현적	인간상호적
Guilford (1969)	인성을 대단히 광범위한 용어로 사용하면서 인간의 모든 개인적 특성 즉 개인의 신체적 특성, 지적 특성, 흥미들을 모두 포함	개인적 특성	
Rogers (1977)	인성을 우리 모든 경험의 중심이 되는 자아 즉 조직된, 항구적인 그리고 주관적으로 지각된 실체 (entity)	자아, 주관적 실체	
Gordon (1981)	한 개인의 진짜 모습 즉, 그의 활동을 지시하고 이끌어 가는 내부에 있는 그 어떤 것	내부의 어떤 것	
Erikson (1965)	인간은 일생 동안 여러 단계의 심리 사회적 위기를 당면한다고 보고, 인성이란 그에 따른 결과로서 기능을 하는 것	심리적 위기 극복	사회적 위기 극복
Kelly (1974)	개인이 자기의 생활 경험으로부터 스스로 의미를 만들어 가는 자기 나름의 독특한 방법	자기의 독특한 방법	경험 속에서 타인과의 관계

지금까지 살펴본 바와 같이, 인성의 개념은 윤리학적 접근, 심리학적 접근, 교육학적 접근 등 3 가지 관점에서 바라볼 수 있다(유병열 외, 2012). 따라서, 인성교육에 대한 (도덕)교육학적 접근은 심리학적 차원의 성격(personality)으로서 인성 개념과 윤리학적 차원의 인격(character)으로서 인성 개념과 긴밀한 상관관

계를 유지하면서 도덕성(morality)으로서 인성 개념을 발전시킨다. 즉, 인성교육에 대한 (도덕)교육학적 접근에서 인성 개념은 건전한 사회성, 순화된 정서, 원만한 자아 개념 등 다양한 요소들과 관련을 맺으면서 행위 주체의 도덕적 품성과 자질, 그리고 도덕적 역량 및 시민적 역량의 계발을 강조한다.

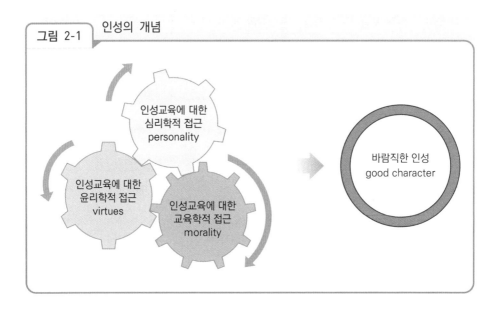

그림 2-1   인성의 개념

나. 인성의 구성요소

학자들이 제시한 인성덕목은 <표 2-3>과 같이 요약 정리할 수 있다. 특히, 인성 핵심역량과 지적, 도덕적, 시민적 덕성을 정리하면 <표 2-3>과 같다. 또한, 학자들이 제시한 인성의 범주는 <표 2-4>와 같이 요약 정리할 수 있다.

표 2-3 학자들이 제시한 인성덕목

학자	주요 덕목
Lickona(2004)	지혜, 정의, 불굴성(fortitude), 자기통제, 사랑, 긍정적 태도, 근면, 성실, 감사, 겸손
Seligman(2002)	지혜와 지식, 용기, 인간애(humanity), 정의, 절제, 초월성
Borba(2004)	공감, 분별력, 자기통제, 존중, 친절, 관용, 공정성
유병열(2008)	도덕적 지혜(도덕적 사고·판단력), 자주(자아존중감), 성실(정직, 근면), 절제, 효도, 예절, 준법, 배려, 책임, 협동, 정의, 애국애족, 인류애
한국국민윤리학회 (1993)	경천사상, 조화정신, 생명존중사상, 평화애호정신, 선비정신, 장인정신, 공동체 의식, 경로효친 사상, 풍류정신
천세영 외(2012)	정직, 책임, 공감, 소통, 긍정, 자율
지은림 외(2012)	정직, 책임, 윤리, 배려(봉사), 공감, 긍정적 자기이해, 자기조절
현주 외(2014)	자기존중, 성실, 배려·소통, (사회적) 책임, 예의, 자기조절, 정직·용기, 지혜, 정의, 시민성
정창우 외(2014)	지혜, 절제, 용기, 성실, 효도, 예절, 존중, 배려, 책임, 협동, 준법, 정의

출처: 현주 외(2014). 초·중등 학생 인성수준 조사 및 검사도구의 현장 활용도 제고 방안 연구. 한국교육개발원 수탁 연구.

표 2-4 인성의 범주

학자	인성의 범주
Partick Kariuki 외(2006)	• 도덕적 행동(약물사용, 음주, 성적행동 등에 대한 학생의 행동과 관련된 문항) • 책임감(학문적 수행, 숙제와 과제를 제시간에 처리하기, 방과후활동이나 가정에서의 책임감 있는 행동 등) • 정직 • 윤리
Nucci L.(2008)	• 덕목, 도덕적 원리, 보살핌의 윤리, 사회적 관습, 개인적 목표와 자기충만
교육개혁위원회 (1995)	• 예절, 기초 질서(교통 질서), 공동체 의식 교육[유치원~초3] • 민주 시민 교육(인간 존중, 공공법 질서, 합리적 의사결정 등) [초4~중학교] • 세계 시민 교육(타문화의 올바른 이해, 평화 교육, 외국여행 에티켓 등) [고등학교]
한국교육개발원 (1994)	• 기본 생활 습관(규칙적인 생활, 정리 정돈, 청결 위생, 물자 절약) • 자아 확립(정직, 근면, 성실, 자주) • 효도·경애(기본 예절, 효도, 경애) • 공동체 의식(질서, 협동, 준법, 타인 존중, 책임, 봉사, 정의감)

학자	인성의 범주
이명준(2011)	• 신뢰성, 존경, 책임, 공정성, 배려, 시민의식, 심미성
김정우(2011)	• 신뢰성, 존경, 책임, 공정성, 배려, 시민의식
조난심(2004)	• 도덕과 교육과정의 개인적 인성 요소(생명존중, 성실, 정직, 자주, 절제, 경애, 효도) • 도덕과 교육과정의 사회적 인성 요소(예절, 협동, 준법, 책임, 타인배려, 정의, 공동체 의식, 민족애, 인류애) • 21세기에 필요한 개인적 인성 요소(자기 주도성, 관용, 사고의 유연성) • 21세기에 필요한 사회적 인성 요소(타문화 이해)
강선보(208)	• 관계성(상호 관계적 삶을 추구하는 공생인) • 도덕성(도덕적 통합성을 추구하는 인격인) • 전일성(인간의 모든 측면이 조화롭게 발달한 전인) • 영성(초월적인 것을 체험하는 영성인) • 생명성(인간의 모든 측면이 조화롭게 발달한 전인) • 창의성(삶과 상황을 재창조하는 창의인) • 민주시민성(공동체에 참여하는 민주시민)
이돈희(2002)	• 경로효친, 정직, 절제, 근면과 성실, 생명존중, 타인배려, 평등과 인권존중, 공정성, 신의, 용기, 책임·협동, 민주성, 애국·애족, 인류애, 공동체 의식, 환경보호, 성윤리, 정보윤리
안병희(2005)	• 신용, 존중, 책임감, 공정, 배려, 시민의식(유치원·초등학교) • 신용, 타인존중, 책임감, 공정과 정의, 배려, 시민의식, 정직, 용기, 성실 (중·고등학교)
문용린 외(2011)	• 인간관계 중심 덕목(정직, 약속, 용서, 배려, 책임, 소유) • 인성의 판단능력(도덕적 예민성, 도덕적 판단력, 의사결정능력, 행동실천력)

인성은 매우 포괄적인 개념을 내포하고 있기 때문에 다양한 관점으로 정의될 수 있다. 위의 여러 연구자들이 말하고 있는 인성의 정의는 다소 차이를 보이고 있지만 그 공통점을 살펴보면, 인성을 개인적 특성이며 지적, 정의적, 행동적 영역을 총체적으로 지칭하고 있다는 것을 알 수 있다. 그리고 인성은 선천적으로 가지고 태어나는 것이 아니라 후천적 노력과 환경에 의해 변할 수 있는 것이며 특히 인성의 범위를 개인적 영역뿐만 아니라 시공간적인 타인과 관계를 통해 단계적으로 성숙해 나가는 것으로 정의하고 있다. 지은림 외(2014)는 인성 영역 중 개인적 차원을 다시 개인 내, 개인 간으로 구분하여 개인적 차원, 대인관계적 차원, 사회(세계)적 차원의 3단계로 세분화하여 <표 2-5>와 같이 제시하고 있다.

표 2-5

상황 수준별에 따른 인성 구성요소(지은림 외, 2014)[2]

구분	개인적 차원	대인관계적 차원	사회(세계)적 차원
정범모 (1992)	• 높은 지력 • 예민한 인간적 감수성 • 투철한 가치관 • 굳센 의연성		• 넓은 국제시야와 미래 전망
Lickona (1993)	• 도덕적 자각, 도덕적 가치 인식, 도덕적 추론, 의사결정, 자아에 대한 지식, 양심 • 선을 사랑하는 마음 • 자아통제 및 겸손	• 관점의 조망 • 감정이입 • 의사소통, 경청, 협동 • 자신의 의사를 표현하는 능력	
조연순 외 (1993)	• 자신감 • 자아수용 • 자기표현 • 자기통제	• 권위의 존중과 수용 • 예의범절 • 효/사랑/배려 • 정직/신뢰 • 준법정신/봉사정신 • 협동정신	• 책임감 • 정의감 • 애국심 • 환경보호의식
Pearson & Nicholson (2000)	• 책임 • 자제 • 용기 • 자아존중	• 정직 • 존중 • 친절 • 감정이입	• 공정성 • 정의 • 시민의 덕
조난심 외 (2004)	• 성실 • 정직 • 자주 • 절제 • 자기주도성 • 사고의 유연성	• 예절 • 협동/준법/책임 • 타인배려 • 효도/경애 • 관용(개방성)	• 정의 • 공동체 의식 • 민족애 • 인류애 • 타문화 이해 • 생명존중
강선보 외 (2008)	• 도덕성 • 전일성 • 영성 • 창의성	• 관계성	• 민주시민성 • 생명성
박성미, 허승희 (2012)	• 긍정적인 생활태도 • 심리적 소양 • 도덕적 판단력	• 타인에 대한 존중 • 타인에 대한 용서와 관용	• 사회구성원으로서의 역할과 책임 • 세계시민의식

---

2) 출처: 지은림·이윤선·도승이(2014), 인성측정도구 개발 및 타당화. 윤리교육연구, 35, 151 – 174.

이렇듯 인성의 구성요소들은 우리가 말하는 도덕, 덕목, 역량 등의 용어와 매우 유사함을 알 수 있다. 앞서 말했듯이 여전히 인성의 개념을 명확히 하기란 쉽지 않다. 하지만 위의 인성 구성요소에서 볼 수 있듯이 인성이란 인간의 타고난 성질만을 의미하는 것이 아니라, 나를 넘어 타인 그리고 사회 속에서 살아가기 위해서 갖추어야 할 중요한 인간의 기본적 자질이라 할 수 있다.

다. 인성교육의 개념

인성의 개념은 오랜 세월 다양한 의미로 사용되어 왔고 그 범위 또한 광대하다. 하지만 인성의 의미를 어떻게 파악하더라도 우리 인간이 지향하고 성취해야 하는 인간다운 면모, 성질, 자질, 성품, 덕성이라는 의미가 부분적 또는 전체적으로 내포되어 있다. 또한 인성이란 부분적으로는 선천적으로 타고나는 기질임과 동시에 후천적인 노력에 의해서 만들어지거나 변화할 수 있다. 그리고 이러한 후천적 변화를 위한 노력을 교육이라 부르고 있다. 따라서 인성을 대상으로 그 변화를 위해 제공되는 일련의 교육이 바로 '인성교육'이다. 하지만 인성의 개념과 범위가 광범위한 것과 마찬가지로 인성교육에 대한 개념도 시대의 흐름이나 연구자의 관점 등에 따라 다양하다. 인성교육의 개념은 정리하면 <표 2-6>과 같다.

표 2-6 　　인성교육의 개념[3]

학자	인성교육의 개념
교육부(2002)	도덕성, 사회성, 정서를 포함한 바람직한 인간으로서의 성품을 기르는 교육
한국교육개발원 (2004)	덕성을 바탕으로 교양과 능력을 겸비한 인간으로 기르는 교육
남궁달화(2003)	마음의 발달을 도모하고, 자아실현을 가능하게 하며, 더불어 살기 위해 알아야 할 것을 가르치는 것
김동위(1993)	현대적인 휴머니즘의 핵심적인 요인들을 기초로 하여 인격을 깨우쳐 주는 교육이거나 또는 현대사회의 비인간화 현상을 극복하고자 하는 교육의 목표, 내용, 방법 등의 총칭

3) 출처: 정창우(2015), 『인성교육의 이해와 실천』, 교육과학사.

학자	인성교육의 개념
조난심(1997)	인간다운 인간을 기르기 위하여 인간다운 품성을 함양시키는 교육
미교육부(2007)	사람들이 가족, 친구, 이웃, 지역사회, 국가의 일원으로 함께 살아가고 일하는 데 도움을 주는 바람직한 사고와 행동의 습관화를 위한 일련의 교육
미교육부(2008)	사람들로 하여금 가족, 친구, 이웃, 지역사회, 국가의 일원으로 함께 살고 일하도록 하는 데 도움을 주는 사고와 행동의 습관을 가르치는 것
Hoge(2002)	바람직한 인간의 자질과 특성 개발에 영향을 주는 의식적, 외현적 노력

위와 같은 연구자들의 정의를 바탕으로 인성교육의 개념을 정리하자면 인성교육이란 '인간으로서 필요한 올바른 덕성을 바탕으로 타인과 사회 속에서 함께 어울리며 살아갈 수 있는 사고와 행동의 습관을 가르치는 교육'으로 정리할 수 있다.

지금까지 살펴본 바와 같이 인성교육은 자신의 내면을 바르고 건전하게 가꾸고 타인, 공동체, 자연과 더불어 살아가는 데 필요한 인간다운 성품과 역량을 길러 주는 일이라 할 수 있다(정창우 외, 2013). 이러한 인성교육의 개념을 [그림 2-2]와 같이 도식화할 수 있다.

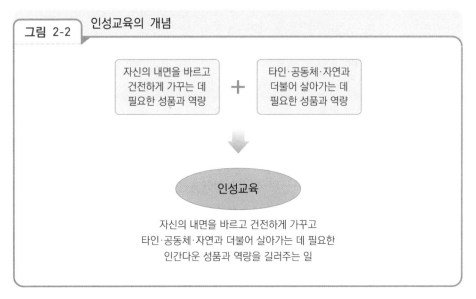

그림 2-2 인성교육의 개념

자신의 내면을 바르고 건전하게 가꾸는 데 필요한 성품과 역량 ＋ 타인·공동체·자연과 더불어 살아가는 데 필요한 성품과 역량

인성교육

자신의 내면을 바르고 건전하게 가꾸고
타인·공동체·자연과 더불어 살아가는 데 필요한
인간다운 성품과 역량을 길러주는 일

출처: 정창우, 손경원, 김남준, 신호재, 한혜민(2013).『학교급별 인성교육 실태 및 활성화 방안』. 2013년
　　　정책연구개발사업 보고서.

인성교육에서 길러야 할 핵심역량은 공간적 범위의 확대에 따라 <표 2-7>과
같이 제시할 수 있다.

표 2-7   인성 핵심역량과 지적, 도덕적, 시민적 덕성

영역	인성 핵심역량	관련 덕성
도덕적 주체로서의 나	자기성찰 능력	지혜, 성실
	창의력	지혜, 자주
	문제 및 갈등해결 능력	지혜, 협동
	자기관리 능력	절제, 성실
	긍정적 태도	존중, 자주
우리 · 타인과의 관계	공감과 수용 능력	배려, 정의
	대화와 소통 능력	협동, 존중
	대인관계 능력	존중, 배려
사회 · 국가 · 지구 공동체와의 관계	시민적 참여 능력	책임, 정의
	다문화 시민성	정의, 배려
자연 · 초월적 존재와의 관계	자연친화 능력	배려, 책임

출처: 유병열(2015). 인성교육의 덕교육적 접근과 실천 원리에 관한 연구. 한국초등교육, 26(1), 309.

특히, 천세영 외(2012)의 연구와 교육부(2012)의 <학교폭력근절종합대책>에
서 발표된 3영역, 6역량, 6핵심 덕목의 모델을 바탕으로 하고 있다. 즉, 미래 사
회의 핵심역량으로서 요구되고 있는 사회성과 감성 능력을 기르는 데 초점을 맞
추고 여기에 실제적 삶 속에서 겪게 되는 옳고 그름에 대한 윤리적 판단 능력과
책임있는 의사 결정을 기를 수 있는 핵심 윤리적 가치·덕목을 인성의 구성 요
인으로 하였다. 이에 따라 인성을 도덕성, 사회성, 감성의 3영역으로 분류하고 3
영역에 따른 6개의 역량인 핵심 가치 인식, 책임있는 의사결정, 사회적 인식, 대

인관계, 자기인식, 자기관리와 6개의 핵심 덕목인 정직, 책임, 공감, 소통, 긍정, 자율을 제시하였다(<표 2-8> 참조).

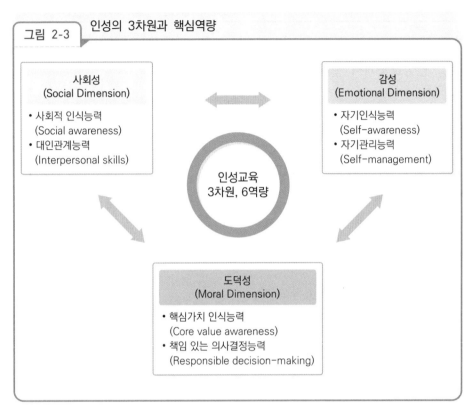

그림 2-3 인성의 3차원과 핵심역량

출처: 차성현(2012). 「인성교육 개념의 재구조화」, 제6회 청람교육포럼 겸 제53차 KEDI 교육정책포럼 발표자료.

표 2-8 인성의 3가지 차원과 핵심역량

차원	역량	핵심덕목	주요 내용
도덕성	• 핵심가치인식 • 책임 있는 의사 결정	정직 책임	다양한 윤리적 상황에서 중요한 핵심가치가 무엇인지를 인식하고 판단하는 능력과 책임 있는 의사결정을 하는 능력
사회성	• 사회적 인식 • 대인관계	공감 소통	다양한 상황과 장소에서 타인의 생각, 감정, 관점을 이해·파악하고, 타인과 긍정적인 관계를 형성·유지하고 소통하는 능력

차원	역량	핵심덕목	주요 내용
감성	• 자기인식 • 자기관리	긍정 자율	자신의 강점, 약점, 흥미, 능력 등을 파악하며, 개인적 목표를 설정하고 목표달성을 위해 자신 의 생각과 행동을 조절 · 실행하는 능력

마. 인성교육에서 길러야 할 인성덕목

학교 인성교육을 위한 주요 인성덕목을 소개하면 <표 2-9>와 같이 정리
할 수 있다(유병열 외, 2012). 지혜, 용기, 성실, 절제, 효도, 예절, 존중, 배려, 책
임, 협동, 준법, 정의를 포함하여 12개의 주요 덕목들은 삶의 상황에서 윤리적
판단이나 의사결정을 안내하는 역할을 하고, 학생들이 함양해야 하는 덕성의 필
수 요소이자 덕성을 떠받치는 기둥 역할을 한다. 각 덕목의 의미와 특성 및 하
위 덕목과의 관계를 제시하면 [그림 2-4]와 같다.

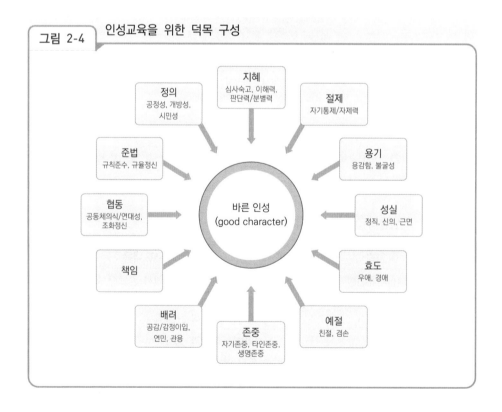

그림 2-4 인성교육을 위한 덕목 구성

| 표 2-9 | 학교 인성교육을 위해 추구해야 할 주요 덕목 |

주요 덕목	의미 및 도덕적 기능	관련(하위) 덕목 · 인격특질	교육적 기대 효과	
			자기 · 타인	사회 · 자연
지혜 (wisdom)	• 훌륭한 판단으로서 모든 덕을 지도한다. • 다른 덕들을 어떻게 실행해야 하는가를 말해줌. • 서로 다른 덕들 간에 어떻게 균형을 취해야 하는지를 말해줌. • 올바른 사려분별을 하게 해주어 삶에서 중요한 것의 우선순위를 깨닫게 해줌.	• 심사숙고 (deliberation) • 이해력 (understanding) • 판단력/분별력 (judgment)	• 전체 덕목 간에 조화와 균형을 찾아감으로써 '좋은 삶'과 '행복한 삶'의 실현을 위해 핵심적 역할	
용기 (courage)	• 자신이 옳다고 믿는 것을 옹호하고 실천하려는 의지와 능력. • 난관에 직면했을 때에도 자신이 설정한 목표를 성취하기 위해 강한 의지력을 발휘하는 정서적인 힘.	• 용감함 (bravery) • 불굴성 (fortitude/perseverance)	• 도덕적 양심과 행동의 일치 • 타인에게 도움 제공(헌신)	• 공동체의 존속 및 발전에 참여
성실 (integrity)	• 도덕원리(moral principles)를 준수하고 도덕적 양심에 충실하여 자기가 한 말을 실행하고 자기가 믿는 것을 지켜 나가는 것이다. • 성실성을 가진다는 것은 '전체성(wholeness)', 즉 전체적으로 일관성을 지니는 것이다. • 자기 자신과 다른 사람에게 진실을 말하는 것이다.	• 정직(honesty) • 신의 (faithfulness) • 근면(diligence)	• 진실한 삶 • 성찰하는 삶 • 지행일치	• 애국(충성) • 자연보전

주요 덕목	의미 및 도덕적 기능	관련(하위) 덕목 · 인격특질	교육적 기대 효과	
			자기 · 타인	사회 · 자연
절제 (temperance)	• 우리 스스로를 다스릴 수 있는 능력. 과도(excess)에 맞설 수 있는 힘. • 유혹에 저항할 수 있는 힘이자 만족을 지연시킬 수 있는 능력. • 기분을 조절하고 육체적 욕구와 결정을 규율하며 정당한 쾌락도 적절하게 추구하게 해줌.	• 자기통제/자제력 (self-control)	• 개인적 욕구 및 분노조절 • 타인과의 조화로운 삶	• 사회의 건전성 • 자연보전
효도 (filial piety)	• 모든 행위의 근원이며 동시에 인을 행하는 근본. • 부모님을 정신적으로 편안하고 기쁘게 해드리는 것(養志)과 부모님을 육체적 · 물질적으로 봉양하는 것을 말함(養口體).	• 우애(友愛) • 경애(敬愛)	• 효도하고 우애 있는 삶	• 웃어른을 공경하는 풍토 조성
예절 (etiquette)	• 예의에 관한 모든 절차나 질서를 준수하려는 마음가짐과 태도. • 일정한 격식을 갖춘 행동으로 나타남.	• 친절(kindness) • 겸손(humility)	• 공손, 친절한 삶	• 공중도덕 준수 • 글로벌 에티켓 준수
존중 (respect)	• 사람이나 사물을 기본적으로 그들의 존재만으로 존중할 가치가 있다고 인식하고, 그 가치에 대하여 소중히 여기는 것. • 인간이 스스로를 존중하는 것으로부터 시작해서 나아가 모든 사람과 생명체, 사물은 그들만의 가치가 있으며 그 가치를 인정하고 소중히 하고자 하는 기본 윤리에 해당한다.	• 자기존중 (self-respect) • 타인존중 (respect for others) • 생명존중 (respect for life)	• 자신과 타인을 존중하는 삶	• 타문화존중 • 생명존중 (인류애 · 자연애)

주요 덕목	의미 및 도덕적 기능	관련(하위) 덕목 · 인격특질	교육적 기대 효과	
			자기 · 타인	사회 · 자연
배려 (caring)	• 정의를 넘어서는 것으로서 공정함에 머무르기보다는 그 이상의 필요한 것을 주는 것이다. • 공감, 연민, 관대, 봉사, 용서 등으로 구성된다. • 필요를 헤아리고 요구에 반응하는 덕. • "네 이웃을 네 몸과 같이 사랑하라."를 진지하게 고려해야 한다.	• 공감/감정이입 (empathy) • 연민 (compassion) • 관용(tolerance)	• 자기인식을 바탕으로 한 자기배려 • 타인배려 • 봉사하는 삶	• 동식물에 대한 배려
책임 (responsibility)	• 맡아서 해야 할 역할과 의무에 대한 의식과 헌신. • 자기 자신, 가족, 지역공동체, 국가, 지구공동체에 대한 역할과 의무를 인식하면서 사랑과 헌신으로 이러한 역할과 의무를 수행하려는 것. • 자신의 행위 혹은 행위결과에 대한 책임 & 자기 존재의 미래에 대한 미래지향적인 책임.		• 개인의 행위책임 중시 • 자신의 미래에 대한 책임 중시 • 타인에 대한 책임 중시	• 집단행위에 대한 공동책임 중시 • 국가에 대한 책임 중시 • 동식물에 대한 책임 중시
협동 (cooperation)	• 사회의 공동선을 창출하고 증진하기 위해 구성원들이 힘과 뜻을 모아 노력하는 것. • 공동의 목표를 성취하기 위해 구성원들의 힘과 능력을 집약시키는 것. • 공동체가 발전하고 번영하기 위한 필요조건.	• 공동체 의식/연대성 (community spirit & solidarity) • 조화정신 (harmony)	• 상호 신뢰형성	• 사회의 공동선 증진을 위해 노력

교육부에서는 2013년 8월에 교육기본법, 국가 교육과정 등에 제시된 주요 인성을 바탕으로 미래 인재에게 요구되는 친사회적 인성을 7대 핵심 덕목으로 선

정하고, 학생들이 이 덕목들을 학교급별로 학년 수준에 맞게 체계적으로 갖출 수 있도록 종합적인 인성교육을 추진하였다. 당시 교육부에서 제시한 기본인성 덕목은 정직, 책임, 존중, 배려, 공감, 소통, 협동의 7가지이며, 이들을 도식화하면 다음과 같다(교육부, 2013: 5).

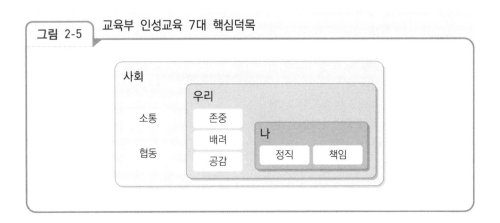

그림 2-5   교육부 인성교육 7대 핵심덕목

이 외에도 미국 인격교육의 이론적 토대를 구축하고 실천적 지침을 제공해 온 리코나는 지혜, 정의, 불굴성, 자기통제, 사랑, 긍정적 태도, 근면, 성실, 감사, 겸손이라는 10개의 덕목을 강조하고 있으며(Lickona, 2004), 인격교육 및 인격심리학 연구자인 버코위츠(M. Berkowitz)는 자기통제, 감정이입, 사회적응, 자존감, 사회적 기술, 순종, 양심, 도덕추론, 정직, 이타심을 강조한 바 있다(Berkowitz & Grych, 2000: 55-72). 또한 미국의 대표적인 인성교육 기관인 조셉슨 연구소(Josephson Institute)4)에서는 '여섯 주요 덕목'(6 pillar virtues)을 제시한 바 있다.

---

4) 조셉슨 연구소는 1980년대 초 미국 인성교육이 다시 활성화되는 초기에 설립된 서부 기반 인성교육 기관이고 학생을 위한 인성교육 기관으로서는 미국에서 가장 선도적이다.

표 2-10 조셉슨 연구소의 '여섯 주요'(6 Pillars) 덕목 (josephsoninstitute.org)[5]

주요 덕목	하위 덕목	포함 요소
진실성 (trustworthiness)	① 정직하기, ② 속이거나 훔치지 말기, ③ 믿을만한-약속 지키기, ④ 옳은 일을 할 수 있는 용기 갖기, ⑤ 좋은 평판 다지기, ⑥ 충성-가족, 친구, 국가에 대하여	용기 충성
존중 (respect)	① 타인을 존중하기(황금률을 따라), ② 차이를 관용하고 수용하기, ③ 예의를 갖추고 나쁜 말을 쓰지 말기, ④ 다른 사람의 감정을 고려할 것, ⑤ 위협하거나 때리거나 상처 입히지 말기, ⑥ 화냄, 모욕, 반대에 평화롭게 대처할 것	관용 인내
책임 (responsibility)	① 할 일을 할 것, ② 미리 계획할 것, ③ 끈기 있게 해볼 것, ④ 항상 최선을 다할 것, ⑤ 자기 통제, ⑥ 자기 수양, ⑦ 결과를 생각하고 행동할 것, ⑧ 책임 있는 말과 행동, 태도를 가질 것, ⑨ 좋은 모범이 될 것	인내 절제 신중함
공정성 (justice)	① 규칙대로 놀기, ② 차례를 지키고 공유할 것, ③ 열린 마음과 경청하기, ④ 다른 사람을 이용하지 말 것, ⑤ 다른 사람을 마구 비난하지 말 것, ⑥ 모든 사람을 공정하게 대할 것	수용성 진실성
배려 (caring)	① 친절할 것, ② 공감을 갖고 배려를 보여줄 것, ③ 감사를 표할 것, ④ 용서할 것, ⑤ 도움이 필요한 사람을 도울 것	
시민의식 (citizenship)	① 학교와 지역사회의 개선을 위해 동참할 것, ② 협력, ③ 지역 사회의 일에 참여할 것, ④ 사회 소식에 관심을 가지고 투표할 것, ⑤ 좋은 이웃이 될 것, ⑥ 법과 규칙을 지킬 것, ⑦ 권위를 존중할 것, ⑧ 환경을 보호할 것, ⑨ 자원봉사를 할 것	자연사랑

한편, 인성교육의 덕목을 개인적 차원과 관계적 차원으로 구분해 보면 <표 2-11>과 같이 정리할 수 있다.

---

5) 한국교육과정평가원(2011), 『교과교육과 창의적 체험활동을 통한 인성교육 활성화 방안』, 26쪽에서 재인용.

표 2-11   인성의 차원 및 덕목

차원	덕목	정의
개인적 차원	지혜	어떤 상황에서 취해야 할 것이 무엇이고, 버려야 할 것이 무엇인지를 분별하는 것
	용기	자신이 옳다고 믿는 것을 지지하고 옹호할 수 있는 능력과 의지
	성실	거짓됨이 없이 자기가 하는 일에 정성을 다하는 자세
	절제	스스로의 욕구 감정 등을 잘 통제하고 다스리는 것
관계적 차원 (타인 · 공동체 · 자연과의 관계 차원)	효도	인(仁)을 행하는 근본이 되는 것으로서 부모의 은혜에 감사하고 이에 보답하고자 하는 것
	예절	사람이 만든 질서에 따라 나와 남을 구분하고 그 구분에 따라 알맞게 표현하는 것
	존중	정중하고 사려 깊은 방식으로 다른 사람들을 대함으로써 그들이 존엄성을 가진 가치 있는 존재라는 것을 보여주는 것
	배려	다른 사람의 행복이나 복지 등에 관심을 가지면서 그들의 필요나 요구에 민감하게 반응을 보이는 것
	책임	공동선의 실현을 위해 각 구성원들에게 부여된 역할과 의무를 충실히 이행하는 것
	협동	사회의 공동선(common good)을 창출하고 증진하기 위해 구성원들이 힘과 뜻을 모아 노력하는 것
	준법	기본 생활규칙과 공중도덕, 법, 그리고 기타의 사회적 약속과 의무 등을 준수하고 실천하는 방향
	정의	각자에게 그의 정당한 몫을 주고자 하는 항상적이고 영속적인 의지

또한, 정창우(2015)는 인성 개념을 '개인적 차원'과 '관계 차원'에서의 인간다운 성품과 역량 개념으로 이해하고, 인성교육은 이러한 성품과 역량을 지니고 살아갈 수 있도록 도와주는 일로 규정하였다. 이를 바탕으로 선정한 핵심 인성 역량은 다음과 같다.

표 2-12 인성교육을 위한 핵심 인성역량

차원		덕목	정의
개인적 차원		도덕적 문제해결능력	어떤 문제를 윤리적 관점에서 합당하게 해결하는 능력(도덕적 의사결정능력, 도덕적 상상력 및 추론 능력 포함)
		긍정적 태도	삶에 대해 낙관적이고 긍정적인 관점을 지니고, 난관에 직면했을 때 꿋꿋하게 되튀어 오르는 능력(회복탄력성 포함)
		도덕적 자기관리능력	자신에 대한 참된 이해를 바탕으로 바람직한 자아정체성을 형성하고, 자신의 행동과 정서를 도덕적으로 관리하고 개발하는 능력
		도덕적 자기성찰능력	자신이 행한 경험적 사실을 도덕적 관점에서 반추하면서 어떻게 살아갈 것인가에 대해 사색하는 능력
관계 차원	타인과의 관계 영역	도덕적 의사소통능력	다른 사람의 입장을 경청하고 그들과 합리적으로 소통하며 균형 잡힌 관점과 이해를 공유할 수 있는 능력
		도덕적 대인관계능력	다른 사람을 존중·배려하고, 갈등을 관리하며, 다른 사람과 도덕적으로 원만한 관계를 유지하고 협력하는 능력
	공동체와의 관계 영역	공동체 의식	자신의 역할과 행동에 책임을 지며, 인권을 존중하고 법을 준수하는 바람직한 공동체의 실현에 참여하고 공헌하는 능력
		다문화·세계시민의식	세계화·다문화 사회에서 문화적 다양성을 존중하고 바람직한 국가 정체성을 형성하며, 지구적 문제 해결을 위해 참여하고 실천하는 능력
	자연과의 관계 영역	환경윤리의식	인간과 자연과의 관계를 올바로 이해하고, 생태의식과 환경에 대한 규범적인 노력을 토대로 인간과 자연의 건강한 미래를 설계하는 능력

출처: 정창우(2015), 『인성교육의 이해와 실천』, 교육과학사. p. 126

우리나라에서는 역량을 창의력, 문제해결력, 의사소통능력, 정보처리능력, 대인관계능력, 자기관리능력, 시민의식, 다문화이해능력, 신체적 건강·체력, 진로 관련 능력의 10개로 구분하고 있는데, 핵심역량과 관련지어 최종적으로 확정된 기본인성덕목을 제시하면 다음과 같다(박창언 외, 2013).

표 2-13 핵심역량과 기본인성덕목

차원	역량	기본 인성덕목	주요내용	하위 요소 예시
개 인	핵심 가치 인식	① 정직	다양하고 복잡한 상황에서 핵심가치가 무엇인지를 인식하고 판단하는 능력, 이러한 판단에 따른 책임과 의무를 결정하고 실천하는 능력	공정한 판단, 절약하는 생활, 성실한 생활, 권리와 의무·책임, 올바른 마음, 양심, 용기, 의지, 정의감 등
	책임 있는 의사 결정	② 책임		약속/규칙, 차례, 정숙, 안전, 책임감, 절제심, 준법정신, 인내, 성실, 의지 등
	자기 인식	③ 긍정	자신의 과거·현재·미래의 모습에 대한 비판적 성찰을 통하여 자신의 특성을 파악하고 긍정적인 자아상을 도출하는 능력, 자신이 설정한 목표 달성을 위하여 자신의 생각과 행동을 조절하고 실행하는 능력	열정, 자부심, 자기존중, 자기표현, 자발성, 자신감, 자아수용, 자위, 자율, 자조, 자존심, 자주 등
	자기 관리	④ 자율		성실, 인내, 자기통제, 절약정신, 절제심, 정리정돈, 청결, 일관성, 근면, 단정, 의지, 시간계획, 과업계획 등
	문화적 소양	⑤ 예절	우리의 예법과 공동체에 대한 이해 능력, 타문화 집단에 대한 지식과 이해를 기반으로 다원적 가치를 존중하는 능력	감사, 인사, 공중도덕, 단정/애교, 애향, 애국, 평화, 통일, 독도교육, 국토순례, 의식행사, 정체성 확립활동, 공동체 의식, 연대, 예의범절, 우애, 우정, 의리, 연민, 이타심, 자비심, 자선, 자애, 조화, 허용 등
		⑥ 존중		이질성·다양성 가치, 타문화에 대한 지식과 이해, 상이성에 대한 존중, 다원화적 가치 지향성, 인류애, 인도, 관용, 박애, 허용 등

차원	역량	기본 인성덕목	주요내용	하위 요소 예시
사 회	사회적 인식	⑦ 공감	다양한 상황에서 타인의 관점과 감정을 이해·파악하고, 타인과 긍정적인 관계를 유지하고 소통하는 능력, 그리고 공동의 문제를 위하여 협력할 수 있는 능력	불우이웃 돕기, 일손돕기, 나눔, 봉사, 반성과 마무리, 용서, 공감, 공정, 봉사정신, 선의, 연민, 연대, 이타심, 인도, 자비심, 자선, 자애, 참여, 평등의식 등
	대인 관계	⑧ 소통		적응, 사제동행, 서로 돕는 생활, 문화 간 어울림(다문화 교육), 장애이해, 자기이해, 국제이해, 민주시민, 역할활동, 여가활용 교육, 자살예방, 학교폭력예방, 유괴방지, 안전예방교육, 타인권리침해 예방교육, 편견극복, 정보통신 윤리교육, 재난 및 재해 예방, 난민구호, 인권보호, 성교육 등
	민주시 민 의식	⑨ 시민의식	애국심을 기반으로 하면서도, 폐쇄적인 국수주의를 극복하고 인류 공통의 문제해결에 협력할 수 있는 세계시민적 사고 능력	권위의 존중과 수용, 평등, 양심, 표현의 자유, 정의의 자유, 관용/애국심, 용기, 충성, 애국심, 애향심 등
		⑩ 공존		청결, 정리정돈, 자연보호, 위생, 저탄소 생활습관, 녹색성장, 분리수거, 문화재 보호활동, 난민구호, 인권보호, 환경보전의식, 박애, 인도, 인류애, 시민성, 공정, 관용 등

[그림 2-6]에서 위쪽은 개인적 차원과 사회적 차원을 나타내고, 왼쪽은 핵심역량을 나타내는 것이다. 그리고 아래쪽은 기본인성덕목을 나타내고 있다(박창언 외, 2013). 이와 같은 3차원 모형은 기본인성덕목과 개인적 차원 및 사회적 차원, 그리고 핵심역량과의 관계를 이해하는 데 도움이 된다.

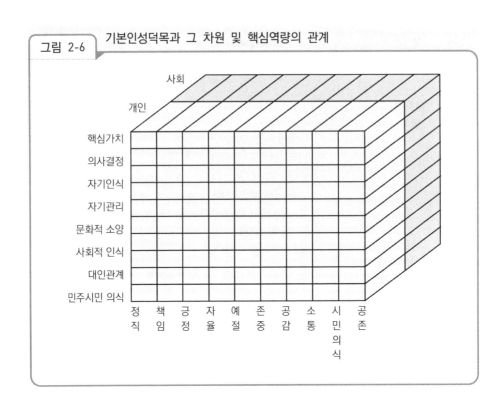

그림 2-6 기본인성덕목과 그 차원 및 핵심역량의 관계

CHAPTER

02

인성교육 원리 및 유형

01 인성교육의 원리

인성교육의 중요성이 부각되어짐에 따라 다각적인 인성교육방법이 새롭게 대두되고 있다. 이와 관련해 인성교육이 이루어지는 원리를 정리하면 다음 <표 2-14>와 같다.

표 2-14 인성교육의 원리

원리	내용
교과 통합의 원리	• 학교 활동은 지적활동과 도덕적 성장을 목표로 하는 활동, 즉 생활지도로 이루어짐 • 지적 활동인 교과 활동에서도 인성교육은 함께 이루어져야 하며 모든 교과 활동은 인성교육의 요소를 포함하고 있음 • 따라서 도덕과를 비롯한 모든 교과에서 통합적인 인성교육이 실시되어야 함 • 인성과 관련된 요소, 예를 들어 도덕성이나 사회성, 정서 등을 함양할 수 있는 인성교육의 내용들은 정규교과 전체에서 교육이 이뤄져야 함 • 또한 교과 시간에 이루어지는 지식 교육을 바탕으로 인성교육의 결과가 생활의 장에서 실천될 수 있어야 함
가치 통합의 원리	• 여기서 말하는 가치의 통합이란 인성교육이 일어나는 공간의 통합을 뜻함 • 인성교육은 학교뿐 아니라 모든 삶의 터전, 즉 가정, 사회에서도 일관성 있게 이루어져야함 • 가정과 사회에서 담당하는 인성교육의 역할이 예전에 비해 제기능을 다하지 못함으로써 학교에 대한 기대와 중요성이 매우 높아짐 • 인성교육은 학교에서뿐 아니라 가정, 사회가 모두 연계하여 이루어져야 함

원리	내용
지속성의 원리	• 인성교육은 공간의 통합뿐 아니라 모든 시간, 즉 시간의 통합 역시 이루어져 야 함 • 모든 시간에 걸쳐 인성교육이 끊임없이 실시되어야 한다는 의미임 • 특히 어린 학습자의 경우 인성교육을 통해 바람직한 행동 양식을 학습하였다 하더라도 꾸준히 실천하여 습관화, 내면화해야 함 • 인성 관련 덕목을 매일매일 학교와 사회, 가정에서 꾸준히 실천해야 함 • 하나의 덕목을 내면화하기 위해서는 충분한 기간 동안 습관적으로 실천해야 하기 때문에 인성교육 프로그램을 계획할 때는 장기적인 안목과 전망을 가지 는 것이 중요함 • 학교에서는 특히 학년이 바뀌어도 지속적이고 유기적인 인성교육이 이루어질 수 있도록 해야함
관계성의 원리	• 인성교육은 기본 바탕은 관계 형성에 있음 • 인성교육은 학생과 학생뿐 아니라 교사와 학생, 교사와 학부모, 교사와 교사 등 모든 관계 속에서 실시되어야 함 • 대상과의 바람직한 관계 형성이 전제되어야 인성교육이 성공적으로 이루어질 수 있음을 의미함 • 특히 학교에서 인성교육이 성공적으로 이루어지기 위해서는 교사와 학생 사 이의 관계 형성이 제대로 이루어져야 하며 그러기 위해서 교사는 학생들에게 모범이 되고 친절한 생활 안내자이자, 도덕적 문제 발생 시 학생과 함께 고 민하고 해결할 수 있는 자질을 가져야 함
자율성의 원리	• 학생들의 인성이 바르게 형성되기 위해서 무엇보다 중요한 것은 학생의 자율 성에 바탕을 두어야 한다는 것임 • 이는 궁극적으로 인성교육이 학생 스스로 바른 도덕적 의식을 가지고 이를 실천해 가야하기 때문이며 최종적으로 학생 스스로에게 책임이 있기 때문임 • 또한 일상생활에서 당면하는 문제를 자율적으로 해결하려는 경험이 매우 중 요하기 때문에 학교에서의 인성교육은 학생들이 본인의 자율성을 바탕으로 도덕적 문제를 해결해가는 실천적 경험 기회를 제공해야 함 • 저학년의 경우 자율성을 발휘할 능력이 덜 발달한 상태이므로 학년이 올라갈 수록 자율적인 경험을 할 수 있는 기회를 늘려가야 함

원리	내용
체험의 원리	• 인성교육은 이론적 배경을 바탕으로 실천이 이루어질 때 의미가 있음 • 실천이 이루어지지 못하는 지식 위주의 도덕교육이 아니라 아는 것을 바탕으로 실천이 이루어지는 인성교육이 이루어져야 함 • 학생 스스로 계획을 수립하고 실천하며 평가할 수 있는 현장 체험의 기회를 반드시 제공해 주어야 함 • 이러한 실천을 바탕으로 한 인성 체험활동은 전 교과, 창의적 체험활동, 생활지도 등을 통해 학교 생활 전반에 걸쳐 이루어져야 함 • 다시 말해, 학생들에게는 생동하는 도덕적 삶의 체험이 필요하며 그러한 실천적 체험을 통해 인성교육의 여러 덕목들을 내면화할 수 있음

특히, 효과적인 인성교육의 기본 원칙을 좀 더 구체적으로 소개하면 다음과 같이 요약할 수 있다.[6)

첫째, 인성교육을 통해 길러야 할 핵심 덕목 및 인성역량을 선정해야 한다.

1-1. 학교 공동체 구성원들이 핵심 덕목 및 인성역량을 선정하고 승인한다.

1-2. 핵심 덕목 및 인성역량이 가정과 학교생활 전반에 실천적 지침을 제공한다.

둘째, '잘 조직된 학교 교육과정'을 통해 인성교육을 실천해야 한다.

2-1. 학교 교육계획 및 교육과정 속에 인성교육 실행을 위한 체계적인 접근 방법이 제시되어 있다.

2-2. 특색 있는 프로그램이 잘 조직된 학교 교육과정 속에 녹아들어 있다.

셋째, 교과교육을 통해 인성교육이 이루어져야 한다.

3-1. 인성교육이 교과 내용과 긴밀하게 연결된다.

3-2. 교사들이 수업을 진행하는 과정에서 인성교육이 중시된다.

---

6) "효과적인 인성교육을 위한 기본 원칙" 10가지는 미국 인성교육파트너십(CEP)에서 제시하고 있는 "효과적인 인성교육을 위한 11가지 원칙"(2010년 개정판) 정리(관련 사이트: http://www.character.org/more-resources/11-principles/ (검색일: 2013. 12. 10).

넷째, 학교와 교실을 정의롭고 배려적인 공동체로 만들어야 한다.

4-1. 학교는 학생과 교사 간 배려하는 애착 관계를 형성하는 데 높은 우선 순위를 둔다.

4-2. 학교는 학생 상호 간에 배려하는 애착 관계를 형성하는 데 높은 우선 순위를 둔다.

4-3. 학교는 또래 간 괴롭힘이나 폭력을 예방하기 위한 절차를 진행하고, 이러한 문제가 발생했을 시 효과적으로 대처한다.

4-4. 학교는 학생들의 자기 주도적인 참여 기회를 풍부하게 제공한다.

다섯째, 학교장의 인성교육 리더십이 발휘되어야 한다.

5-1. 학교장은 인성교육의 의미와 방향에 대한 좋은 비전, 그리고 인성교육에 대한 확고한 의지와 열정을 지니고 있다.

5-2. 학교장은 원활한 소통을 바탕으로 교직원과 학부모 및 지역사회를 인성교육의 책임 있는 주체로 참여시킨다.

여섯째, 모든 교사들이 인성교육에 대한 책임을 공유하고, 학생들의 인성 변화에 긍정적인 영향을 줄 수 있어야 한다.

6-1. 교사들은 학생들에게 핵심 덕목과 인성역량의 역할모델이 되고, 훌륭한 스승으로 인식된다.

6-2. 교사들은 단순 지식 전달자가 아니라 학생들에게 교과 지식과 삶의 문제를 연결지어 생각할 수 있는 기회를 제공한다.

6-3. 교사들은 학생들의 삶에 긍정적인 영향을 주는 데 필요한 지도역량을 강화하기 위해 노력한다.

일곱째, 가정과 공동체의 성원들을 인성교육의 충실한 협조자로 만들어야 한다.

7-1. 학교는 학부모와 원활하게 의사소통하면서 학생의 인성 발달에 기여한다.

7-2. 학부모는 각종 의사결정, 교육활동 참여 혹은 지원 등을 통해 인성교육을 위한 역할과 책임을 이행한다.

7-3. 학교는 인성교육을 위해 국가와 지역사회의 도움을 효과적으로 활용한다.

여덟째, 학교는 학생들의 자기 동기를 유발하는 데 힘써야 한다.

8-1. 학교는 물질적 보상이나 인정으로 학생들에게 보상을 제공하는 것보다 자기 동기를 가지고 올바른 것을 실천하도록 가르친다.

8-2. 규칙 위반에 대한 대응(징계 또는 처벌)이나 학급 및 학교에서의 책임 있는 역할이행은 학생의 인성계발, 특히 핵심 덕목에 대한 학생들의 이해와 헌신을 함양하는 차원에서 활용한다.

아홉째, 인성 함양을 위하여 학생들은 도덕적 행동을 위한 기회를 필요로 한다.

9-1. 학교는 인성 함양을 돕는 다양한 활동에 참여하는 것에 대한 명확한 기대를 설정한다.

9-2. 학교는 모든 학생에게 의미 있는 교내 활동에 참여하도록 다양한 기회를 제공하고, 학생은 참여를 통해 자신을 성찰한다.

9-3. 학교는 모든 학생에게 더 넓은 공동체에 기여할 수 있는 반복적이고도 다양한 기회를 제공하고, 학생은 참여를 통해 자신을 성찰한다.

열째, 인성교육의 적용 효과를 과학적·객관적으로 분석하고 그 결과를 환류하여 설계 과정에 재투입해야 한다.

10-1. 학교가 배려공동체로서의 풍토와 기능을 갖추어 가고 있는지에 대해 평가하고 그 결과를 향후 계획에 반영한다.

10-2. 교사들이 인성교육 실천을 위해 얼마나 노력하였는지, 그리고 인성교육자로서의 자질이 얼마나 향상되었는지에 대해 평가하고, 그 결과를 향후 계획에 반영한다.

10-3. 학교에서 이루어진 인성교육 실천 노력이 학생들의 인성 변화에 얼마나 긍정적으로 영향을 미쳤는지 정기적으로 평가하고, 그 결과를 향후 계획에 반영한다.

한편, 미국 인성교육협회(CEP)가 제시한 인성교육의 11가지 원칙은 다음과 같이 정리할 수 있다(Schwartz, 2008).

첫째, 좋은 인성의 기초가 되는 핵심 윤리적 가치(예: 보살핌, 정직, 공정, 책임감 등)를 증진시켜야 한다.

둘째, '인성'은 사고, 정서, 행동을 종합적으로 포함하는 개념이어야 한다.

셋째, 인성개발을 위해 '광범위하고 의도적이며, 친행동적이고 효과적인 접근 방법'을 사용해야 한다.

넷째, 학교 전체가 인성개발을 위한 장이 되어야 한다.

다섯째, 학생들에게 도덕적 행동을 할 수 있는 기회를 제공해야 한다.

여섯째, 학문적 교육과정을 의미 있게 함으로써 모든 학습자를 존중하고 성공적인 삶을 살게 한다.

일곱째, 인성교육은 학생들의 내재적 동기를 발전시킬 수 있어야 한다.

여덟째, 학교 교직원들을 학습하는 도덕적 사회의 일원으로 참여시킴으로써 인성교육의 책임을 공유하게 하고 핵심가치를 이해하게 한다.

아홉째, 공유된 도덕적 리더십과 장기적이고 광범위한 인성교육을 권장한다.

열째, 효과적인 인성교육을 위해서는 가정과 지역사회의 연계가 강화되어야 한다.

열한째, 인성교육 평가에는 각 학교의 특성, 학교 구성원들의 기능에 대한 부분도 포함되어야 한다.

02 인성교육의 유형

학교에서 할 수 있는 인성교육의 방법을 살펴보면 <표 2-15>와 같이, 교과를 통한 인성교육, 창의적 체험활동을 통한 인성교육, 생활지도 및 상담을 통한 인성교육 등과 같이 정리할 수 있다.

표 2-15 학교에서의 인성교육 방법

구분	내용
독립된 교과로 인성교육	도덕 교과 외 인성교육이라는 독립된 교과를 개설하여 실생활과 연계된 실천, 체험 중심의 인성교육을 심도 있게 다루는 방법
기존의 정규교과를 통한 인성교육	각 교과별로 인성교육 요소 또는 덕목과 관련해서 실시하는 방법으로서 이론이나 지식 중심의 교육 내용과 방법에서 탈피하여 실천 중심으로 인성교육을 실시
창의적 체험활동을 통한 인성교육	봉사활동 영역이나 동아리활동에서 사회봉사나 수련활동 프로그램을 통해 인성교육을 실시하는 방법
생활 지도나 상담을 통한 인성교육	학교 자체적으로 실시하는 생활 지도 프로그램이나 집단 상담 또는 학급별 개별 상담을 통해서 인성교육을 실시하는 방법

특히, 인성교육은 교과활동과 교과 외 활동을 포함하여 학교 전반을 통한 인성교육, 다양한 교육방법 및 학습주제의 적용을 통하여 통합적으로 이루어져야 긍정적인 효과를 거둘 수 있다. 교육과정 운영을 통한 인성교육은 도덕과, 사회과, 국어과, 예체능 교과뿐만 아니라 모든 교과 활동과 교과 외 활동 등 학교생활 전반을 통해 이루어져야 한다. 이와 관련하여 정창우(2015: 185-189)는 학교교육 전반을 통한 인성교육방법의 예를 다음 <표 2-16>과 같이 제시하였다.

| 표 2-16 | 학교교육 전반을 통한 인성교육의 적용 방법 |

교육방법	내용
교과활동 차원	• 중점 교과: 도덕과, 국어과, 사회과, 예체능 교과 등 • 협력 교과: 가정과, 과학과, 영어과, 수학과 등
	• 토의 · 토론/논술 • 협동학습 • 고전탐구 • 스토리텔링/내러티브 • 역할놀이 • 프로젝트학습
창의적 체험활동 차원	• 자율활동 • 동아리활동 • 봉사활동 • 진로활동

가. 교과교육을 통한 인성교육

① 도덕과를 통한 인성교육

도덕과는 직접적으로 덕을 배우고 실천하는 교과라는 점에서 실질적으로 인성교육을 하고 있다. 도덕과 교육과정에서는 학교교육에서 도덕과가 인성교육의 중핵교과로서 중심적 역할을 할 것을 강조하고 있다. 도덕과 교육과정에서 주요한 덕목은 전체 지향 덕목으로 존중, 책임, 정의, 배려를 선정하였고, 내용영역별(도덕 주체로서 '나', 우리와 타인의 관계, 사회 · 국가 · 지구공동체와의 관계, 자연 · 초월적 존재와의 관계) 가치 · 덕목으로 자율, 성실, 절제, 효도, 예절, 협동, 준법 · 공익, 애국심, 통일의지, 인류애, 자연애, 생명존중, 평화 등을 제시하고 있어서 인성에 필요한 주요 덕목들을 모두 포함한다.

특히, 도덕과 교육의 과제는 곧 인성교육의 과제와 밀접하게 연결되어 있다. 도덕교육과 인성교육은 내용적, 방법적 연관성만이 아니라, '인성교육'이라는 용어 자체를 도덕교육과정에서 명시하고 있다. 또한, 도덕과 교육이 인성교육을 위한 핵심 교과로서의 역할을 수행하기 위해, 내용 차원에서는 다양한 인성 요소(정직, 근면, 성실, 책임, 존중, 예절, 절제, 분노조절, 배려, 봉사, 친절, 용기 등)와 인성핵심역량(공감 능력, 소통 능력, 갈등해결 능력, 관용, 정의 등)을 반영하고, 방법 측면에서는 프로젝트형 인성교육을 부각시킬 필요가 있다. 도덕과 교과 목표는 인성교육을 지향하며, 도덕성 함양을 통한 자율적이고 통합적인 인격의 형성으로, 이것은 바람직한 인성의 형성을 의미한다. 초등학교에서는 기본생활 예절과 기본적인 도덕적 판단력과 실천의지를 함양하여 공동체 속에서 다른 사람과 공감하고 소통하며 조화롭게 살아갈 수 있는 도덕적 행동 능력과 습관을 기르는 데 중점을 둔다.

한편, 도덕과 내용에 반영된 인성 요소는 다음과 같이 정리할 수 있다.

표 2-17 도덕과 내용에 반영된 인성 요소

영역의 명칭	인성 및 핵심역량 관련 주제
도덕적 주체로서의 나	자아정체성, 삶의 목적의식 등 (삶의 목적과 도덕, 도덕적 성찰, 도덕적 자아상 등)
우리 · 타인과의 관계	공감, 소통, 갈등해결 능력, 관용, 배려, 정의 등 (친구 관계와 도덕, 타인존중, 평화적 해결과 폭력 및 사이버 폭력 예방 등)
사회 · 국가 · 지구 공동체와의 관계	갈등해결 능력, 정의 등 (인간 존엄성과 인권, 문화의 다양성과 도덕, 사회정의와 도덕 등)
자연 · 초월적인 존재와의 관계	도덕적 정체성, 인생관, 세계관 등 (삶의 소중함과 도덕, 마음의 평화와 도덕적인 삶, 이상적인 인간과 사회 등)

② 국어과를 통한 인성교육

국어과는 의사소통과 문학 작품을 통해서 인성을 함양한다. 의사소통에서의 배려와 존중, 그리고 말에 대한 책임은 말하기, 듣기 교육을 통해서 교육할 수 있다. 예절과 배려, 존중 등의 인성은 말하고 듣는 자세부터 시작하므로, 의사소통 교육은 인성교육의 중요한 요소이다. 또한 문학은 인생의 다양한 부분을 문학적 감동과 더불어 전달함으로써 학생들에게 자신의 인생을 되돌아볼 수 있는 좋은 기회를 제공한다. 이를 통해 다른 삶에 대한 공감, 사회에 대한 문제의식, 어떤 삶을 살아가야 하는가에 대한 성찰을 이끌어 낼 수 있다.

특히, 교육부(2013)에서 제시한 7가지 인성 요소와 이 연구에서 국어과의 특성을 고려하여 추가로 제시한 3가지 인성 요소의 의미와 적용 방안을 소개하면 <표 2-18>과 같이 정리할 수 있다.

표 2-18) 인성 요소별 국어교육 적용 방안

인성 요소	인성 요소의 의미	
	사전적 의미	국어교육에의 적용
정직	마음에 거짓이나 꾸밈이 없이 바르고 곧음	국어 활동을 통해 타인과의 친밀하고 깊이 있는 인간관계를 형성하기 위함
책임	사회와 일의 결과에 대해 의무와 부담을 짐	사회 구성원으로서 책임감을 인식하며 도덕적인 학교와 사회를 만들기 위한 국어 생활을 함
존중	높이어 귀중하게 대함	국어 활동을 통해 자기 자신을 귀중하게 여기며 긍정적인 자아 정체성을 형성할 수 있고, 또한 타인을 대할 때에 겸손한 태도를 지니고 언어를 사용함
배려	도와주거나 보살펴 주려고 마음을 씀	타인의 상황과 처지를 고려하며 국어 활동을 함
공감	남의 감정, 의견, 주장 따위에 대하여 자기도 그렇다고 느낌. 또는 그렇게 느끼는 기분	국어 활동을 통해 서로를 연결해 주는 감정적 연결고리로 타인의 생각과 감정을 받아들여 자신의 입장을 바꾸어 생각하고 표현함
소통	의견이 다른 사람과 뜻이 통하여 오해가 없음	타인의 의견에 대해 개방적인 태도로 서로의 의견을 교환하며 갈등을 해결하여 공동의 문제를 해결하는 국어 활동을 함
협동	서로 마음과 힘을 하나로 합함	의사결정에 직접 참여하여 자신의 의사를 밝히고 타인과 힘을 합쳐 문제를 해결하는 국어 활동을 함
*언어 예절	말과 글로 소통할 때 지켜야 할 예절	자신의 국어 생활에서 상대방을 존중하고 배려하는 언어를 사용함
*자기 성찰	자신의 마음을 반성하고 살핌	자신의 국어 생활과 삶을 객관화하여 점검하고 더 나은 삶과 수준 높은 국어 생활을 지향함
*참여	사회 구성원으로서 사회에서 필요한 역할을 담당함	자신이 사회적 구성원임을 인식하고 공동의 일에 적극적으로 개입하여 자신의 의사를 피력하고 타인과 협력하는 국어 활동을 함

③ 사회과를 통한 인성교육

사회과는 일반사회, 역사, 지리의 세 영역으로 이루어져 있으며, 사회, 역사, 지리에 대한 학문적 인식으로부터 도덕성의 근거, 인간 삶에 필요한 인성의 근거를 찾아서 제시하고 있다. 지리 영역은 다문화, 타자에 대한 공감, 지역 균형에 대한 태도, 영토에 대한 관심 등에서 인성교육의 덕목 등을 가르치며, 역사는 우리 민족의 역사를 통해 민족성과 정체성에 대한 자각을 뚜렷이 제시하고 있다. 지리와 역사가 한국 시민으로서의 정체성을 확립하는 영역이라면, 일반사회 영역은 보편적 민주 시민의 자질을 직접적으로 가르친다는 점에서 인성교육에서 일정한 몫을 가지고 있다.

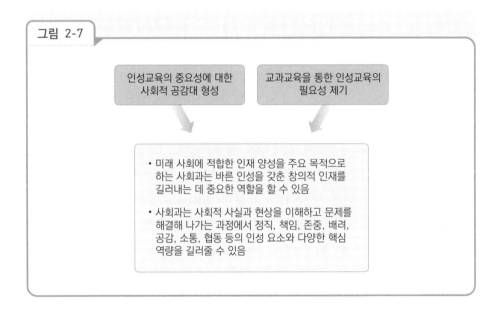

그림 2-7

인성교육의 중요성에 대한 사회적 공감대 형성

교과교육을 통한 인성교육의 필요성 제기

- 미래 사회에 적합한 인재 양성을 주요 목적으로 하는 사회과는 바른 인성을 갖춘 창의적 인재를 길러내는 데 중요한 역할을 할 수 있음

- 사회과는 사회적 사실과 현상을 이해하고 문제를 해결해 나가는 과정에서 정직, 책임, 존중, 배려, 공감, 소통, 협동 등의 인성 요소와 다양한 핵심 역량을 길러줄 수 있음

특히, 사회과에서 인성교육 중심 수업을 강화하기 위한 방향은 다음과 같다. 첫째, 사회과에서 인성교육 중심의 수업을 강화하기 위해서는 사회과 교수·학습 과정에 교과 공통의 인성교육 덕목인 정직, 책임, 존중, 배려, 공감, 소통, 협동을 반영해야 한다. 둘째, 사회과 교육과정 및 핵심 성취 기준을 분석하여 학생들의 일상생활과 연관성이 높은 문제나 사례를 사회과 인성교육 내용으로 선정할 필요가 있다. 셋째, 학습 과정에서 동료들과의 협력이 강조된 교수·학습 방

법을 선정하여 수업을 진행할 필요가 있다. 넷째, 사회과에서 인성교육 중심의 수업을 강화하기 위해서는 수행평가를 적극적으로 활용해야 한다.

④ 과학을 통한 인성교육

과학을 통한 인성교육은 내용으로서의 인성교육, 과정으로서의 인성교육, 과학, 기술, 사회의 상호 관련성의 이해를 통한 인성교육 등 세 가지 측면에서 바라볼 수 있다.

먼저, 내용으로서의 인성교육은 대부분의 학교 학습 활동의 교과 학습을 통하여 이루어지고 있다. 그러므로 학교에서 인성교육에 대한 효과성을 구체적으로 모색하기 위해서는 각 교과별로 인성교육이 이루어질 필요가 있다. 이에 과학 교과에서도 과학 교과의 성격과 목표, 내용을 기반으로 하여 과학과의 인성교육 방향을 모색하고자 하였다. 과학 교과에서는 과학적 지식을 이해하는 것뿐만 아니라 과학적인 탐구 방법과 과학적인 태도의 함양을 강조하고 있다. 이에 과학 교과에서는 학생들에게 과학적 탐구 학습의 기회를 제공하고 있는데, 이와 같은 탐구 학습 과정에서 학생들의 탐구 능력뿐만 아니라 과학자의 열정과 인내심, 다른 사람에 대한 배려, 과학적 의사소통능력 등과 같은 과학자의 인성 항목을 함양할 수 있도록 인성교육의 방향을 설정하였다.

다음으로 과정으로서의 인성교육이다. 수업은 교과내용을 전달하는 과정일 뿐만 아니라 교사와 학생, 학생과 학생 간의 지속적인 상호작용이 이루어지는 과정이다. 이와 같은 상호작용의 과정이 상호신뢰와 이해를 바탕으로 한 인간적이고 인격적인 만남이 될 때, 그 전달 내용이 감화를 줄 수 있고, 제대로 정착될 수 있다. 따라서 수업 중 교사와 학생, 학생과 학생 간의 자발적인 상호작용이 계속적으로 이루어질 필요가 있다. 이에 과학 교과에서는 학생들의 활동이 협력학습에 기반한 형태로 이루어질 수 있도록 관련 활동을 강조하고 있는데, 이와 같은 협력 학습 활동 과정에서 배려, 의사소통능력, 공감 등과 같은 인성 항목을 좀 더 효과적으로 함양할 수 있도록 인성교육의 방향을 설정하였다.

끝으로, 과학, 기술, 사회의 상호 관련성의 이해를 통한 인성교육이다. 학교에서 배우는 과학을 싫어하는 학생들도 첨단 과학이나 과학자 이야기 등에는 흥미를 보이는 경우가 많다. 다양한 서적이나 인터넷을 통한 최신의 과학 이야기는 그 내용을 학생들이 정확히 이해하기는 어렵지만, 학생들에게 과학의 유용성과 무한한 발전 가능성, 그리고 자신이 과학 발전에 기여할 수도 있다는 생각 때문에 과학에 대한 학생들의 흥미와 관심을 끌기에 충분하다. 이에 과학 교과에서는 학습 내용과 관련이 있는 첨단 과학, 과학자 이야기, 과학사, 과학과 사회, 환경, 시사성 있는 과학 내용 등을 적절히 도입할 것을 강조하고 있다. 따라서 학생들이 다양한 분야의 독서를 통해 과학, 기술, 사회의 상호 관련성을 이해하는 과정에서 정확한 정보를 근거로 비판적이고 합리적인 판단을 하고, 이웃과의 원만한 의사소통과 주관적인 의사결정으로 당면한 문제를 창의적으로 해결하는 수준 높은 인성을 함양할 수 있도록 인성교육의 방향을 설정하였다.

⑤ 실과 및 기술·가정을 통한 인성교육

실과 및 기술·가정은 인간 삶의 가장 현실적인 부분을 다룬다. 학생들은 학교에서 생활해야 할 뿐만 아니라, 지역 공동체에서, 그리고 가정에서 생활해야 하므로, 각각의 공동체에서 발휘되어야 할 인성은 인생 전체에서 발휘되어야 할 인성과 다르다고 할 수 없다. 더욱이 인성교육은 가정에서 시작하므로, 가정을 통한 인성교육은 우리의 전통적 소학(小學) 교육에서 강조한 바와 같이 인성 함양에 필수적이다. 기술 영역 역시 공동 작업을 통해 협력과 협동의 인성을 함양하는 데 중요한 역할을 할 수 있다.

특히, 실과교과에서의 인성교육의 내용요소는 민주시민의식, 타인존중의식, 자기존중의식으로 구분할 수 있다. 또한, 민주시민의식에서는 협동정신, 책임감, 타인존중의식에서는 사랑, 배려, 자기존중의식에서는 자신감, 자기수용, 자기통제의 인성요소로 선정할 수 있다.

⑥ 음악, 미술, 체육을 통한 인성교육

음악과 미술은 핵심 예술 교과로서, 합창을 통한 협동심, 조화, 겸손의 미덕을 함양하거나, 미술 협동 작업을 통해 훌륭한 인성을 함양하는 것 등은 이미 다양한 연구를 통해서 잘 알려져 있다. 미술이나 음악에서 핵심적 교수 내용은 자신의 감정을 다양한 방법으로 아름답게 표현해 내고 공감을 통하여 타인에게 전달하는 것이다. 음악에서는 심미성이 자신감의 표현으로 나타나고 미술에서는 주어진 상황에서 미적 감수성으로 나타난다. 또한 미술은 조형성, 색상의 선택, 디자인 등으로 자신을 표현하는 데 있어 다른사람들의 동의를 얻는 절차를 통해 심미성을 함양해 갈 수 있다. 뿐만 아니라 음악과 미술은 작품을 창작하는 과정에서 창의성을 함양하는 데 중심 역할을 한다. 체육은 경쟁과 자기 훈련을 근본으로 한다는 점에서, 인생의 축소판과 같다. 특히 팀 경기는 경쟁과 협력이 중요하고, 혼자 하는 개인운동은 자아 통제와 자기훈련 그리고 바람직한 경쟁심을 일깨운다. 경쟁에서는 '용기'라는 덕목이 요구되고 이를 통하여 용기가 함양된다. 체육과에서는 이것을 용기와 도전정신 같은 진취적 기상을 함양하는 것으로 표현된다. 또한 혼자 하는 개인운동의 경우 자신과의 싸움에서 극기와 인내가 요구되고 이를 통하여 덕목이 함양된다.

특히, 예술교육, 인성교육, 예술인성교육의 관계를 정리하면 [그림 2-8]과 같다.

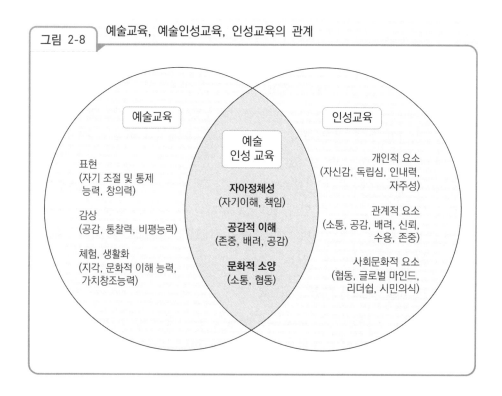

그림 2-8 예술교육, 예술인성교육, 인성교육의 관계

예술교육

표현
(자기 조절 및 통제
능력, 창의력)

감상
(공감, 통찰력, 비평능력)

체험, 생활화
(지각, 문화적 이해 능력,
가치창조능력)

예술
인성 교육

자아정체성
(자기이해, 책임)

공감적 이해
(존중, 배려, 공감)

문화적 소양
(소통, 협동)

인성교육

개인적 요소
(자신감, 독립심, 인내력,
자주성)

관계적 요소
(소통, 공감, 배려, 신뢰,
수용, 존중)

사회문화적 요소
(협동, 글로벌 마인드,
리더쉽, 시민의식)

한편, 음악, 미술, 체육 등 예술교과를 통한 인성교육의 방향은 다음과 같이 정리할 수 있다. 첫째, 학생이 스스로 예술적 심성을 갖도록 지도해야 한다. 즉, 예술교과를 통하여 다양하고 풍부한 예술적 경험과 체험활동을 하도록 지도하고, 예술을 올바르게 이해할 수 있는 지식 습득을 위한 예술적 학습 환경을 조성해야 한다. 둘째, 예술교과 활동을 통해 자아실현 욕구를 충족하도록 지도해야 한다. 개성을 신장시키고 자신의 적성에 맞는 예술적 표현활동을 통하여 예술적 잠재 가능성을 최대한 수용하고 표현하도록 지도해야 한다. 셋째, 다양한 예술교과 활동을 통해 원활한 인간관계를 형성하도록 지도해야 한다. 넷째, 학생들의 심신발달에 따른 예술교과의 학습내용을 구성해야 한다. 즉, 학생들의 발달 단계에 맞는 예술적 개념과 학습내용을 선택하여 학생들이 흥미를 갖고 즐겁게 예술 활동에 참여하도록 지도해야 한다. 다섯째, 예술적 태도를 기르도록 지도해야 한다. 미적 감수성의 계발을 위해서는 다양한 예술작품을 감상하고, 표현함으로써 자신의 내면세계를 표현하는 창조적 활동이 필요하다. 여섯째, 다양한 예술적 체험을 제공하고 예술적 능력을 길러주면서 자기이해, 책임, 존중, 배려, 협동, 소통, 공감 등의 인성을 함께 교육해야 한다.

나. 창의적 체험활동을 통한 인성교육

창의적 체험활동은 교육과정의 한 영역으로서 실천적, 체험적 접근을 통해 교과 활동을 구체적으로 적용해 본다는 측면에서 교과 활동과는 상호 보완적인 관계에 있다. 창의적 체험활동은 창의성뿐만 아니라 인성 함양을 촉진시키는 환경을 의미 있게 구축해야 한다. 인성 함양이나 창의적 사고 기법을 이론적으로 배우는 것이 아니라, 현실 속의 특정 주제에 맞춰 체험을 통해 배우고 익힐 수 있는 다양한 프로그램의 개발·보급 방안이 마련되어야 할 것이다.

다음으로 창의적 체험활동을 통해서 인성교육을 실시할 경우에는 다음과 같은 영역을 고려할 필요가 있다.

표 2-19 창의적 체험활동의 영역

영역	성격	활동
자율활동	학교는 학생 중심의 자율적 활동을 추진하고, 학생은 다양한 교육활동에 능동적으로 참여한다.	• 적응활동 • 자치활동 • 행사활동 • 창의적 특색활동 등
동아리활동	학생은 자발적으로 집단활동에 참여하여 협동하는 태도를 기르고 각자의 취미와 특기를 신장한다.	• 학술활동 • 문화예술활동 • 스포츠활동 • 실습노작활동 • 청소년 단체활동 등
봉사활동	학생은 이웃과 지역사회를 위한 나눔과 배려의 활동을 실천하고, 자연환경을 보존한다.	• 교내 봉사활동 • 지역사회 봉사활동 • 자연환경 보호활동 • 캠페인 활동 등
진로활동	학생은 자신의 흥미, 특기, 적성에 적합한 자기 계발활동을 통하여 진로를 탐색하고 설계한다.	• 자기이해활동 • 진로정보 탐색활동 • 진로계획활동 • 진로체험활동 등

출처: 정창우(2015), 『인성교육의 이해와 실천』, 교육과학사. p. 190

1) 자율활동

자율활동은 '자발성에 바탕을 둔 변화 환경 대응 및 공동체 구성원으로서의 역량 형성'을 목표로 하는 활동이다. 자발성은 학생이 스스로 삶을 결정하는 의지로 표현될 수 있다. 자발성은 주어진 시간을 활용하는 것만이 아니라 스스로 시간을 결정하고 이를 실천하는 것이다. 이러한 자발성은 개인적인 능력과 활동으로 그치는 것이 아니라 사회적 관계로서 공동체와 함께 발휘되어야 한다. 개인의 실천은 사회와 함께 결합되지 않는 부분이 없기 때문이다. 학생들은 학급, 학교, 지역사회 등 다양한 규모의 공동체에 속해 활동을 하고 있기 때문에 다양한 공동체의 구성원으로서 자발적이고 자율적으로 활동할 수 있는 역량을 신장시켜야 한다. 학교는 학생 중심의 자율적 활동을 추진하고, 학생은 다양한 교육

활동에 능동적으로 참여하도록 한다. 자율활동은 각종 행사와 창의적 특색활동에 자발적으로 참여하여, 변화하는 환경에 적극적으로 대처하는 능력을 기르고, 공동체의 구성원으로서 역할을 수행하는 것을 목표로 한다. 자율활동을 좀 더 구체적으로 세부 활동 영역 및 활동 내용으로 소개하면 <표 2-20>과 같이 정리할 수 있다.

표 2-20 자율활동의 세부 활동 영역 및 내용

구분	세부 활동 영역	내 용
적응활동	기본생활습관 형성 활동	예절, 준법, 질서, 절제, 청결, 정리 정돈, 근검절약 등
	친교활동	축하, 친목, 사제동행 등
	상담활동	학습, 건강, 성격, 교우, 동아리, 여가 활용, 기타 개인적인 문제 등
	정체성 확립 활동	자기 이해, 심성 계발 등
	기타 활동	다문화 적응 및 이해 교육, 감수성 훈련 등
자치활동	협의활동	• 학급회 조직 및 운영, 학급 전반에 필요한 사항 협의 등 • 학생회 조직 및 운영, 학교생활에 필요한 사항 협의 등
	역할분담활동	1인1역 활동, 학급 부서 활동, 운영 위원 활동 등
	민주시민활동	모의 의회, 토론회, 대화의 광장 등
행사활동	의식행사활동	시업식, 입학식, 졸업식, 종업식, 기념식, 경축일 등
	학예행사활동	전시회, 발표회, 감상회, 학예회, 경연대회, 실기대회 등
	보건체육행사활동	학생건강체력검사, 체육대회, 친선경기대회 등
	수련활동	• 현장학습, 수학여행, 문화재 · 명승지 답사, 학술조사, 해외문화 체험 등 • 등산 · 등반, 야영, 하이킹, 국토 순례, 탐사, 극기 훈련 등
	안전구호활동	안전 생활 훈련, 대피 방호 훈련, 재해 구호 훈련 등
	교류활동	자매결연 활동, 도시 · 농촌 교류, 국제 교류 활동 등

구분	세부 활동 영역	내 용
창의적 특색 활동	학생 특색활동	1인1기, 악기 연주 능력 기르기, 나의 뿌리 알아보기, '나의 꿈, 나의 희망 찾기' 등
	학급 특색활동	학급 문고 만들기, 명품학급 만들기, '친구 사랑의 날' 칭찬 엽서 쓰기 등
	학년 특색활동	칭찬 릴레이, 학급 신문 만들기 대회, 독서 감상문 대회 등
	학교 특색활동	교복·교과서 물려주기, 효실천 프로그램, 인성 퀴즈대회, 국악 교육, 학교 사랑 글짓기 대회 등
	지역 특색활동	지역의 문화 조사, 문화재 답사, 지역의 축제 조사하고 참여하기 등
	학교 전통 수립 활동	타임 캡슐 매설, '에너지 사랑단' 활동, 자매 결연 등
	학교 전통 계승 활동	맞춤 체력 인증제, 흡연 제로 프로그램, 도시·농촌 교류 등

2) 동아리활동

창의적 체험활동에서 동아리활동은 취미나 소질, 가치관이나 관심 사항 등을 공유하는 학생들의 자생적 자치활동으로 규정할 수 있으며, 자발적이며 지속적인 활동을 말한다. 즉, 동아리활동은 공통의 관심사와 동일한 취미, 특기, 재능, 등을 지닌 학생들이 함께 모여서 자발적인 참여와 운영으로 자신의 능력을 창의적으로 표출해 내는 것을 주 활동으로 하는 집단활동이다. 동아리활동은 교과 활동뿐만 아니라 교과 외 활동을 통해서 학생들의 특기나 개성 발휘의 기회를 부여하는 등 학교 교육 전반에 걸쳐 실시할 수 있는 체험활동이다. 활동 시기에 있어서도 동아리활동은 교육과정 내 시간만이 아니라 방과후 활동 시간 등을 활용하여 동호인 집단을 중심으로 활동할 수도 있다. 동아리활동은 학교 내 활동과 학교 밖 활동으로 구분할 수 있다. 학교 내 활동은 학교 내외의 교사 및 다양한 전문가와 함께 학교에서 다양한 시간을 활용하여 운영할 수 있다. 학교 밖에서는 인근 지역사회의 청소년활동 시설(청소년수련관 및 청소년문화의집 등)에서 자발적으로 동아리를 만들어 활동할 수 있다. 이 경우 학교 교사는 동아리 지도 교사가 되고 청소년활동 시설의 청소년지도사 등 다양한 활동가들이 내용 및 프로그램 전문가로 참여할 수 있다. 창의적 체험활동 교육과정에 제시된 동아리활동의 목표는 다음과 같다. 첫째, 흥미, 취미, 소질, 적성, 특기가 비슷한 학생들로 구성된 활동 부서에 자발적으로 참여하여 창의성과 협동심을 기르고, 원만한 인간관계를 형성한다. 둘째, 다양한 활동에 참여하여 자신의 잠재능력을 창의적으로 계발·신장하고, 자아실현의 기초를 함양한다. 셋째, 여가를 선용하는 생활습관을 형성한다. 넷째, 지역 내 학교 간 각종 동아리 경연대회를 통해 우의를 다지는 협력과 공정한 경쟁을 익히도록 한다. 동아리활동의 활동 영역 및 활동 내용을 소개하면 <표 2-21>과 같이 정리할 수 있다.

표 2-21 동아리활동의 활동 영역 및 활동 내용

활동 영역	활동 내용
학술 활동	외국어 회화, 과학 탐구, 사회 조사, 탐사, 다문화 탐구 등
	컴퓨터, 인터넷, 신문 활용, 발명, 로봇 제작 등
문화 예술 활동	문예, 창작, 회화, 조각, 서예, 전통예술, 현대예술 등
	성악, 기악, 뮤지컬, 오페라 등
	연극, 영화, 방송, 사진, 만화, e-스포츠 등 취미 활동
스포츠 활동	구기, 육상, 수영, 체조, 배드민턴, 자전거, 하이킹, 야영 등
	민속놀이, 씨름, 태권도, 택견, 무술 등
실습 노작 활동	요리, 수예, 재봉, 꽃꽂이 등
	사육, 재배, 조경 등
	설계, 목공, 조립 등
청소년 단체 활동	스카우트연맹, 걸스카우트연맹, 청소년연맹, 청소년적십자, 우주소년단, 해양소년단 등

3) 봉사활동

봉사활동은 일반적인 자원봉사활동을 학교 교육과정에 적용하여 학생들에게 적합한 봉사활동을 통해 이웃과 지역사회를 위한 나눔과 배려를 실천하고 자연환경을 보존하게 하는 활동이다. 특히, 교육과정에 의한 학생 봉사활동은 성인들의 자원봉사활동과 여러 면에서 비슷하지만, 그 활동이 완전히 자발적인 봉사활동이라기보다는 교육적 목적을 가지고 지도·안내되고, 조정·평가되는 활동이라는 측면에서 차이가 있다. 그러므로 학생들이 하는 봉사활동은 그 활동이 가져오는 결과 자체보다는 활동의 과정에서 학생 스스로가 배우게 되는 데 더 큰 교육적 의의가 있다. 따라서 창의적 체험활동으로서의 학생 봉사활동은 봉사학습(service learning)의 방식으로 접근하는 것이 적절하다. 학생들이 폭넓은 봉사활동을 하는 데는 다소 제약이 따르는 것이 사실이지만, 그럼에도 불구하고 학생들에게 봉사활동을 권장하는 것은 봉사활동이 많은 것을 체험적으로 알 수 있는 학습의 기회를 제공하기 때문이다. 봉사활동은 이웃과 지역사회를 위한 나눔과 배려의 활동을 실천하고, 자연환경을 보존하는 생활습관을 형성하여 더불어 사는 삶의 가치를 깨닫기 위한 활동이다. 창의적 체험활동 교육과정에 제시된 봉사활동의 세부 목표는 다음과 같다. 첫째, 타인을 배려하는 너그러운 마음과 더불어 사는 공동체 의식을 가진다. 둘째, 나눔과 배려의 봉사활동 실천으로 이웃과 서로 협력하는 마음을 기르고, 호혜 정신을 기른다. 셋째, 지역사회의 일들에 관심을 가지고 참여함으로써 사회적 역할과 책임을 분담하고, 지역사회 발전에 이바지하는 태도를 가진다. 봉사활동의 활동 영역 및 활동 내용을 소개하면 <표 2-22>와 같이 정리할 수 있다.

표 2-22　봉사활동의 활동 영역 및 활동 내용

영역	유형	활동	세부 내용
교내 봉사 활동	지도 활동	학습부진 친구, 장애인, 병약자, 다문화가정 학생 돕기 등	학생들이나 일반인들에게 교과, 운동, 문화, 레크리에이션 등을 지도하는 활동(동급생 지도, 하급생 지도, 사회복지 아동 지도, 교통안전 지도, 다문화가정 학생 학교적응 지원 등)
지역 사회 봉사 활동	일손 돕기 활동	복지시설, 공공시설, 병원, 농·어촌 등에서의 일손 돕기 등	일손이 모자라는 복지시설, 공공기관, 병원, 농어촌 등을 찾아 실질적인 도움을 주기 위한 활동(복지시설 일손 돕기, 공공시설 일손 돕기, 병원 일손 돕기, 농·어촌 일손 돕기, 학교 일손 돕기 등)
	위문 활동	불우이웃돕기, 고아원, 양로원, 병원, 군부대에서의 위문 활동 등	외롭고 힘들게 살아가는 사람들을 위로·위문하는 활동(고아원 위문, 양로원 위문, 장애인 위문, 병약자 위문, 부대 위문 등)

영역	유형	활동	세부 내용
	자선구호 활동	재해 구호, 국제 협력 과 난민 구호 등	병자, 노약자, 빈민, 고아, 난민 등을 구제하기 위한 활동(재해 구호, 불우 이웃 돕기, 국제협 력과 난민구호 등)
자연 환경 보호 활동	환경 · 시설 보존 활동	깨끗한 환경 만들기, 자연 보호, 식목 활 동, 저탄소 생활 습관 화 등	자연환경과 동식물을 보호하고, 주변 환경이나 시설들을 깨끗하게 유지 · 보호하기 위한 활동 (깨끗한 환경 만들기, 자연 보호, 문화재 보호 등)
	지역사회 개발활동	공공시설물, 문화재 보 호 등	지역 실태조사나 지역문화 프로그램 개발 등 지역사회 개발을 하기 위한 활동(지역사회 조 사, 지역사회 가꾸기, 지역사회 정보화 등)
캠페인 활동	캠페인 활동	공공질서, 교통안전, 학 교 주변 정화, 환경보 전, 헌혈, 각종 편견 극 복 등에 대한 캠페인 활 동 등	잘 모르거나 잘못 알고 있는 사람들을 계도하 고 계몽하기 위한 활동(공공 질서 확립 캠페인, 교통 안전 캠페인, 학교 주변 정화 캠페인, 환 경 보전 캠페인 등)

4) 진로활동

　진로활동은 개인이 자신의 특성, 소질과 적성, 능력 등을 이해하고 이를 바탕으로 자신의 정체성을 확립함으로써 진로를 계획하고 준비하며, 적절한 시기에 진로를 탐색 · 선택할 수 있도록 도와주는 모든 활동을 말한다. 따라서, 진로활동은 생산적인 사회구성원이 될 수 있도록 하며 자아를 실현하여 행복한 개인이 되도록 도와주는 모든 교육적 활동을 말하며, 이를 통하여 개인의 잠재적인 능력 발견과 신장, 적성과 소질에 적합한 직업 선택, 개인과 직업과의 좋은 만남 만들기, 개인을 가장 아름답고 행복하게 만들어 주는 교육적 활동이라 할 수 있다. 특히, 교사들이 학생들의 진로활동을 지도하는 데 있어 3가지 중요한 핵심 요소는 학생 개인에 대한 정확한 이해, 다양한 직업세계의 이해, 합리적인 의사 결정 능력 함양 등이다. 학생들은 진로활동에 참여함으로써 개인적으로, 사회적으로 발달할 수 있으며, 다양한 직업세계 이해, 진로계획 수립, 진로정보 활용 등을 통하여 진로관리를 하고, 자신이 원하는 진로를 달성하는 데 있어 요구되는 학력 및 자격증을 취득하고, 평생학습의 중요성을 깨닫고 참여하게 된다. 창의적 체험활동 교육과정에 제시된 진로활동의 목표는 다음과 같다. 첫째, 자신의 특성, 소질과 적성, 능력 등을 이해하고, 이를 바탕으로 자신의 정체성을 확립하고 자신만의 독특한 진로를 탐색한다. 둘째, 각종 검사, 상담을 통해 진로 정보를 탐색하고 자신의 진로를 계획한다. 셋째, 진로와 직업선택의 중요성을 인식하고, 자신의 적성과 소질에 맞는 진로를 탐색·설계한다. 넷째, 학업과 직업세계를 이해하는 직업체험활동 기회를 통해 진로를 결정하고 준비한다. 창의적 체험활동 교육과정에서 진로활동은 그 내용에 따라 자기 이해 활동, 진로 정보 탐색 활동, 진로 계획 활동, 직업 체험 활동으로 구분하고 있다(<표 2−23> 참조).

표 2-23 진로활동의 활동 영역 및 활동 내용

구분	성격	세부 내용
자기 이해 활동	자아 발견과 탐색을 위한 충분한 시간을 갖지 못하는 학생들과 자아정체감 형성에 어려움이 있는 학생들에게 자기를 이해할 수 있는 기회를 제공하는 활동	자기 이해 및 심성 계발, 자기 정체성 탐구, 가치관 확립 활동, 각종 진로 검사 등
진로 정보 탐색 활동	적성 발견과 소질 계발을 통하여 직업 능력 기술을 배양하는 활동	학업 정보 탐색, 입시 정보 탐색, 학교 정보 탐색, 학교 방문, 직업 정보 탐색, 자격 및 면허 제도 탐색, 직장 방문, 직업 훈련, 취업 등
진로 계획 활동	자기 이해와 진로 정보에 바탕을 두고 학업과 직업에 대한 구체적인 진로를 설계하는 활동	학업 및 직업에 대한 진로 설계, 진로 지도 및 상담 활동 등
진로 체험 활동	학생들에게 다양한 직업 체험 활동 기회를 제공하고, 사회적 적응력 및 능동적인 직업관, 새로운 직업 발굴을 위한 동기 부여를 제공하는 활동	학업 및 직업의 세계, 직업 체험 활동 등

제 3 부

인성교육에 대한 주요 관점

CHAPTER

01

전통주의적 관점

01 특징

전통적 관점(Traditional perspective)에 의하면 인성은 일련의 사건이나 상황에서 어떻게 행동할지를 결정하는 습관양식의 모음(profile of habits)이다(Williams & Schaps, 1999). 따라서 좋은 인성교육은 잘못된 것에서 옳은 것을 식별해 낼 수 있도록 좋은 습관을 형성하게 하는 것이며, 그러한 덕을 일상에서 실천하도록 하는 것이다. 이처럼 전통적인 관점에서는 좋은 인성을 곧 좋은 습관, 덕(virtue)의 함양으로 보며, 좋은 습관이 형성되면 특정한 상황에서 자연스럽게 옳은 행동을 할 수 있다고 가정한다. 따라서 이러한 관점에서는 학교가 학생들이 좋은 인성을 형성하는 데 길러야 할 덕목들을 구체화하여 그것에 대한 습관을 발달시킬 수 있도록 습관을 형성하는 것을 강조한다(Nucci & Narvaze, 2008). 이러한 점에서 Ryan과 Bohlin(1999)은 인성교육을 '선에 대해 아는 것(know the good), 선을 사랑하는 것(love the good), 선을 행하는 것(do the good)'이라고 정의하였다. 예를 들면, 관용(generosity)의 덕을 함양하기 위해서는 먼저 관용의 필요를 알아야 하고, 두 번째로는 이기심과 나태함을 이겨낼 필요가 있지만, 궁극적으로는 관용적인 것을 행해야 한다고 가정한다. 이러한 전통적인 관점에서는 인성이 태어날 때부터 이미 형성된 것이라기보다는 잠재력만을 가지고 있는 상태라고 보기 때문에(김수진, 2015), 좋은 인성을 기르기 위해 중요한 것은 첫째로 습관적으로 사고하고 행동하는 것이고, 둘째는 다른 사람으로부터 학습하는 것이다(Williams & Schaps, 1999). 이러한 점에서 좋은 인성은 자연스럽게 길러지는 것이 아니라 교육을 통해 형성되는 것으로 바라보기 때문에 개인과 공동체(가정, 학교, 사회)의 책임을 강조한다. 또한, 전통적 관점은 행위와 습관을 앎이나 느낌보다 핵심적인 것으로 보았던 아리스토텔레스의 전통에 기반하고 있다(Howard, Berkowitz, & Schaeffer, 2004: 191). 이러한 점에서 전통적 관점에서는 덕을 실천하고 악덕을 행하지 않는 것을 넘어서서 덕 있는 삶을 추구하고 인성을 형성해 가는 학생들의 책임을 강조한다. 따라서, 전통적 관점에서는 인성교육을 통해 학생들이 자신의 삶과 인성에 대한 조각가로서 덕을 쌓아가도록 도와주어야 함을 주장한다(Williams & Schaps, 1999).

SECTION

02 장점

인성교육에 대한 전통적 관점은 학생들이 발달시켜야 할 인성을 덕목으로 구체화하여 명시적으로 가르친다. 이러한 점에서 기본적인 인성을 중심으로 그와 관련된 자료나 활동을 유기적으로 조직하여 인성교육을 체계적으로 실시할 수 있다는 장점을 지니고 있다(김민성, 2014). 즉, 기대되는 가치를 규칙으로 변형시키고 그것을 따르게 하거나 그것을 토대로 좋은 습관을 발달시키고자 하는 실천의 과정이 강조된다(Arthur, 2008). 무엇보다 전통적 관점에서는 인성을 좋은 습관과 관련된 것으로 보고 인성에 구현된 가치들을 몸소 실천하고 습관을 형성하는 것을 강조한다는 데 의의가 있다. 즉, 아는 것, 느끼는 것보다 행동과 습관이 근본적인 것이라고 본다(Howard, Berkowitz & Schaeffer, 2004). 바람직한 인성을 갖추도록 한다는 것은 그것이 무엇인지, 어떻게 나타날 수 있는지를 머리로만 아는 것이 아니라 실생활에서 그것을 행동으로 보이는 것까지 나아가야 한다고 보기 때문이다(김수진, 2015).

03 단점

전통적인 관점은 교사 지배적인 접근(Arthur, 2008; Hildebrandt & Zan, 2008)의 성격이기 강하기 때문에, 덕목에 대한 가르침과 활동을 통한 연습을 중심으로 인성교육이 이루어져서 학습자가 중심이 되지 못하고 자칫 교화(indoctrination)로 흐를 위험이 있다는 것이다. 또한, 학생의 인성 발달에서 중요한 것은 덕목에 대한 습관의 형성 그 자체보다는 학생들이 덕목의 가치를 스스로 깨닫고 느끼는 것인데, 이 과정을 간과할 수 있다. 이 외에도 습득한 인성덕목이나 가치는 반복적이고 기계적인 습관만을 형성할 우려가 있기 때문에, 내면화되어 행동을 이끈다고 보장할 수 없다(김민성, 2014). 즉, 행동을 보였다고 하더라도 덕목과 행동을 연결시켜 주는 감정적인 측면이 매개되지 않으면 의미가 없다(김수진, 2015). 학생들은 인성과 관련된 행동이 가치 있다고 느끼기 때문이 아니라 행동에 대한 보상이나 교사의 권유에 의해 행동을 보일 수 있기 때문이다(Benninga et al., 1991).

아동발달적 관점

01 특징

인성교육에 대한 아동발달적 관점은 인성교육의 목적을 좋은 사람(good person)을 만드는 것으로 본다(Berkowitz, 2002.) 또한 인성을 '개인의 능력과 도덕적으로 기능하는 성향에 영향을 미치는 일련의 심리적인 특징들'로 정의하였다(Berkowitz, 2002: 48). 즉, 인성은 옳은 것을 하거나 하지 못하게 하도록 사람을 이끄는 특징들로 구성된다고 본다. 이러한 인성에 대한 정의를 바탕으로 Berkowitz는 좋은 사람에 대한 포괄적인 정의가 도덕적 가치, 행동, 특징, 감정, 추론, 정체성과 같은 심리적인 특징들을 모두 포함한다고 보았다(Williams & Schaps, 1999). 따라서, 인성교육의 아동발달적 관점에서는 도덕적인 사람을 구성하는 심리학적 특징들로서, 도덕적 행동(moral behavior), 도덕적 가치(moral values), 도덕적 인격(moral personality), 도덕적 정서(moral emotion), 도덕적 추론(moral reasoning), 도덕적 정체성(moral identity), 기본적인 특징들(foundational characteristics) 등 7가지 인성의 구성요소로 설정하였다. Berkowitz는 이들이 유기적으로 작용할 때 인성교육이 효과적으로 이루어진다고 보았다. 이처럼 그는 인성을 복합적인 심리적 개념으로 이해하였다. 즉, 인성이 옳고 그름에 대해 사고하고, 도덕적인 감정(죄책감, 공감, 동정 등)을 경험하며, 도덕적 행동(나누기, 자선 단체에 기부하기, 진실을 말하기 등)을 하고, 선을 믿으며, 정직함, 이타주의, 책임감 등의 행위들을 보여주는 능력을 포함한다고 보았다(Berkowitz, 2002).

특히, 아동발달적 관점에서는 도덕성 발달을 쉽거나 어렵게 하는 기본적인 인성적 특징들이 있다고 본다. 예를 들면, 자기통제(self-control)나 자아존중감(self-esteem)과 같은 인성은 유아기 시절에 양육자와 형성하는 애착과 관계가 깊다는 것이다(김수진, 2015). 즉, 아이의 인성 발달의 핵심 요소는 사회적 성향인데, 이러한 성향이 양육에서의 초기 경험으로부터 발생한다고 본다(Berkowitz

& Bier, 2005: 270). 그러나 인성이 태어날 때부터 가정에서 영향을 받는 것임에도 불구하고, 아동발달적 관점에서는 좋은 인성을 갖춘 사람이 될 수 있도록 도덕적인 특성들을 발달시키는 데 있어서 학교가 의미 있는 역할을 수행할 수 있다고 주장한다. 즉, 인성교육을 통해 좋은 사람이 갖추어야 할 인성들을 발달시켜 나가는 것을 강조한다. 왜냐하면 이 접근에서는 인성이 특정한 기간에 발달하여 그 상태로 고정되는 것이 아니라 오랜 기간 동안 단계적으로 점차 발달해 나가는 것으로 바라보기 때문이다. 이를 바탕으로 Berkowitz는 유아기에는 감정이입, 사람에 대한 개념, 애착 관계가 발달하고, 아동기에는 자기 통제, 죄책감, 관점 채택 능력이 발달하며, 청소년기에는 도덕적 추론 능력, 도덕적 정체성이 발달하는 것으로서 인성이 발달해 가는 단계를 설명하기도 하였다(Berkowitz, 2002).

한편, 아동발달적 관점을 바탕으로 Berkowitz는 인성교육을 위한 학교의 모습을 다음의 네 가지로 주장하였다(Williams & Schaps, 1999: 19-20). 첫째, 학교는 인성에 대해서 가르쳐야 한다. 그런데, 이는 인성을 단순히 지식으로서 가르치는 것 이상을 의미한다. 즉, 교실, 교육과정, 학교 전반에 인성적인 부분이 통합 될 수 있도록 하는 것이다. 둘째, 학교의 성인들이 인성을 보여줄 수 있는 역할 모델이 되어야 한다. 교사를 포함한 행정가, 직원 등 학교의 모든 성인들은 학생들에게 전해지는 자신의 행동이나 메시지에 대해 반성할 필요가 있으며, 학생들의 인성 발달에 영향을 미친다는 점에서 책임을 지녀야 한다. 셋째, 학교는 그들의 정책과 실천이 학생들의 인성 발달에 어떻게 영향을 미칠 수 있는지에 대해 고려해야 한다. 예를 들면, 민주적인 자치에의 참여, 적정한 수준의 목표, 학생에 대한 지원, 책임감을 발휘할 수 있는 기회의 제공 등은 학생들의 인성 발달에 도움을 줄 수 있는 학교 방침이라고 할 수 있다. 넷째, 학교는 아이들의 인성 발달을 위해 다양한 주체들과 협력할 필요가 있다. 일차적으로는 학생들이 속한 가정과 도움을 주고받을 수 있으며, 학교를 성인 교육, 학부모들을 위한 활동 등을 위해 방과후에 지역사회에 개방할 수 있다. 이러한 점에서 아동발달적 관점에서는 인성교육을 개별 교실에서 교육과정을 통해 이루어지는 협소한 것으로 바라보지 않는다.

02 장점

인성교육에 대한 아동발달적 관점에서는 아동발달 단계에 따라 인성도 발달해 가는 것으로 보기 때문에, 인성교육의 초점은 아동을 좋은 사람으로 만드는데 있다. 무엇보다 이러한 아동발달적 접근의 특징은 다른 접근들과 다르게 인성을 구성하는 요소로서 도덕적 가치, 감정, 추론, 정체성과 같은 심리학적인 특징들을 강조한다는 점이다(김태훈, 2006; Berkowitz, 2002). 또한 아동발달적 관점은 인성을 특정한 기간에 발달되어 완성되거나 저절로 어느 순간 갑자기 나타나는 것이 아니라 오랜 기간 동안 계속해서 점차적으로 발달되어 완성되어 가는 것으로 본다는 데 의의가 있다(Berkowitz & Grych, 1998). 즉, 어린 시절에 중요한 인성을 발달시키지 못한 학생도 학교교육을 통해 잘못된 인성을 바로잡고 올바른 인성을 형성해 나갈 수 있는 가능성을 시사해 준다는 것이다(김수진, 2015). 이러한 점에서 아동발달적 관점에서는 다른 사람들과의 관계, 학교의 문화와 같이 아이들의 인성 발달에 미치는 사회적 영향을 강조한다(Berkowitz & Bier, 2005). 이에 따라 교사들이 아동의 발달에 대해 깊이 이해해야 함을 주장한다(Williams & Schaps, 1999).

03 단점

인성교육에 대한 이러한 아동발달적 관점은 다음과 같은 한계를 지닌다. 특정한 가치들이 특정한 단계에서만 발달되는 것이 아니라는 점이다. 아동발달적 접근은 인성을 어느 특정한 순간에 발달이 완료되는 고정적인 것으로 보지는 않았지만, 아동의 연령대에 따라 특정한 인성 요소들이 발달되는 것으로 단계를 제시하였다. 그러나 수준과 발달 단계에서 다양한 학생들이 모두 그에 맞게 인성이 발달되는가에 대해서는 의문이 제기된다.

03

배려공동체적 관점

01 특징

인성교육에 대한 배려공동체적 관점에 의하면 Watson은 배려의 개념을 신뢰에 기반한 학교 관계를 의미하는 것으로 확장하여 이해하였다(Nucci & Narvaez, 2008). 이에 따라 이 접근에서는 배려공동체가 학생들로 하여금 좋은 인성과 관련된 가치들을 느끼고 형성할 수 있도록 이끌어 준다고 본다(Williams & Schaps, 1999). 배려의 학습 공동체는 학생들이 소속감과 유능감을 느낄 수 있도록 도와주며, 상호 협력하는 관계 속에서 학습함으로써 다른 사람을 대하고 교류하는 방식을 익히게 되고 교사와 또래 친구들로부터 존중과 친절을 느낄 수 있기 때문이다. 이 관점에서는 학생들이 소속감, 자율성, 유능감에 대한 심리적 필요를 지니고 있으며, 배려공동체가 이를 충족시켜 줄 수 있다고 본다(Battistich, Solomon & Watson, 1997). 따라서 배려공동체적 관점에서는 인성교육에 있어서 학교, 교실 내에 배려의 공동체를 구축하는 것이 중요하다고 주장한다. 배려공동체를 통해 학생들이 교실에서 지속적으로 좋은 인성의 습관을 형성하고 실천할 기회를 제공받을 수 있기 때문이다(Williams & Schaps, 1999).

특히, Watson은 교실의 배려공동체가 학생의 인성 발달에 다음의 두 가지 방식으로 영향을 미친다고 주장하였다. 첫째, 학생들은 공동체의 가치와 목적을 알고 경험해 볼 수 있다. 둘째, 공동체 내에서 역할을 수행하면서 판단력, 자기통제, 다른 사람을 대하는 능력들을 학습할 수 있다(Williams & Schaps, 1999). 이와 같이 배려공동체 접근에서는 학생들이 좋은 인성을 형성하는 데 중요한 능력들을 습득하는 것에 배려공동체가 핵심적인 역할을 한다고 보기 때문에, 배려를 받음으로써 자신이 이해받고 있다는 것을 느낄 수 있고, 동시에 배려를 함으로써 관련된 능력을 더욱더 발전시키고 성장해 갈 수 있다(김수진, 2015).

한편, 배려공동체적 관점에서는 학생들이 좋은 인성을 발달시키는 데 도움을 주는 배려의 공동체를 형성하기 위해서 다음의 네 가지를 주요 요소로 제시하였다(Williams & Schaps, 1999). 첫째는 배려 관계를 조성하는 것이다. 이를 위해 교사와 학생 간, 학생들 간의 배려 관계를 구축하는 방법을 제시하였다. 둘째는 인도적인 가치(humane values)를 가르치는 것이다. 이를 위해서는 학생들이 원하는 교실의 모습에 대해 의견을 듣고 그것을 실현하기 위한 방법에 대해 생각하도록 참여시켜야 한다. 특히, 이 접근에서는 교사가 먼저 일반적인 가치를 제시하기 보다는 학생들이 자신들의 용어로 그들이 원하는 모습에 대해 이야기해 보게 한 후에 교사가 일반적인 가치와 연결시켜 주는 것이 중요하다고 본다. 셋째는 내적인 동기를 강조하는 것이다. 강제적인 권위나 보상과 벌과 같은 외적인 기제를 사용하는 것보다는 학생들 스스로 옳은 것을 해야 한다는 내적인 동기에 따라 행동을 하는 것이 좋은 인성을 함양하는 데 중요하다는 것이다. 이를 위해서는 학생들이 자신의 행동을 반성해 보고 자신의 향상을 위해서 스스로 목적을 수립할 수 있는 기회를 마련해 주어야 한다. 마지막으로는 이해를 가르치는 것이다. 배려공동체적 관점에서는 기존의 학교가 학생들에게 기술이나 사실, 역량 등은 잘 가르쳐 주었지만, 교과의 기본이 되는 이론이나 개념에 대한 진정한 이해는 길러주지 못했다고 비판한다. 이러한 점에서 도덕적 지식을 적용할 수 있는 다양한 기회를 제공하고, 도덕적 이슈와 관련된 토론에 참여시킴으로써 도덕적 이해를 길러주어야 한다고 주장한다. 이처럼 배려공동체적 관점에서는 좋은 인성을 바탕으로 어떻게 행동해야 하고 왜 그렇게 행동해야 하는지를 학생들 스스로 이해하고 습득하는 것을 강조한다.

지금까지 살펴본 바와 같이, Watson(2008)은 인성교육에 있어서 배려공동체 접근과 전통적인 접근의 차이를 <표 3-1>로 제시하였다.

표 3-1	배려공동체적 관점과 전통적 관점의 차이 비교	
	배려공동체 접근	전통적 접근
아동에 대한 관점	배려적인 환경에서 학습하고 상호 배려적인 관계를 수립할 수 있는 내적인 동기가 부여된 존재	개인의 이해관계에 따라 동기가 부여된 존재
목적	배려의 공동체를 만들고 사회적/도덕적 발달을 지원하는 것	학문적 학습을 최대화하기 위한 효율적인 통제
방법	신뢰 관계, 설명, 토의, 반성, 상기, 사회적·정서적 기술에 대한 가르침, 공감적 교수, 보상	칭찬, 보상, 처벌
권력 관계	교사-학생 간의 신뢰로운 관계, 학습을 하고 배려의 관계를 수립하고자 하는 아동의 내적 동기	만족스럽지 않은 결과를 가져오는 능력이나 자원에 대한 교사의 통제

출처: Watson(2008).

02 장점

인성교육에 대한 배려공동체적 관점은 인성교육을 통해 특정한 것(가치 덕목, 습관, 인지적 능력)을 가르치고자 하는 것과 달리 학교와 교실에 배려의 분위기를 조성하는 것을 강조한다는 특징이 있다(Gibbs, 1999). 인성교육에 있어서 배려의 가치를 강조하지만, 그것을 직접적으로 가르치고자 하기보다는 배려의 문화, 공동체를 형성함으로써 그 안에서 좋은 인성을 자연스럽게 익히고 연습할 수 있도록 하는 데 의의가 있다(이숙정, 2008). 특히 배려공동체적 관점은 단지 학생들이 존중과 친절의 가치를 지니는 것이 아니라 배려공동체 안에서 존중받는 느낌을 받고 서로 협력하는 과정에서 학습과 바람직한 인성을 형성하는 것에 대한 내적인 동기를 발달시키는 것을 강조한다. 그리고 배려, 존중, 관계와 같은 인성의 감정적 측면을 중시한다는 특징이 있다. 이외에도 배려공동체적 관점의 인성교육은 교사와 학생의 가르침과 배움에만 국한된 것이 아니라 학교 내의 다양한 구성원들(또래, 선후배, 교사와 학생, 교직원과 학생) 간의 폭넓은 관계를 바탕으로 한다(최용성, 2003).

SECTION

03 단점

인성교육에 대한 배려공동체적 관점은 다음과 같은 한계를 지닌다. 첫째, 배려, 존중과 같은 정의적인 측면에 관련되는 가치들이 중심이 되면서 책임, 정의와 같은 인지적인 측면에 관련되는 가치들은 덜 중요하게 다루어졌다는 것이다. 여성적인 가치와 남성적인 가치들이 균형을 이루는 가운데 인성교육이 이루어져야 하는데, 자칫 이분법적으로 정의나 책임 등이 배제된 배려 등의 가치만을 강조하게 될 위험이 있다. 학생들의 균형 있는 인성 발달을 위해서는 정의적 측면과 인지적 측면이 고루 다루어져야 한다.

둘째, 배려공동체를 형성하고 배려의 관계를 구축하는 것에 초점이 있어 배려공동체 안에서 무엇을 가르칠 것인가에 대한 인성교육의 내용적인 부분에 소홀하게 되는 한계가 있다. 인성의 발달을 촉진하고자 하는 환경을 조성하는 것이 중요하지만, 이것이 교과교육과는 별개의 활동 차원으로만 접근되어져서는 안 된다. 배려공동체 안에서 경험되는 자율성, 소속감, 내적 동기들이 교과교육과 연계될 수 있어야 한다.

CHAPTER

04

구성주의적 관점

01 특징

인성교육에 대한 구성주의적 관점은 Piaget의 구성주의적 접근에 바탕을 둔 것으로 인성이 사회적 맥락 내에서 구성된다는 입장이다. 즉, 이러한 접근에서는 윤리적인 결정이나 행위가 절대적인 것이 아니라 맥락에 따른 것이라고 본다 (Howard, Berkowitz & Schaeffer, 2004). 이는 '옳고 그른 것'이 존재하지 않는다는 의미보다는 아이들이 비판적인 사고를 하는 데 참여하고 의사결정을 할 수 있도록 가르쳐야 한다는 것이다. Piaget 학파의 관점에 따르면, 대인관계에 대한 도덕성의 발달은 단순히 다른 사람의 가치를 내면화하는 것이 아니라 구성적인 과정이다(DeVries, Hildebrandt & Zan, 2000). 즉, 옳고 그름에 대한 사고방식을 적극적으로 구성한다는 의미에서 학생들을 '도덕 철학자(moral philosopher)'로 바라본다 (Snarey & Samuelson, 2008). 따라서 학생이 도덕적 딜레마에 대한 토의, 역할극, 협력적인 또래 상호작용, 민주적인 교실과 학교 문화를 통해 도덕적 사고와 행위에 참여하는 것을 강조한다(김수진, 2015). 이러한 점에서 구성주의적 관점에 토대를 둔 인성교육은 사회적 관계를 통해 좋은 인성에 내재된 가치들을 구성해 나가는 것을 강조한다(Williams & Schaps, 1999). 즉, 좋은 인성을 형성해 나가기 위해서는 대인관계적인 맥락이 필요하기 때문에, 교사는 상호존중을 지속적으로 실천해 볼 수 있는 대인관계적인 분위기를 형성하는 것이 중요하다. 즉, 구체적인 덕목들을 주입하고 강화시키는 것보다는 민주 시민으로서 갖춰야 할 기술들(토의, 문제해결, 자치 등)을 실천해 볼 기회들에 참여시키는 것을 강조한다(Howard, Berkowitz & Schaeffer, 2004). 이러한 점에서 구성주의적 관점에서는 이제까지 학교에서 이루어져 온 인성교육이 타율적 도덕성의 측면에서 많이 실시되었다는 점을 비판하고 '자율적 도덕성(autonomous morality)'을 키워줄 수 있는 인성교육을 강조한다. 즉, 외부의 불필요한 통제는 최소화되고 상호존중하는 협력적인 관계 속에서 학생 스스로 자신의 행동을 통제할 기회가 제공된다.

특히, 구성주의적 관점에서의 인성교육에 의하면 좋은 인성은 교사를 포함한 성인들의 권위에 의해 이상적인 덕목들을 수동적으로 따르는 것이 아니라 교사와 학생 간, 학생들 상호 간에 서로 존중하고 협력하는 맥락에서 형성되는 것이다. 따라서 무엇이 옳고 그른 행동인지를 교사가 직접적으로 가르쳐 주는 것보다는 학생들이 자기 통제력을 기를 수 있도록 교육하는 데 중점을 둔다. 즉, 옳은 것이 무엇인지를 자율적으로 판단할 줄 아는 것을 인성으로 보고, 이에 따라 인지적 능력의 발달을 인성을 형성하는 데 있어서 중요하게 생각한다. 따라서, 학생들이 자율성을 계발할 수 있도록 하기 위해서는 그들이 교실활동에 능동적으로 참여하고 협력할 수 있는 분위기를 조성하는 것이 중요하다(Williams & Schaps, 1999). 이는 교실 규칙을 결정하는 데 학생들을 참여 시키는 것, 학습하기를 원하는 것에 대해 학생들의 의견을 수렴하는 것, 갈등을 해결하고 조정하는 능력을 길러주는 것 등을 통해 가능하다(DeVries, Hildebrandt, & Zan, 2000).

02 장점

    인성교육에 대한 구성주의적 관점은 인성을 고정되고 예측 가능한 것이 아니라 맥락에 따른 것으로 사회적 맥락 내에서 구성된다고 보는 특징이 있다 (Hildebrandt & Zan, 2008). 즉, 인성의 발달을 인지적 능력의 발달로서 인지적 측면과 관련된 것으로 본다는 특징이 있다. 이를 바탕으로 구성주의적 접근에서는 인성교육에 있어서 단지 고정적인 행동이나 습관을 길러주는 것이 아니라 구체적인 문제 상황에서 학생들이 옳고 그른 것이 무엇인지를 판단할 수 있는 능력을 길러주고자 한다는 장점이 있다(김수진, 2015). 따라서, 구성주의적 관점의 인성교육은 교사로부터 구체적인 덕목을 배우고 연습하는 것보다는 학생들 간의 상호작용, 자치 활동, 의사결정 과정에 학생들이 능동적으로 참여하게 함으로써 학생들의 자율성을 길러준다는 데 의의가 있다(김민성, 2014; Howard, Berkowitz & Schaeffer, 2004). 이러한 과정에 참여하면서 학생들이 자연스럽게 그와 관련된 가치들을 익히게 된다는 것이다. 또한 교사는 학생들에게 특정한 덕목들을 주입시키거나 지휘하고 관리하는 상급자가 아니라 학생들과 동등한 권리와 책임을 바탕으로 학생들의 사고와 판단을 안내하는 촉진자로서의 역할을 수행한다(김민성, 2014; DeVries, Hildebrandt & Zan, 2000; Hildebrandt & Zan, 2008). 학생들이 올바른 의사결정을 할 수 있도록 해당 이슈가 왜 문제가 되는지, 그것이 왜 허용되지 않는지에 대해서 학생들이 생각해 볼 수 있도록 안내하고 지도하는 것이 교사의 중요한 역할이다(Higgins, 1989).

03 단점

　구성주의적 접근에 대한 인성교육은 다음과 같은 한계를 지닌다. 첫째, 인지적인 측면을 강조한 나머지 인성에 관계되는 정서적, 행동적인 측면을 소홀하게 다루었다는 한계가 있다(김완순, 2008; 심성보, 1996; 조성민, 2010). 즉, 정의, 책임과 같은 남성적 가치들(hard virtues)이 강조된 반면, 배려, 존중과 같은 여성적 가치들(soft virtues)은 상대적으로 덜 중시되었다. 이로 인해 이성은 계발되었지만 이에 따른 적절한 도덕적 감수성이나 열정, 도덕적 행동의 습관화는 부족한 결과를 가져왔다(이인재, 2009: 12).

　둘째, 인지적 판단 능력이 발달했다고 해서 반드시 바람직한 행동을 한다고 보장할 수 없다는 점이다(심성보, 1996). 예를 들면, 거짓말을 하면 안 되는 줄 알면서도 거짓말을 하게 되는 것처럼 아는 것과 행하는 것 사이의 불일치가 존재하기 때문에, 인지 능력과 행동 사이의 직접적인 관계를 예측할 수 없다는 한계가 있다. 셋째, 사고나 판단 능력과 같은 형식적인 부분에 초점을 두고 있기 때문에 가치나 덕목과 같은 내용적인 부분에 대한 관심은 상대적으로 소홀하다는 점이다(남궁달화, 1995; 이재봉 외, 1995).

절충적 관점

01 특징

　인성교육에 대한 절충적 관점은 전통적 관점에 반대하며 나타난 인지발달적 접근, 가치명료화 등의 접근이 학생들의 인성에 변화를 가져오지 못했다는 비판 속에서 특정한 덕목을 중심으로 하는 인성교육이 다시 주목을 받으면서 등장하였다. 그러나 절충적 관점은 완전한 전통적 관점의 부활이라기보다는 구성주의적 접근과 전통적 접근을 상호보완하고자 통합한 것이다. 이에 따라 절충적 관점을 제시한 Lickona는 인성을 도덕적 인지(moral knowing), 도덕적 감정(moral feeling), 도덕적 행동(moral behavior) 등 세가지로 구성되어 상호관련되어 있다고 주장하였다(Williams & Schaps, 1999). 첫 번째는 인지적(cognitive)인 측면으로, 선을 아는 것(knowing the good)과 관련된다. 이는 도덕적 인식, 덕에 대한 이해, 관점 채택, 도덕적 추론, 사려 깊은 의사결정 등을 포함하는 것이다. 두 번째는 감정적(emotional)인 측면으로, 선을 바라는 것(desiring the good)과 관련된다. 이는 양심, 자기존중, 감정이입, 좋은 것을 소중히 여기는 것, 겸양 등을 포함하는 것이다. 세 번째는 행동적(behavioral)인 측면으로, 선을 행하는 것(doing the good)과 관련된다. 이는 협력이나 의사소통, 갈등 해결과 같은 도덕적인 능력, 도덕적 의지, 도덕적 습관을 포함하는 것이다. 이처럼 절충적 접근에서는 인성을 도덕적 인지, 도덕적 감정, 도덕적 행동을 아우르는 것으로 이해한다. 이러한 인지, 감정, 행동의 세 가지 측면은 각각 인지발달적 접근, 배려공동체 접근, 전통적인 접근과 관련된다는 점에서 절충적인 접근으로 이해된다(Howard, Berkowitz & Schaeffer, 2004).

　특히, 절충적 관점에서의 좋은 인성의 구성요소는 <표 3-2>와 같이 정리할 수 있다.

표 3-2	절충적 관점에서 본 좋은 인성의 구성요소	

인성 요소	세부 구성요소	설명
도덕적 인지 (Moral Knowing)	도덕적 인식 (Moral awareness)	• 도덕적 판단이 요구되는 상황이 언제인지를 알기 위해 지성을 활용하는 것. 그 다음 무엇이 옳은 행위인지를 주의 깊게 생각하는 것. • 도덕적인 결정을 내리는 데 필요한 지식과 정보를 갖추고자 노력하는 것.
	도덕적 가치 인식 (Knowing moral values)	• 생명과 자유에 대한 존중, 타인에 대한 책임, 정직, 공정, 관용, 예의, 자기 규율, 성실, 친절, 동정, 용기 등과 같은 가치들에 대해 인식하는 것. • 다양한 상황에서 도덕적 가치들을 어떻게 적용할 수 있는지를 이해하는 것.
	관점 채택 (Perspective-taking)	• 다른 사람의 관점을 취해 볼 수 있는 능력. 다른 사람이 보는 것처럼 상황을 바라보고 그들이 어떻게 생각하고 반응하고 느낄지에 대해 상상할 수 있는 능력.
	도덕적 추론 (Moral reasoning)	• 도덕적인 것이 무엇이며, 왜 우리는 도덕적이어야 하는가를 깨닫는 것. • 어떤 일을 하는 데 있어서 무엇이 훌륭한 도덕적 이유가 되고 그렇지 않은지를 아는 것.
	의사결정 (Decision-making)	• 도덕적인 문제 상황에서 무엇이 올바른 행위인지, 결정에 영향을 받는 사람들에게 여러 행위들이 가져올 결과는 무엇인지, 어떤 행위가 중요한 가치에 충실하면서 좋은 결과를 극대화할 수 있는 것인지 고려하면서 신중하게 선택하고 결정하는 것.
	자기에 대한 지식(Self-knowledge)	• 자신의 행동을 되돌아보고 비판적으로 평가할 수 있는 능력. • 자신의 인성이 지닌 강점과 약점, 그리고 그 약점을 보완할 수 있는 방법을 아는 것.
도덕적 감정 (Moral feeling)	양심 (Conscience)	• 인지적 측면: 무엇이 옳은지를 아는 것. • 정의적 측면: 옳은 것을 행해야 한다고 느끼는 것. • 건설적인 죄의식을 가지는 것.
	자아존중감 (Self-esteem)	• 자기 자신을 가치 있게 여기는 것. • 외모, 인기, 힘에 바탕을 둔 것이 아니라 책임, 정직, 친절, 선에 대한 자신의 능력에 대한 신념 등에 바탕을 둔 자아존중감.

인성 요소	세부 구성요소	설명
	감정이입 (Empathy)	• 다른 사람의 상태와 동일시하는 것, 혹은 대리 경험을 하는 것. • 자신의 입장을 넘어서서 타인처럼 느끼고 생각해 보는 것.
	선에 대한 사랑 (Loving the good)	• 선에 대해 애착을 느끼는 것. • 선을 좋아하고 악을 미워하는 마음을 가지는 것.
	자기 통제 (Self-control)	• 도덕적으로 되기를 원하지 않는 상황에서도 도덕적으로 될 수 있도록 도와주는 자기 규율의 능력. • 방종이나 일탈에 빠지지 않도록 도와줌.
	겸양(Humility)	• 자신의 잘못을 기꺼이 고치려는 자세. • 오만을 극복하게 도와주는 겸손한 마음가짐.
도덕적 행동 (Moralaction)	능력(Compete nce)	• 도덕적 판단과 감정을 효과적인 도덕적 행동으로 전환시킬 수 있는 능력을 가지는 것.
	의지(Will)	• 우리가 마땅히 해야 할 것을 행할 수 있는 도덕적 에너지.
	습관(Habit)	• 도덕적 행동이 이루어지기 위해서 바탕이 되는 힘.

출처: Lickona(1992).

무엇보다 절충적 관점에서는 인지적, 감정적, 행동적인 측면을 아우르는 인성을 발달시키기 위해서 학교에 종합적 접근(comprehensive approach)이 필요함을 강조하였다. 즉, 인성을 지식, 감정, 행동이 상호 관련되는 통합적인 것으로 바라보는 것과 동시에 이를 길러주기 위한 교육적 접근 역시 학급, 학교, 가정, 지역사회의 여러 교육 주체들이 함께 협력하는 전체적인 과정으로 본다. Lickona는 이를 위한 12가지의 전략을 제시하였는데, 이는 교실에서의 9가지 전략과 학교 차원의 3가지 전략으로 구성되어 있다(Williams & Schaps, 1999). 교실에서의 전략은 교사가 주체가 되어 개별 교사 수준에서 활용할 수 있는 것이며, 학교 차원의 전략은 학교 공동체 수준에서 추구되는 것이다.

교실에서의 9가지 전략으로는 첫째, 교사는 배려의 제공자, 역할 모델, 멘토로서 행동해야 한다. 이는 학생들을 사랑과 존중으로 대하고, 좋은 모범을 보여주며, 친사회적인 행동을 지지해 주는 한편 잘못된 행동은 바로잡아 주어야 한다는 것이다. 둘째, 교실을 도덕 공동체로 만드는 것이다. 즉, 학생들이 서로를 하나의 개인으로서 인식하고, 서로 존중하고 배려하며, 집단의 구성원이라는 느낌을 가지고 책임감을 지닐 수 있도록 도와주어야 한다. 셋째, 도덕적 규율을 시행하는 것이다. 이는 도덕적 추론 능력의 증진, 자발적인 규칙의 준수, 타인에 대한 일반화된 존중의 기회로서 규칙을 제정하고 실행해 볼 수 있도록 하는 것이다. 넷째, 민주적인 교실 환경을 만들어야 한다. 이를 위해 학생들을 협력적인 의사결정과 공유된 책임에 참여시켜야 한다. 다섯째, 교육과정을 통해 인성을 가르쳐야 한다. 즉, 문학, 역사, 과학 등과 같은 교과목에서 윤리적으로 풍부한 내용을 활용해야 한다. 여섯째, 협동학습을 활용한다. 이를 통해 학생들은 타인에 대한 인식, 관점 채택, 공동의 목적을 향해 과업을 수행할 수 있기 때문이다. 일곱째, '직무에 대한 양심(conscience of craft)'을 발달시켜 주어야 한다. 즉, 학생들이 학습을 가치 있게 여기고, 열심히 노력하며, 탁월하게 과제를 수행하고, 다른 사람들의 삶에 영향을 미치는 공적인 것으로서 학업을 인식할 수 있는 능력을 길러주는 것이다. 여덟째, 도덕적인 반성을 촉진해야 한다. 독서, 연구, 작문, 토론, 토의 등을 통해 도덕적 사고와 도덕적 의사결정을 증진시켜 주어야 한다. 마지막으로 갈등 해결 능력을 가르치는 것이다. 즉, 학생들이 물리적인 힘을 사용하지 않고 공정하게 갈등을 해결할 수 있는 도덕적 기술을 습득할 수 있도록 도와주어야 한다.

학교 차원의 3가지 전략은 첫째, 교실을 넘어선 배려 행위를 촉진해야 한다. 이타적인 행동을 증진시키는 데 도움이 되는 긍정적인 역할 모델을 활용하고 모든 학년의 학생들이 봉사활동을 해 볼 수 있는 기회를 제공해야 한다. 둘째, 학교 내에 긍정적인 도덕 문화를 조성하는 것이다. 이는 학교장의 지도력, 학교의 규율, 학교의 공동체 의식, 의미 있는 학생 자치, 성인들로 구성된 도덕 공동체, 도덕적 관심을 토론할 수 있는 시간의 마련 등을 통해 학교 전반의 풍토를 도덕적으로 조성하는 것이다. 이를 통해 교실에서 가르치는 덕을 지지하고 강화시킬 수 있다. 셋째, 부모들과 지역사회를 인성교육에 있어서 중요한 동반자로 끌어들여야 한다. 이를 위해서 학교는 학부모들을 자녀들에 대한 가장 중요하고 일차적인 도덕 교사로 인식하고 있음을 알려주어야 하며, 학교가 길러주고자 하는 인성을 강화시킬 수 있는 구체적인 방법을 제시해 주어야 한다. 그리고 핵심 가치들을 증진시키기 위해서 교회, 기업, 지역 정부, 대중매체 등과 같은 지역사회에 적극적으로 도움을 구해야 한다.

한편, 절충적 관점의 인성교육을 위한 11가지 원리는 다음과 같이 정리할 수 있다(Lickona, 1996). 첫째, 인성교육이 좋은 인성의 기반으로서 핵심적인 윤리적 가치들을 고양해야 한다. 둘째, 인성은 사고, 감정, 행동을 포함하는 통합적인 것으로 규정되어야 한다. 셋째, 효과적인 인성교육은 학교생활 전반에서 핵심 가치를 고양할 수 있는 의도적이고 계획적(proactive)이며 통합적인 접근을 요구한다. 넷째, 학교가 배려공동체가 되어야 한다. 다섯째, 학생들이 도덕적인 행위들을 연습할 기회가 필요하다. 여섯째, 모든 학습자를 존중하고 그들이 성공할 수 있도록 돕는 의미 있고 도전적인 학문적 교육과정을 포함해야 한다. 일곱째, 인성교육은 학생들의 내적 동기를 발달시켜 줄 수 있어야 한다. 여덟째, 학교 구성원들은 인성교육에 대한 모든 책임을 공유하고 핵심적인 가치들을 지키고자 하는 학습 공동체이자 도덕 공동체가 되어야 한다. 아홉째, 인성교육은 모든 직원들과 학생들의 도덕적 리더십을 필요로 한다. 열째, 학교는 인성교육을 위해 학부모와 지역사회 구성원들과 동반자로서 관계해야 한다. 열한째, 인성교육에 대한 평가는 학교의 인성교육이 어떠한지, 교직원들이 인성교육자로서 기능하는지, 학생이 어떤 좋은 인성을 나타내는지에 대해 이루어져야 한다.

02 장점

인성교육에 대한 절충적 관점은 인성을 인지적 판단과 관련되는 능력 혹은 행위나 습관과 관련되는 것으로 인지, 정서, 행동을 분리된 것으로 본 관점과는 달리, 세 가지가 통합된 전체로서 바라본다(유병열, 2000). 이에 따라 절충적 관점은 인성교육에 있어서 알고, 느끼고, 행동하는 것 어느 한쪽에 치우치지 않고 세 가지를 고루 길러주고자 한다는 장점이 있다(김수진, 2015). 따라서, 학생들의 인성을 잘 발달시키기 위해서는 개별 교사의 교실 내에서의 노력뿐만 아니라 학교 공동체 전반의 노력이 필요하며, 개별 학교만의 노력을 넘어서서 가정과 지역사회와의 협력도 중요하다.

03 단점

　인성교육에 대한 절충적 관점은 인성을 마치 인지, 정서, 행동의 세 가지로 명확하게 구분될 수 있는 것처럼 오해를 불러일으킬 수 있는 여지가 있다(고미숙, 2005). 이와 관련하여 Peters는 두려움이 무서움을 느끼는 정서와 관계된 것이지만 특정 상황을 위험하다고 인지하는 것도 포함한다는 점을 설명하면서 정서도 인지의 한 형식임을 주장하였다(Peters, 1972). 이처럼 인지, 정서, 행동은 실제로는 각기 독립적으로 작용하는 것이 아닌데, 어떤 인성교육은 인지에 관련되는 것, 또 다른 인성교육은 정서에 관련되는 것과 같은 방식으로 각각의 요소를 위한 별도의 교육을 상정하게 함으로써 통합적인 인성교육에 오히려 반대되는 모습으로 나타날 위험이 있다. 그러나 인지, 정서, 행동은 개념상으로 구분되는 것일 뿐, 실제로는 세 가지가 함께 통합되어 인성으로 발현되는 것이다. 둘째, 절충적인 접근으로서 일정 부분 행동주의를 바탕으로 하고 있기 때문에, 전통적 관점과 마찬가지로 여전히 특정 덕목들을 설정하여 가르치는 것을 강조한다는 한계가 있다(선재순, 2002). 이러한 점에서 자칫 절충적 관점에 기반한 인성교육 역시 교화로 흐를 위험을 배제할 수 없다. 그리고 특정 덕목들을 제시한 것은 아니지만 맥락에 따라 적절한 덕목들을 선택하여 가르치는 것이 가능하다고 보기 때문에 다양한 가치관, 문화, 배경을 지닌 학교나 사회에서 어떤 덕목을 가르칠 것인가에 대한 선택이 각기 다르게 임의적으로 이루어질 수 있다는 점에서 비판이 제기된다(김태훈, 2006).

CHAPTER

06

배려윤리적 관점

01 특징

　Noddings로 대표되는 배려윤리적 관점은 정의와 권리, 자율성과 같은 합리
성을 중시한 인지발달적 접근과 달리, 배려와 관계성, 상호성과 같은 감정적인
측면을 강조한다(박병춘, 2005). 이러한 점에서 배려윤리 접근은 기존의 인성교육
에 대한 반대의 목소리에서 등장한 것으로, 전통적인 인성교육에 대해서 다음과
같은 질문을 제기한다(Noddings, 2003b, 이지헌 외 역, 2008). '덕이 가르쳐질 수
있는가? 교육방식이 주입 또는 교화(indoctrination)는 아닌가? 마치 덕이 획득되
어 실천되는 것으로 간주하는 잘못된 견해에서 비롯된 것은 아닌가?'에 대한 질
문이다. 기존의 접근에 대한 이러한 반성을 바탕으로 한 배려윤리적 관점은 도
덕적 삶을 관계적인 것으로 본다(Noddings, 2003b, 이지헌 외 역, 2008). 즉, 자아
는 개별적이면서도 타인, 대상, 다양한 조건, 사상들과 접촉하고 반성하면서 형
성되어 가는 관계적인 것이라는 점이다. 이에 따라 배려윤리에서는 배려를 하나
의 덕목이 아닌 관계의 맥락에서 강조한다. 이를 바탕으로 Noddings는 다양한
덕목들이 개별적인 의미를 가지기보다는 관계 안에서 의미를 가지는 것으로 보
고, 인성교육에 있어서 이러한 덕들을 독립적으로 가르치기보다는 관계 안에서,
관계를 유지시키고 강화시켜 줄 수 있도록 가르쳐야 함을 강조한다(박병춘,
2002).

　특히, Noddings는 배려가 두 가지 감정, 즉 자연적 배려(natural caring)와 윤
리적 배려(ethical caring)로 구성된다고 보았다(Noddings, 2003a). 자연적 배려란
의무감에 의해서가 아니라 다른 사람을 배려하고자 하는 자연스러운 감정에서
비롯되는 것으로, 이는 어떠한 윤리적인 노력도 필요로 하지 않는다. 또한, 윤리
적 배려는 배려하고 싶은 욕구가 자연스럽게 생기지는 않지만 다른 사람에 대해
느끼는 의무감에서 배려를 해야 함을 의식적으로 깨닫게 될 때 생겨나는 것이

다. 이에 따라 Noddings(2003a)는 다른 사람을 배려하게 할 수 있는 힘을 보편적인 원칙이 아니라 윤리적 이상(ethical ideal)에서 찾는다. 이는 우리가 관계를 맺고 살아가는 삶 속에서 이루어지며, 한 번에 완성되는 것이 아니라 끊임없이 이루어져 가는 것으로 많은 노력이 요구된다. 이러한 점에서 윤리적 이상을 고양시킬 수 있는 최적의 장소로 학교를 강조하며, 학교에서의 일상생활, 교과 활동, 인간관계를 통해 학생들의 윤리적 이상을 고양시켜 줄 수 있다고 본다. 이러한 배려윤리적 관점에서의 인성교육은 학생들의 윤리적 이상을 고양시켜 주기 위해 학교에서 배려의 분위기를 조성해야 함을 강조한다(Noddings, 2008). 이러한 배려윤리적 관점에 기반한 도덕교육은 다음의 네 가지 구성요소를 강조한다 (Noddings, 2005, 2008).

표 3-3 배려윤리적 관점에 기반한 도덕교육의 구성요소

구분	특징
모델링 (modeling)	• 교사가 학생들에게 원리나 그 원리를 적용하는 방법을 가르치는 것이 아니라 배려 관계를 형성하고 그 안에서 배려를 실천함으로써 배려하는 방법 지도 • 교사가 배려를 해야 한다고 지식으로 가르치는 것이 아니라 먼저 배려하는 사람이 되어서 학생들의 이야기를 들어 주고 그들이 표현하는 필요를 존중해 줌으로써 배려가 무엇을 의미하는지를 느끼고 어떻게 배려할 수 있는지를 알 수 있도록 해 주는 것
대화 (dialogue)	• 대화는 상호 간의 이해와 신뢰를 형성하고 의사를 교환함으로써 상대방에 대한 지식을 가지게 하며 그러한 관계 속에서 어떻게 배려를 이어나가야 하는지에 대해 성찰할 수 있도록 해 줌 • 대화에서 중요한 것은 대화를 하는 사람들 간의 관계이며, 이러한 대화는 개방적인 자세 요구 • 대화를 하는 사람들 간에 자유로운 토론과 합의를 통해서 결론 도출
실천 (practice)	• 봉사활동을 통해 인간의 상호 의존성과 나눔의 가치를 체험하고 서로를 이겨야 하는 경쟁 대상자가 아닌 더불어 살아가는 동반자로 인식 • 협동학습 역시 배려를 실천해 볼 수 있는 좋은 기회로 강조된다. 협동학습을 통해 학생들은 배려를 실천적으로 경험하고, 관계와 상호 협동의 중요성 인식

구분	특징
확증 (confirmation)	• 다른 사람 안에 있는 최상의 것을 찾아서 인정해 주고 격려하는 행동 • 학생들을 있는 그대로 받아들이는 것과 동시에 학생들이 잠재적으로 가지고 있는 더 훌륭한 자아를 찾아서 그 자아의 발달을 격려 • 교사는 학생의 재능이나 능력, 특성, 관심 등을 알고 있어야 할 뿐만 아니라 학생과 서로 친밀감과 신뢰 형성

무엇보다 배려윤리적 관점에서의 인성교육은 학생들의 인성을 발달시키는데 있어 위에서 제시한 구체적인 교수방법뿐만 아니라 학교 전체의 변화를 요구한다. 이는 표준화된 시험과 학력 위주로 인간을 서열화시키는 기존의 학교 구조에서 신뢰와 배려를 바탕으로 한 배려공동체로서 역할을 하는 학교 구조로의 변화이다(Noddings, 2005). 즉, '어떻게 하면 학생들의 시험 점수를 향상시킬 수 있을까'를 고민 하는 것이 아니라 '어떻게 하면 학생들의 호기심을 살리고 진정한 학습을 증진시켜 인간적인 존재로 성장할 수 있도록 촉진할 것인가'를 고민해야 한다는 것이다(Noddings, 2005). 이를 위해서 학생과 교사, 학생과 학부모 간의 신뢰와 친밀감이 필요하며, 가능한 한 학생들과 교사 간의 접촉과 대화의 기회가 많아야 한다(Noddings, 2003a). 또한, 건전한 방식의 경쟁이 이루어질 수 있도록 해야 하며(Noddings, 2008), 학교의 규칙은 벌을 부과하기 위한 것이 아니라 바람직한 행동을 이끌어 주는 가이드라인으로서 강조된다(Noddings, 2003a).

02 장점

   인성교육에 대한 배려윤리적 관점은 무엇보다 학생들에게 배려의 능력을 길러주는 데 중점을 두고 있기 때문에, 도덕적 덕목이나 가치를 가르치는 것, 가치들에 대한 인지적인 능력을 발달시키는 것에 초점이 있었던 기존의 인성교육 접근과는 달리, 정의적인 측면에 대한 관심을 두고 있다(김수진, 2015). 즉, 배려, 동정심, 유대감, 관계 등의 가치를 강조함으로써 인성 발달에 있어 정서와 감정이 중요함을 보여주었다는 것이다(박병춘, 2005; Howard, Berkowitz & Schaeffer, 2004). 또한 도덕적인 행위에 있어서 맥락성을 강조했다는 의의가 있다(이미식, 2003). 즉, 추상화되고 보편화된 규칙이나 원리보다는 구체적인 상황과 맥락을 중시한다. 이 외에도 배려윤리적 관점의 인성교육은 '관계'를 핵심으로 보고 있다는 특징을 지니고 있다(Howard, Berkowitz & Schaeffer, 2004). 즉, 배려를 일방적이고 희생적인 관계가 아니라 배려하는 사람과 배려받는 사람의 상호의존적인 관계로서 바라보았다는 것이다. 이러한 점에서 인성교육에 있어서도 모델링과 대화 등과 같이 우선적으로 교사와 학생 간, 학생과 학생 간의 신뢰와 배려를 바탕으로 한 관계를 강조한다.

03 단점

배려윤리적 관점의 인성교육은 지나치게 관계, 배려를 강조한다는 점에서 한계를 지닌다. 즉, 배려 자체에 초점을 둔 나머지 실제 배려가 작용하는 맥락을 고려하지 못한다는 점이다. 모든 배려 행위가 반드시 다 좋은 것으로 인정받을 수 없으며, 상황이나 맥락에 따라 달라질 수 있기 때문이다. 즉, 타인이 원하는 것과 상반되는 것임에도 불구하고 자신들의 관점에서 타인의 욕구나 사고를 주관적으로 해석해서 배려라고 인식할 위험이 있다는 것이다(박병기·추병완, 2004; Koehn, 1998). 예를 들면, 음식을 먹기를 원하지 않는 사람에게 자신의 판단에 따라 음식을 주고자 한다면, 음식을 주는 행위 자체는 좋은 행위이지만 배려는 아닌 것이다. 또한 배려윤리적 관점의 인성교육이 비판한 정의윤리와 마찬가지로 지나치게 감정적인 측면만을 강조함으로써 인지적인 측면은 소홀히 했다는 비판이 제기된다(김완순, 2008; 박병춘, 1998). 배타적으로 배려윤리만을 강조한 것은 아니지만 정의윤리보다 배려윤리가 더 우월하다는 입장을 보임으로써 상대적으로 인지적 측면보다 정의적 측면을 강조했기 때문이다.

사회정서학습 관점

01 특징

사회정서학습(Social and emotional learning)은 "학습자들이 감정을 이해하고 관리하며, 긍정적인 목적을 수립하고 성취하며, 타인에 대한 공감을 느끼고 보이며, 긍정적인 관계를 구축하고 유지하며, 책임 있는 의사결정을 하는 데 필요한 지식, 태도, 기술을 효과적으로 습득하고 적용하는 과정"을 의미한다. 무엇보다 사회정서학습은 그동안 인성의 개념이 도덕성 차원에 국한되어 논의되던 것에서 벗어나 사회성과 정서를 포함한 다차원적인 측면에서 인성을 이해하고자 하였다(<표 3-4> 참조).

표 3-4 사회정서학습의 구성요소

구분	특징
자기 인식 (self-awareness)	• 자신의 감정과 생각을 정확하게 인식하고 행동이 미치는 영향에 대해 인식하는 능력 • 자신의 강점과 약점을 정확하게 평가하는 것, 자신감과 긍정적인 사고방식을 지니는 것을 포함
자기 관리 (self-management)	• 다양한 상황에서 자신 감정과 생각, 행동을 효과적으로 조절하는 능력 • 스트레스 관리, 충동 조절, 동기 부여, 개인적, 학업적 목적을 수립하고 행위하는 것을 포함
사회적 인식 (social-awareness)	• 다양한 배경, 문화를 지닌 타인들의 관점을 취하고 공감할 수 있는 능력 • 행동에 대한 사회적, 윤리적 규범을 이해하는 능력 • 가족, 학교, 지역사회에서 제공되는 자원과 지지를 인식하는 능력

구분	특징
대인관계 기술 (relationship skiils)	• 다양한 개인, 집단과 건강한 관계를 구축하고 유지하는 능력 • 명확한 의사소통, 적극적인 경청, 협력, 부당한 사회적 압력에 대한 저항, 건설적인 갈등 조정, 필요로 하는 사람에 대한 도움 제공을 포함
책임 있는 의사결정 (responsible decision-making)	• 윤리적 기준, 안전, 사회적 규범, 다양한 행위의 결과에 대한 현실적인 평가, 자신과 타인의 행복을 바탕으로 개인적인 행동과 사회적 상호작용에 대해 건설적인 선택을 하는 능력

02 장점

　인성교육에 대한 사회정서학습 관점은 무엇보다 기존의 인성교육에서 관심을 기울이지 않았던 사회성과 정서에 주목했다는 데 의의가 있다. 절충적 관점에서도 인성을 인지, 정서, 행동을 포괄하는 통합적인 관점에서 바라보고 있다. 그러나 이 접근이 인성을 도덕성과 같은 맥락에서 파악하고 그것을 구성하는 요소로 인지, 정서, 행동을 포함하는 것으로 보았다면, 사회정서학습 접근은 이것에서 더 나아가 인성의 개념을 도덕성뿐만 아니라 사회성, 정서까지 포함하는 다차원적인 것으로 바라보고 그 외현을 넓혔다는 데 큰 의의가 있다(서경혜 외, 2013). 즉, 사회정서학습은 도덕적 측면에 국한되는 것이 아니라 사회에서 기능하는 데 필요한 다양한 기술과 태도에 초점을 둔다는 것이다(Elias et al., 2008). 특히, 사회정서학습에서 핵심으로 삼고 있는 다섯 가지 역량은 자기 자신에 대한 차원, 타인에 대한 차원, 그리고 사회적 차원으로 볼 수 있어 인성교육에 있어서 다양한 요인들을 고려하고 있음을 알 수 있다.

03 단점

인성교육에 대한 사회정서학습 관점은 사회정서 기술의 습득이 가치를 내면화하여 관련된 행동으로 연결되는가에 대해 의문이 제기된다(손경원·이인재, 2009; Zeidner, Roberts & Matthews, 2002). 사회정서학습의 긍정적인 효과들이 보고되고 있지만, 사회정서 기술과 그것의 실천 간의 관계는 절대적이기보다는 개연적이기 때문이다. 또한 사회정서학습 접근이 정서 지능(자기 인식, 자기 관리), 사회 학습(사회적 인식, 대인관계 기술), 인지 능력(책임있는 의사결정)과 같은 다양한 이론을 배경으로 하고 있다는 점에서 그것이 프로그램으로 설계 및 구현되는 데 있어서는 자의적일 수밖에 없다는 한계를 지닌다(손경원 외, 2010; 손경원·이인재, 2009). 이와 관련하여 손경원과 이인재(2009: 177) 역시 갈등이나 문제의 해결을 강조하는 사회정서학습 프로그램들이 자기 인식이나 관리와 같은 정서 관련 부분은 충분히 고려하지 않음을 지적하였다. 따라서 사회정서학습에서 강조하는 다섯 가지 요인을 균형 있게 발달시키기 위한 인성교육의 모습이 무엇인지에 대해서는 지속적인 고민이 필요하다고 본다. 그리고 사회정서학습과 학업적 성공과의 관계에 대해서도 여전히 이견을 보이고 있다(신현숙, 2011: 190). 즉, 학교의 주요 과업은 학업성취의 향상에 있기 때문에 사회정서학습이 우선이 될 수 없다고 비판을 제기하는 입장과 사회정서학습이 학생들의 긍정적인 행동을 발달시키고 이를 통해 학업성취의 향상에 도움이 된다는 상반된 입장이 존재한다(김수진, 2015).

지금까지 살펴본 바와 같이, 사회정서학습 관점에서는 인성교육에 있어서 도덕적인 것뿐만 아니라 자신의 정서를 이해하고 조절하며, 타인과 긍정적인 관계를 유지해 나가도록 도우며, 다양한 상황을 다루는 데 초점을 둔다. 현재 한국

학생들이 겪고 있는 스트레스와 정서행동의 문제는 많은 우려를 낳고 있다. 사회정서학습은 이러한 문제를 예방하기 위한 다양한 시도를 통합하고 조율하는 개념적 틀이며(Elias et al, 1997; Merrell, 2010), 학교 교육과정의 부속물이 아니라 학교의 교육 목표와 일상 수업활동에 잘 들어맞도록 조직될 필요가 있다(Elias, 2009). 이러한 사회정서학습 관점에서의 인성교육 방법을 소개하면 <표 3-5>와 같이 정리할 수 있다(이인재 외, 2010).

표 3-5 사회정서학습 관점에서의 인성교육 방법

구성요소		활동 목표 및 내용
자기 인식	기본감정이해	• 기본정서를 이해하고 이름과 표현능력 익히기 - 행복/슬픔, 좋은/흥미진진한/지친, 두려운/안전한/놀란, 좋아하다/사랑하다/싫어하다/미워하다
	분노와 분노의 강도이해	• 분노의 표정 및 신체 단서를 지각 • 감정의 강도 및 개인차를 이해하기 • 감정과 행동을 구분하기
	중급감정이해1	• 중급정서를 바르게 이해하기 - 혐오스러운, 기쁜, 좌절한, 실망스러운/희망하는/자랑스러운/부끄러운, 죄책감
	중급감정이해2	• 중급정서를 바르게 이해하기 - 궁금한/지루한, 혼란스러운/걱정하는/확신하는/긴장된/불안한/차분한/침착한, 수줍은/외로운/당황한/창피한
	고급정서이해	• 고급정서를 바르게 이해하기 - 의도(우연히, 고의로), 질투하는/만족스러운, 욕심 많은/이기적인/관대한, 악한/친절한, 소속감/수용된/거부된/소외된, 용서하는
	감정이해 정리	• 다양한 감정을 정리하고, 이야기를 통해 감정을 어떻게 표현하고 행동해야 하는지를 이해하기

	자신의 감정 단서 발견하기	• 감정단서를 발견하여 자신의 감정을 잘 이해하기
		  - 감정단서의 7가지
		  - 감정단서를 활용하여 감정 추론하기

구성요소		활동 목표 및 내용
	자아 효능감	• 나와 타인의 관심, 능력, 장점, 단점을 깨닫고 긍정적 피드백 주고받기 　– 나의 소중한 물건 및 자기소개, 자아 존중감 　– 친구의 장점을 찾고 표현하기
자기 관리	감정 조절 및 관리	• 감정 조절 및 조절 전략 알기 　– 거부방법 및 시기 　– 감정조절의 다양한 전략 공유
	감정 숨기기와 바꾸기	• 감정 숨기기와 바꾸기의 필요성과 방법 알기
	분노통제	• 모든 감정을 가질 수 있지만 감정과 달리 행동은 허용되는 행동과 그렇지 않은 행동이 있음을 구분하기 　– 신호등 전략 　– 화났을 때 해도 되는 행동과 그렇지 않은 행동
	스트레스 인식과 조절	• 스트레스 개념을 이해하고 효율적으로 스트레스를 대처하는 전략 익히기 　– 스트레스란? 스트레스 구분하기 　– 스트레스 대처 전략 익히기
사회 인식	타인의 감정인식과 사회정서적 단서에 민감하기	• 다른 사람의 감정을 이해하는 데 필요한 여러 감정 단서를 발견하고 바르게 감정 정보를 판단하기 • 감정 단서들 간의 불일치를 식별하고 스스로 평가하기
	공감	• 같은 상황에서 사람마다 다른 감정을 가질 수 있다는 점을 인식하고 공감하기
	타인의 감정 인식 및 표현	• 자신의 감정을 알맞게 표현하고 다른 사람의 이야기를 주의 깊게 듣기 　– 메시지 연습하기 　– 적극적 경청하기

구성요소		활동 목표 및 내용
대인 관계 기술	관계 맺기 (친구 사귀기)	• 친구의 의미를 알고 긍정적 상호작용의 기술을 사용하여 친구 사귀기 　– 내가 좋아하는 친구는? 　– 친구 사귀는 방법 및 갈등 시 대처 전략
	주장성 (거절, 도움요청, 표현하기)	• 온건하게 거절하고 도움을 요청하기 　– 수동적/온건하게/공격적으로 말해보기 　– 타블로 기법 활용하기
	의사소통	• 듣기와 말하기 기술을 활용하여 효과적인 의사소통하기
	협상	• 올바른 의사소통 방법을 활용하여 협상하기 　– 갈등상황에서의 대처방법 　– 협상의 단계와 협상준비하기 　– 협상시뮬레이션
책임 있는 의사 결정	문제 및 감정 인식	• 문제해결의 필요성 및 단계의 간략한 개관 　– 문제 확인 및 감정 확인하기
	목표설정하기	• 미래를 생각하고 긍정적 장기 목표와 단기 목표를 세우기 　– 장기와 단기 목표 구분하기 　– 긍정적 목표 세우기
	해결책 도출 및 결과 고려	• 문제해결을 위해 다양한 해결책 고안하기
	결과를 고려하고 최선을 선택하고 시도해 보기	• 결과적 관점에서 해결책을 평가해 보고 구체적인 계획을 세우기 　– 각 해결책에 대한 다양한 결과를 고려해 보기 　– 구체적으로 계획하기
	시도해 보고 결과를 평가하고 다시 시도하기	• 계획을 시도하고 평가한 후, 장애물을 고려하여 다시 시도하기 　– 장애 상황을 알아보기 　– 다시 시도하기
	문제해결 연습하기	• 문제해결 기술 11단계 연습하기 　– 문제해결 계획서 작성하기 　– 실제 적용 후 새로운 계획 세우기

　지금까지 살펴본 바와 같이 인성교육의 주요 관점은 매우 다양하다. 이러한 관점을 정리하면 <표 3-6>과 같이 비교할 수 있다(김수진, 2015).

표 3-6　인성교육의 주요 관점

구분	접근	주요 학자	특징	의의	한계
행동	전통적 관점	Bennett, Bohlin, Kilpatrick, Ryan	• 습관의 형성, 덕목의 함양 강조 • 덕목에 대한 직접적인 가르침	• 덕목의 실천, 행동 강조	• 교화로 흐를 위험 • 덕목의 습득과 행동의 불일치 문제
인지	아동발달적 관점	Berkowitz	• 인성을 옳은 것을 하거나 하지 못하도록 하는 심리적인 특징으로 봄. • 아동발달에 따른 인성 발달 강조	• 인성이 지속적으로 점차 발달해 가는 것임을 강조	• 특정 단계에서의 특정 가치의 발달이 모두에게 적용될 수 있는가에 대한 문제
인지	구성주의적 접근	DeVries, Kohlberg, Piajet,	• 옳고 그름에 대한 판단 능력 강조 • 토론, 규칙 수립, 의사결정, 문제해결, 갈등 해결, 자치 등의 기회 제공	• 인지적 능력 강조 • 학생들의 능동적 참여, 자율성 강조	• 정서적, 행동적 측면의 고려 부족 • 인지 능력과 행동 사이의 직접적인 관계 예측 불가 • 내용에 비해 형식을 지나치게 강조
정서	배려공동체 접근	Battistich, Solomon, Watson	• 배려공동체의 형성을 통한 바람직한 인성(내적 동기, 신뢰, 소속감, 효능감 등) 발달 강조	• 배려, 존중과 같은 감정적 측면 중시 • 배려의 분위기 조성 강조	• 인지적 측면에 관련되는 가치들에 대한 고려 부족 • 배려공동체에서 가르칠 내용이 무엇인가에 대한 관심 소홀
정서	배려윤리 접근	Gilligan, Noddings	• 배려 관계의 발달에 초점 • 학생들의 윤리적 이상 고양 강조	• 배려, 존중과 같은 정의적 측면 중시 • 관계성, 맥락성 강조	• 인지적 측면 소홀 • 타인의 필요에 대해 주관적으로 해석하여 배려를 적용할 위험

구분	접근	주요 학자	특징	의의	한계
인지 정서 행동	절충적 관점	Lickona	• 인지적, 감정적, 행동적 측면을 아우르는 인성의 통합적인 발달 강조	• 인성을 인지, 정서, 행동이 관련된 통합적 관점에서 파악	• 인지, 정서, 행동이 실제적으로 구분되는 것처럼 오해될 위험 • 여전히 특정 덕목들에 대한 가르침을 강조
	사회 정서 학습 접근	Elias, Weissberg, Zins	• 인성을 도덕성, 사회성, 정서를 포함하는 다차원적인 것으로 봄. • 자기 자신, 타인, 사회적 차원의 다양한 요인 고려	• 도덕성, 사회성, 정서를 포함하는 것으로서 인성의 개념 확대	• 사회정서 기술의 습득이 행동으로 연결되는가의 문제 • 사회정서학습과 학업적 성공과의 관계에 대한 논쟁

제 **4** 부

인성교육 발달 이론 및 단계

CHAPTER

01

인성교육 발달 이론

01 정서지능이론

정서란 특정한 내적, 외적 변인에 대해서 경험적, 생리적, 행동적으로 반응하려는, 유전적으로 결정되거나 습득된 동기적 경향이다. 정동(affect)은 객관적으로 외부에서 볼 때 관찰되는 감정을 말하며, 기분(mood)은 주관적으로 느껴지는 감정을 말한다. 정서(emotion)란 사전적 의미는 이러한 감정을 전반적으로 일컫는 말로 비교적 학술적인 용어이고 느낌(feeling)은 감정에 대해 일상대화에서 쓰는 말로 전문용어의 느낌이 덜한 말이다. 정서의 종류에 대한 이론은 보편적인 몇 가지 유형의 기본정서로 구성되어 있다는 비연속 정서 이론과 [그림 4-1]과 같이 몇 가지 차원에 의해서 구체적인 정서의 종류로 분류할 수 있다는 차원론이 있다. 정서를 연구하기 위한 접근을 보면 인간의 정서 표현양식을 알 수 있다.

그림 4-1	정서의 차원모델

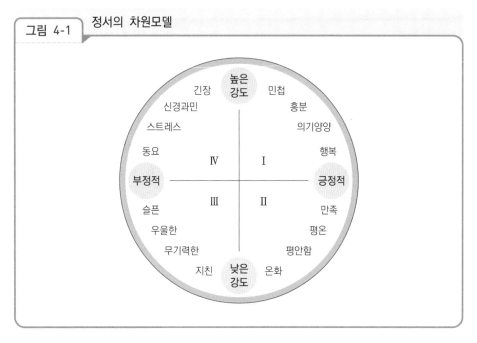

출처: Mayne. T. J. & Ramsey. J.(2001), The structure of emotion. In. T. J. Mayne & G. A. Bonanno(Eds.), Emotions, New York: the Guilford Press.

특히, [그림 4-2]에서 윗부분은 정서와 지능의 상호작용을 나타내는 것으로 이 단계에서는 정서의 지능적인 사용이 나타나기도 하고 때로는 정서에 의해 지능이 촉진되거나 제한되기도 한다.

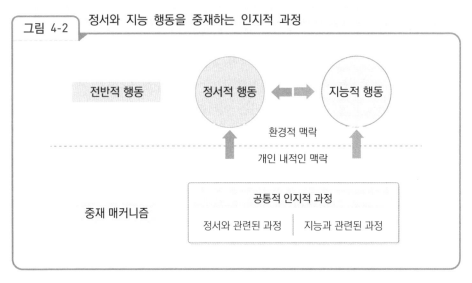

그림 4-2 　정서와 지능 행동을 중재하는 인지적 과정

출처: Averill. J. R(2000). intelligence, emotion creativity. In r. Ba-On, & J, D.A.Parker(Eds). The hanbook of emotional intelligence: implications deucators. San francisco: Jossey-Bass.

한편, 정서지능(Emotional Intelligence)이란 자신과 타인의 정서를 모니터하고 정서들을 구별하며 한 사람의 사고와 행위를 이끌어 내기 위하여 정서를 활용하는 능력이라고 할 수 있다(Salovey, Mayer, 1990). 정서지능을 발표했던 PeterSalovey 박사와 Mayer 박사는 정서지능의 영역의 변천 과정을 <표 4-1>과 같이 도식화하였다. 1997년에 발표한 정서지능의 4개 영역과 영역별 수준을 소개하면 <표 4-2>, <표 4-3>과 같이 정리할 수 있다.

표 4-1 정서지능의 변천 과정

1990년 초반 Mayer와 Salovey의 정서지능의 3가지 영역		1995년 Goleman의 정서지능 5가지 영역으로 재구조화			1997년 Mayer와 Salovey의 정서지능의 4가지 영역		
1 자신의 감정에 대한 이해 능력	자신의 마음과 다른 사람의 마음을 인식하고 이해하는 능력		자기 감정 인식	매순간 자신에게 일어나는 느낌, 감정을 알아차리는 능력		정서의 지각, 평가, 표현	자신의 신체 상태나 느낌 사고에 대한 정서를 규명할 수 있는 능력
2 다른 사람에 대한 감정 이입 능력	자신의 감정을 잘 다스려 표현하고 다른 사람의 정서를 효과적으로 조절하는 능력		자기 감정 관련	자신의 감정을 정확히 인식하고 그 감정이 타인에게 끼칠 영향을 고려하며 자신이 속한 사회가 기대하는 정서 상태로 조절하는 능력		정서를 통한 사고의 촉진	중요한 정보에 우선적으로 주의를 집중함으로써 사고를 촉진시키는 능력
3 스스로의 감정을 조절할 수 있는 능력	자신의 삶을 계획하고 성취하기 위해 정서를 이용하는 능력	3	자기 동기화	어려움을 참아내고 자신의 성취를 위해 노력할 수 있는 능력	3	정서의 이해와 분석	정서를 명명하고 정서를 명명하는 단어와 정서들과의 관계를 인식할 수 있는 능력
		4	감정 이입	다른 사람의 정서를 공유하며 타인이 느끼는 것을 공감하고 이해하는 능력	4	정서적, 지적 성장을 위한 정서의 반영적 조절	자신이나 타인과 관련된 정서를 반영적으로 모니터할 수 있는 능력
		5	대인 관계 기술	다른 사람과 어울려 더불어 지내는 데 필요한 기술			

표 4-2 　 정서지능의 영역

정서의 지각, 평가, 표현			
자신의 신체상태, 느낌이나 사고에 따라 정서를 규명할 수 있는 능력	타인이나 예술품 등에서 언어나 소리, 몸짓, 행동으로 드러나는 정서를 규명할 수 있는 능력	정서나 이와 관련된 욕구를 정확하게 표현할 수 있는 능력	정확한 것과 부정확한 것, 정직한 것과 그렇지 못한 정서표현을 구분할 수 있는 능력

정서를 통한 사고의 촉진			
중요한 정보에 우선적으로 주의를 집중함으로써 사고를 촉진시키는 능력	느낌과 관련된 판단이나 기억을 돕기 위해 정서를 생성할 수 있는 능력	정서적 상태에 따른 관점의 치이를 수용하고 다양한 관점을 고려할 수 있는 능력	문제해결이나 창의성을 촉진시키기 위해 정서를 활용하는 능력

정서의 이해와 분석			
정서를 명명하고, 정서를 명명하는 단어와 정서들과의 관계를 인식할 수 있는 능력	슬픔이 상실감을 동반하는 것과 같이 인과관계에 따라 정서의 의미를 해석할 수 있는 능력	'애 애'와 '증 증'이라는 동시적 느낌이나 공포와 놀람이 연합된 경외감과 같은 복합적인 느낌을 이해할 수 있는 능력	분노에서 만족감으로 혹은 수치심으로와 같은 정서들 간의 전환을 인식할 수 있는 능력

정서적, 지적 성장을 위한 정서의 반영적 조절			
유쾌하거나 불쾌한 느낌들에 대해 개방성을 유지할 수 있는 능력	정보제공 가능성이나 유용성에 따라 정서에 개입하거나 초연할 수 있는 능력	자신이나 타인과 관련된 정서를 반영적으로 모니터할 수 있는 능력	부정적 정서는 완화시키고 긍정적 정서는 강화함으로써 자신과 타인의 정서를 관리할 수 있는 능력

| 표 4-3 | 정서지능의 영역별 수준 |

영역	요소[수준]
영역Ⅰ. 정서의 인식 표현 perception, appraisal, and expression of emotion	[수준1] 자기정서를 파악할 수 있는 능력 [수준2] 타인의 정서를 파악할 수 있는 능력 [수준3] 자신의 정서를 정확하게 나타내는 능력 [수준4] 표현된 정서를 구별하는 능력
영역Ⅱ. 정서의 사고 촉진 emotional facilitation of thinking	[수준1] 정서정보를 이용하여 사고의 우선순위 정하는 　　　 능력 [수준2] 정서정보를 이용하여 판단 기억하는 능력 [수준3] 정서정보를 활용하여 다양한 관점을 취하는 능력 [수준4] 정서정보를 활용하여 문제해결을 촉진하는 능력
영역Ⅲ. 정서 지식의 활용 understanding and analyzing emotions; emoploying emotional knowledge	[수준1] 정서 간의 관계, 이해를 명명하는 능력 [수준2] 정서 속에 담긴 의미를 해석할 수 있는 능력 [수준3] 복잡하고 복합적인 감정을 이해하는 능력 [수준4] 정서들 간의 전환을 이해하는 능력
영역Ⅳ. 정서의 반영적 조절 reflective regulation of emotions to promote emotional and intellectual growth	[수준1] 정적·부적 정서를 인정하고 받아들이는 능력 [수준2] 자기정서를 반영적으로 바라볼 수 있는 능력 [수준3] 자신과 타인의 관계에서 정서를 반영적으로 들 　　　 여다보는 능력 [수준4] 자신과 타인의 관계에서 정서를 조절하는 능력

02 Piaget의 도덕성발달이론

Piaget의 인지 발달 단계는 감각운동기, 전조작기, 구체적 조작기, 형식적 조작기 등 <표 4-4>과 같이 요약할 수 있다.

표 4-4 Piaget 인지 발달 단계의 특징

단계	특징
감각운동기 (0-2세)	• 감각이나 운동을 통한 주변 세계 탐색 및 이해(감각 · 운동적 행동) • 대상영속성 개념 획득(10개월 이후) • 모방능력 발달 • 생득적 반사행동으로부터 목표지향적 사고로의 이동
전조작기 (2-7세)	• 급속한 언어 발달 • 상징적 형태로의 사고 능력, 개념획득 능력 발달 • 직관적 사고, 비논리적 사고, 물활론적 사고 • 자기중심성, 중심화 • 꿈의 실재론, 도덕적 실재론
구체적 조작기 (7-11세)	• 논리적 조작 가능 • 가역적 사고, 보존개념 획득 • 탈자기중심성, 탈중심화 • 분류, 서열화, 부분과 전체의 개념 발달
형식적 조작기 (11세 이후)	• 가설-연역적 사고, 조합적 사고, 추상적 사고 • 사회인식능력 발달

특히, 피아제는 아동들의 도덕 판단에 관한 일련의 연구를 타율적 도덕성과 자율적 도덕성으로 구분하며, 전자로부터 후자로 발전해 간다고 보았다. 피아제

도덕발달이론에서 두 가지 유형, 타율적 도덕성과 자율적 도덕성을 살펴보면 다음과 같다.

먼저, 타율적 도덕성(moral realism, heteronomous morality)을 보면 6-10세경 사이의 아동들이 강제적 도덕성 내지는 타율적 도덕성 단계로 들어감에 따라 규칙에 대한 강한 존중감을 갖게 된다. 타율적 도덕성은 타율성과 일방적 존중의 개념으로 특징지어지며, 여러 가지 미성숙한 도덕 개념과 관련된다. 도덕적 실재주의, 객관적 책임, 내재적 정의 개념 등이 그 결과이다. 우선 도덕적 실재주의(moral realism)는 어린 아동의 사고에 있어 기본적인 특징이다. 도덕적 실재주의란 도덕 의무를 자신에 대한 외적인 그 무엇으로 상황에 관계없이, 복종해야 하는 것으로 간주하는 경향이다. 그러므로 실재주의는 심리적이고 내재적인 것과 물리적이고 외적인 것, 즉 주체와 객체를 구별할 수 없는 자기중심성(egocentrism)을 드러낸다. 도덕적 실재주의에서 파생된 내재적 정의(immanent justice)란 도덕 규칙이 자연의 힘 안에 내재되어 있어서, 어른들이 나쁜 행동을 알아차리지 못해도 물리 세계가 자동적으로 벌을 줄 것이라는 믿음이다. 대다수의 아이들은 그들의 부모가 그들에게 "그것 보라니까" "넌 곧 벌을 받을 거야" "하나님이 그렇게 하신거야"라고 말해왔기 때문에, 넘어지거나 다치는 것은 벌을 받아서 그렇게 된 것으로 생각한다. 이렇게 해서 아이들은 자연현상에 신이 벌을 주는 것과 같은 힘이 존재한다고 생각한다. 주관적 의도가 아닌 객관적 결과가 도덕책임의 정도를 결정한다.

다음으로 자율적 도덕성(morality of cooperation, autonomous morality)을 보면 10-11세경의 대부분의 아동들이 협동적 도덕성 내지는 자율적 도덕성 단계에 도달한다. 이때에 아이들은 사회적 규칙들이 도전을 받을 수 있거나 사람들의 동의의 의해 변경될 수 있는 자의적 합의 사항(arbitrary agreements)임을 알게 된다. 따라서 환자의 사활이 걸린 응급 사태 때에 과속을 하는 운전자가 설사 교통법규를 어겼다고 할지라도 더 이상 그를 범죄자라고 생각하지 않는다. 이제 옳음과 그름의 판단은 행위 자체의 객관적 결과보다는 행위자의 의도에 비추어서 결정된다. 즉, 규칙은 상호 협의에 의해서 고칠 수도 있다고 생각하며, 결과보다는 의도를 고려하여 도덕 판단을 하는 주관적 책임의 특성을 나타낸다. 또한 내재적 정의 개념에서 벗어나 처벌에 대한 객관적인 관점을 갖게 된다. 피아제는 성인과 아동 간에 자연적으로 형성된 일방적 존중 및 구속으로부터 아동들을 자유롭게 하는 것으로서 자율성, 상호 존중, 그리고 협력을 강조했다. 아동들은 인지발달과 함께 규칙에서의 이해가 변화함에 따라 역할 채택능력에도 변화가 생긴다. 타인들의 관점에 대한 의식이 증가함에 따라 아동들의 자기중심주의는 차츰 감소하게 된다. 이제 아동들은 토론과 협력의 어떤 규칙들에 동의하고 호혜성에 근거하여 동료들과 협력하게 된다. 협력은 결국 외재적인 동기에 의한 의무를 대체하면서 새로운 도덕성을 이끈다. 순종은 호혜성과 상호 존중에 의해 대체된다.

지금까지 살펴본 Piaget의 도덕성 발달 단계의 특징을 정리하면 <표 4-5>와 같이 요약할 수 있다.

표 4-5) Piaget의 도덕성 발달 단계

구분	발달 단계	특징	인지 발달 단계
타율적 도덕성	1단계 자기중심적 단계	• 도덕적 면에서 남과 자기를 분간하지 못하고 전적으로 이기적 욕망이나 신체적 관습에 의해 행동하며 협동심이 결여되어 있음 • 자신의 입장과 타인의 입장을 구별하지 못하고 모든 것을 자기중심적으로 처리함 • 자기 욕망의 충족이라는 관점에서 도덕 판단의 준거를 세우고 도덕 규칙의 복종과 불복종 결정	감각운동기 (0~2세)
	2단계 권위주의적 단계	• 도덕 판단이 권위에 전적으로 복종하는 관점에서 이루어짐 • 사회적 관계를 권위적 존재에 대한 존경과 복종의 관계로 인식 • 권위를 지닌 도덕규칙이나 규제를 보존하고 그것에 따르는 행위는 옳은 것이고, 그 반대되는 행동은 그른 것으로 판단	전조작기 (2~7세)

구분	발달 단계		특징	인지 발달 단계
자율적 도덕성	3단계	상호 협동의 단계	• 자율 중심으로 이행하고 다른 사람을 존중하는 태도를 가지며 도덕적인 권리와 의무를 동등한 위치에서 생각 • 사회의 안전과 조화로운 삶을 위해 도덕규칙이 창조된 것이므로 존중해야 한다는 것을 인식함	구체적 조작기 (7~11세)
	4단계	사회적 가치 지향의 단계	• 이타성과 사회애를 중심으로 인간 사이의 진정한 평등의 추구라는 관점에서 도덕적 판단을 함 • 획일적 평등성을 맹목적으로 추구하지 않고 상황을 참작하는 진정한 이타심을 가지고 도덕적 판단을 함	형식적 조작기 (11~15세)

03 Vygotsky의 인지발달이론

아동 스스로 인지구조를 발달시킨다고 주장한 Piaget의 인지발달이론과는 달리, Vygotsky의 인지발달이론은 아동 자신보다 성숙한 사회 구성원과의 상호작용을 하는 가운데 자신의 문화에 적합한 인지과정이 전이되는 것이기 때문에 개인 간의 상호작용에 필수적인 언어습득이 인지발달에 가장 중요하다(강갑원 외, 2006).

또한, Vygotsky의 언어발달과정은 비지적 언어기능이 출현하는 원시적 또는 자연적 단계, 문법의 구조를 깨닫지 못한 언어 상태인 순수심리 단계, 혼잣말을 많이 사용하는 자기중심적 언어 단계, 언어가 사고로 내면화되고 사고능력이 증가하는 내적 성장 단계로 설명하고 있고 Vygotsky의 사고 발달 단계는 자신의 지각에 우연히 연결되는 바에 따라 사물을 조직화하고 명칭을 정하는 비조직적 더미에서의 사고 단계, 사물을 단순히 자신의 주관적 인상과 사물들 사이에 존재하는 관계에 의해 관련짓고 구체적 맥락 속에 있는 배열된 요소들 간의 연결에 기초하는 복합적 사고 단계, 사물을 종합하는 능력과 분석하는 능력을 갖추게 되고 추상화가 가능한 개념적 사고 단계로 구분할 수 있다(한상길 외, 2007). 지금까지 살펴본 Vygotsky의 언어발달과 사고발달의 관계를 종합적으로 [그림 4-3]과 같이 도식화할 수 있다.

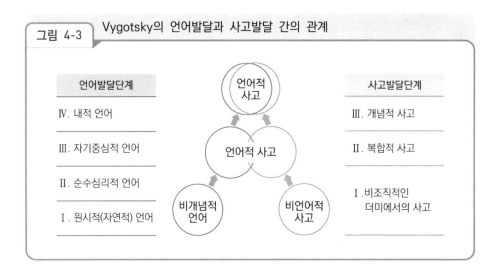

| 그림 4-3 | Vygotsky의 언어발달과 사고발달 간의 관계 |

언어발달단계

Ⅳ. 내적 언어

Ⅲ. 자기중심적 언어

Ⅱ. 순수심리적 언어

Ⅰ. 원시적(자연적) 언어

언어적 사고

언어적 사고

비개념적 언어

비언어적 사고

사고발달단계

Ⅲ. 개념적 사고

Ⅱ. 복합적 사고

Ⅰ. 비조직적인 더미에서의 사고

특히, Vygotsky의 인지발달이론에서 핵심적인 개념인 근접발달영역(Zone of Proximal Development)은 혼자서 독립적으로 문제를 해결할 수 있는 실제 발달 수준과 성인이나 보다 유능한 또래의 도움을 받아 문제를 해결할 수 있는 좀 더 높은 수준의 잠재적 발달 수준 간의 거리를 의미한다(한상길 외, 2007). 근접발달 영역에서 현재의 아동발달 수준보다 조금 더 높은 수준의 내용을 가르치기 위한 성인의 적극적인 도움 즉, 비계 설정은 아동의 인지발달에 매우 중요한 역할을 한다(강갑원 외, 2006).

04 Freud의 성격발달이론

　　Freud는 인간의 정신세계를 주의를 기울이는 순간 바로 자각할 수 있는 의식과 현재 익식되고 있지 않지만 주의를 집중하고 노력하면 의식으로 회상될 수 있는 전의식, 의식 밖에 위치하여 자신이 전혀 자각하지 못하는 무의식으로 구분하고 성격발달이 주로 성적 욕구에 의해 동기화된다고 주장하였다(<표 4-6> 참조).

표 4-6　Freud의 성격 발달 단계의 특징

단계	특징
구강기 (0-1세)	• 리비도: 구강 • 빨기, 마시기, 물어뜯기, 씹기 등과 같은 구강 만족
항문기 (2~3세)	• 리비도: 항문 • 부모의 배변훈련
남근기 (3-5세)	• 리비도: 성기 • 성격발달에 매우 중요한 시기 • 오이디푸스 콤플렉스(남아), 엘렉트라 콤플렉스(여아)
잠복기 (6~11세)	• 성적 욕구가 잠재되어 성적으로 비교적 평안한 시기 • 초자아 형성과 자아 성숙으로 본능적 충동 통제
생식기 (11세이후)	• 사춘기 생리적 변화, 성 기능 성숙 등 성적 충동 왕성 • 이성으로부터 성적 만족 추구

05 Erikson의 사회심리발달이론

Erikson은 신체의 여러 부분들이 태아 속에서 상호 관련되어 발달하듯이 인성도 상호 관련된 단계를 통해 자아가 발전한다고 주장하여 사회심리 발달 단계를 <표 4-7>과 같이 제시하였다(한은숙·김종두, 2008).

표 4-7) Erikson의 사회심리 발달 단계의 특징

단계	특징
기본적 신뢰감 대 불신감 (0~1세)	• 신체적, 심리적 욕구 충족 • 일관성 있는 양육태도, 보호, 애정 관심
자율성 대 회의감 (2~3세)	• 대소변 통제, 걷기, 언어 발달 • 자율적 행동을 격려, 적절한 도움
주도성 대 죄책감 (4~5세)	• 목표지향적 행동, 도덕의식 발달 • 주도성을 발휘할 기회와 자유 제공, 칭찬 및 격려
근면성 대 열등감 (6~11세)	• 인지적, 사회적 기술 습득 • 성공 경험, 긍정적 기대, 성취 기회의 제공과 격려, 인정
자아정체감 대 자아정체혼돈 (12~18세)	• 자아정체감 확립 • 정서적 안정과 바람직한 역할 모델 및 정보 제공
친밀성 대 고립감 (19~35세)	• 원만한 인간관계 및 공유된 정체감 형성 • 자신과 타인에 대한 이해, 타인과 친밀한 관계
생산성 대 침체성 (36~50세)	• 자녀 양육, 후세대 양성 • 직업적, 학문적, 예술적 성취, 사회 봉사
통합성 대 절망감 (50세이후)	• 인생 음미 • 자기 완성을 위한 노력 및 성취

표 4-8 에릭슨의 성격 발달 단계

구분		도덕성 발달 특징
기본적 신뢰감 대 불신감	출생 후 1년	• 유아가 출생하여 약 1년간 그가 획득해야 하는 기본적인 심리사회적인 성향은 유아가 그 주변세계를 신뢰할 수 있어야 함 • 신뢰감이란 부모가 유아의 기본적 욕구를 충족시켜 줄 때 '그 경험의 일관성, 계속성, 불변성'에 의해 생겨남. '어머니와의 관계의 질'이 음식이나 애정 표시의 '절대량'보다 더 중요함 • 만일 유아의 욕구가 충족되고, 부모의 진정한 애정을 감지하면 유아는 그들의 주변 환경을 안전하고 의지할 수 있는 것으로 생각하게 될 것이며, 그 반대로 만일 보호가 부적절하고, 일관성이 없고, 부정직이라면, 그는 주변 환경을 두려움과 불신으로 대함
자율성 대 수치 및 의심	2~3세	• 아동이 자기 부모를 신뢰하는 것을 학습하게 되면, 2~3세의 기간 동안 그들은 독립성을 갖추어야 함 • 만일 부모가 분별력 있는 감독을 하면서 아동에게 그가 할 수 있는 것을 그 나름대로의 속도와 방법으로 행동하도록 격려한다면 그는 자율성을 발달시킬 것임 • 만일 부모가 아동을 위해 너무 많은 것을 해준다면, 아동은 환경에 대처할 수 있는 그 자신의 능력을 의심하게 됨
주도성 대 죄책감	4~5세	• 많은 신체적인 활동을 할 수 있는 능력과 언어구사능력이 생기는 4~5세 때 아동은 주도성의 단계로 들어감 • 아동에게 탐구하고 실험할 수 있는 자유를 부여해 준다면, 주도성이 북돋아질 것임 • 아동의 활동을 제한하고, 아동의 반응에 일관성이 없고 귀찮아한다든가 하면, 아동들은 그들 자신의 행동에 대해 죄책감을 느끼게 됨
근면성 대 열등감	6~11세	• 6~11세의 기간 동안 초등학교에 입학하게 되면, 지적인 호기심과 그 지적 성취가 그의 행동의 핵심이 됨 • 아동에게 무엇을 만들고 일을 하도록 격려하고, 어떤 일을 끝낼 수 있도록 허락하고, 노력을 칭찬한다면 근면성을 갖게 됨 • 아동이 한 노력이 성공의 평가를 받지 못하거나 귀찮은 것으로 취급되거나 또는 비웃음을 당한다면 열등감을 갖게 됨
자아정체감 대 역할혼미	12~18세	• 부모로부터 정서적으로 독립을 하게 되고 신체적으로 성숙기에 이르게 되어, 그는 자기 자신의 정체에 관심을 가지게 됨 • 서로 다른 상황에서의 역할을 통합하여 자기 자신의 지각에 있어서 계속성을 경험하는 데 성공을 한다면, 정체감이 발달하지만, 그들이

구분		도덕성 발달 특징
		그들 생활의 다양한 국면에서 안정감을 확립할 수 없다면, 역할혼미가 나타남
친밀감 대 독립감	성인 초기	• 자아정체감의 갈등을 성공적으로 해결하고 난 성인 초기의 청년은 친밀감을 찾음 • 갈등은 자신의 영토에 침입하는 것을 경계하고 경쟁적이고 투쟁적인 관계를 경험하는 것으로 이러한 경험이 자신을 독립시킬 위험부담을 갖게 함
생산성 대 침체감	성인, 장년기	• 생산성은 '주로 다음 세대의 확립과 인도에의 관심'이지만 생산하는 것과 창조하는 것도 포함 • 생산성은 자녀들을 그들 나름대로 성숙하도록 지도하고자 하는 성숙한 성인의 심리적 욕구 • 생산성이 발달하지 않으면 강박적 욕구로의 퇴행이 떨쳐버릴 수 없는 침체감과 개인적 결손감을 수반하여 일어남
자아통합 대 절망	노년기	• 자아통합은 자기 자신의 인생을 회고하고 그 인생을 후회 없이 살았다는 만족감에 젖어드는 상태 • 자아통합의 성취에 실패한 사람은 인생을 헛되이 보냈으며 그 인생을 구원하기는 이미 늦었다는 절망에 빠지는 사람

06 Kohlberg의 도덕성발달이론

Kohlberg는 도덕성 발달 단계를 인습을 기준으로 3수준, 6단계로 분류하였다(<표 4-9> 참조).

표 4-9 Kohlberg의 도덕성 발달 단계의 특징

수준	단계	특징
전인습 수준 (전 도덕성)	벌회피 · 복종지향 (3~7세)	• 행위의 옳고 그름을 벌이나 보상과 같은 물리적 결과를 가지고 판단 • 진정한 의미의 규칙, 도덕성에 대한 개념 없음
	욕구충족을 위한 도구적 상대주의 (8~11세)	• 자신의 욕구 충족이 도덕적 판단의 기준 • 자기중심적, 실리적 도덕성
인습 수준 (타율적 도덕성)	대인관계조화 · 착한아이 지향 (12~17세)	• 타인의 관점, 행위의 의도를 고려한 옳고 그름 판단 • 대인관계와 타인의 승인 중시 • 사회적 규제 수용
	법과 질서 준수 지향 (18~25세)	• 법, 규칙, 사회 질서 중시 • 사회복지, 개인의 의무와 책임의 중요성 인식 • 도덕적 관습의 이해
후인습 수준 (자율적 도덕성)	사회계약 지향 (25세 이상)	• 사회질서 유지를 위해 법과 규칙 중시 • 자유, 정의, 행복추구 등의 제도적 가치가 법보다 상위에 있음을 인식
	보편적 도덕원리 지향	• 자신이 스스로 선택한 도덕원리, 양심의 결단에 따른 행위가 올바른 행위 • 인간은 수단이 아닌 목적, 사회정의, 진실, 보편적 원리에 의해 존중

07 Lickona의 도덕성발달이론

Lickona는 도덕성 발달 단계는 콜버그가 제시한 3수준 6단계 중에서 6단계에 이르는 사람이 거의 없다는 것이 밝혀지자, 6단계를 생략하고 대신에 0단계를 추가하여 0-5단계의 도덕성발달이론으로 정리하였다(<표 4-10> 참조).

표 4-10   Lickona의 도덕성 발달 단계의 특징

구분	단계	특징
자기중심적 추론 (0단계)	4세 정도의 학령전 나이	• 옳은 기준: 나는 반드시 나 좋은 대로 한다. • 선을 해야 할 이유: 상을 받고 벌을 피하기 위해서
무조건적 복종 (1단계)	유치원	• 옳은 기준: 나는 하라는 대로 해야 한다. • 선을 해야 할 이유: 괴로움을 당하지 않기 위해서
이기적 공정성 (2단계)	초등학교 저학년	• 옳은 기준: 나는 나의 이익을 챙겨야 하지만, 나에게 공정하게 대하는 사람에게는 공정하게 대해야 한다. • 선을 해야 할 이유: 나에게 유리한 것이 무엇이냐?(이기적 자세)
사람들 상호 간의 일치(3단계)	초등학교 중/고학년 및 10대 초기/중기	• 옳은 기준: 나는 근사한 사람이 되어야 하고 내가 알고 나에게 관심을 가진 사람의 기대에 부응해야 한다. • 선을 해야 할 이유: 다른 사람이 나를 알아 주어야 하고 (사회적 인정) 나 자신도 나를 좋게 생각해야 한다(자기존중)
사회체제에 대한 책임(4단계)	고등학생 및 10대 말기	• 옳은 기준: 나는 사회의 가치체계에 맞게 책임을 다해야 한다. • 선을 해야 할 이유: 체제의 붕괴를 막아야 하고 자기 존중도 유지하기 위해서

구분	단계	특징
원리적 양심 (5단계)	젊은 성인	• 옳은 기준: 나는 나는 모든 개인의 권리와 권위를 최대한 존중해야 하고 인권을 보호하는 체제를 지지해야 한다. • 선을 해야 할 이유: 모든 인간에 대한 존중의 원리에 맞추어 행동해야 할 양심의 의무

출처: Lickona, 정세구(역). 자녀와 학생들을 올바르게 기르기 위한 도덕교육. 교육과학사, 1994.

08 Maslow의 욕구위계이론

Maslow에 의하면, 인간은 내적 욕구를 갖고 태어나며 이 욕구를 만족시키기 위해 노력한다고 보았으며, 이러한 욕구는 단순한 생물학적 만족이나 긴장의 감소에 그치는 것이 아닌 자아실현의 추구라는 것이다(김진호 외, 2002).

특히, Maslow는 인간의 욕구를 강도와 중요성에 따라 생리적 욕구, 안전의 욕구, 소속 및 애정의 욕구, 존경의 욕구, 자아실현의 욕구 등 <표 4-11>과 같이 구분하였다.

표 4-11 Maslow의 욕구위계이론

구분	욕구의 유형	
고등욕구 (성장의 욕구)	심미적 욕구	
	앎의 욕구	
	자아실현의 욕구	
기본욕구 (결핍의 욕구)	존경의 욕구	사회적 욕구
	소속 및 애정의 욕구	
	안전의 욕구	생존적 욕구
	생리적 욕구	

한편, 자아실현은 자아의 내면적 핵심을 수용하여 표현하는 것, 즉 잠재적 능력 및 가능성을 실현하는 것을 의미하는 것으로서 개인의 본성이 가지고 있는 가능성을 충분히 발휘하는 것을 의미하고, 정신, 신경증, 정신병 또는 기본적인

인간 능력의 상실 또는 감퇴 등이 가장 적게 존재해 있는 상태를 말한다(김진호 외, 2002). <표 4-11> 중에서 생리적 욕구, 안전의 욕구, 소속 및 애정의 욕구, 존경의 욕구, 자아실현의 욕구 등 Maslow가 제시한 욕구의 유형 및 특징을 살펴보면, <표 4-12>와 같이 요약할 수 있다.

표 4-12) Maslow의 욕구위계이론의 유형 및 특징

유형	특징
자아실현의 욕구	• 개인의 전체적, 인격적 욕구 • 인가 최대의 욕구 • 직업에서 만족과 행복감을 추구하는 욕구 • 자아실현의 욕구가 충족된 사람은 사회적으로 건강한 사람이 됨
존경의 욕구	• 자존심의 욕구 • 자기의 행위나 인격이 남으로부터 승인을 받고 칭찬과 존경받기를 원하는 욕구 • 존경의 욕구가 충족되면 자신감, 명성, 힘, 통제 등의 감정이 생기지만, 충족되지 못하면 열등감, 무력감, 허탈감에 빠지기 쉬움
소속 및 애정의 욕구	• 사회적 욕구 • 집단에 소속되고자 하며 사랑, 우정, 애정 등을 얻고 싶어하는 욕망 • 사회구성원으로서 역할 수행
안전의 욕구	• 신체적, 정신적 위험에 대한 공포나 기존의 생존 욕구의 위험에서 벗어나 안정을 찾으려는 욕구 • 자기 보존을 위해 건강과 안전 추구
생리적 욕구	• 식욕, 성욕, 휴식, 수면, 갈증, 배설, 공기 • 의식주 추구의 기본 욕구 • 인간의 본능적 욕구, 인간의 필수적 욕구 • 생리적 욕구가 충족되어야 다음 단계의 욕구에 관심을 갖게 됨

지금까지 살펴본 도덕성 발달의 시기적 특성과 이에 따른 도덕교육의 과제를 요약하여 정리하면 아래에 제시된 <표 4-13>과 같다(유병열 외, 2012).

표 4-13   도덕성발달이론의 비교 및 분석

		초등 3~6학년		중등 7~10학년			
		초등 3~4	초등 5~6	7학년	8학년	9학년	10학년
콜버그	도덕성 발달 단계	2단계	3단계 등장	4단계 등장			5단계 등장
	도덕 교육의 중점	미성숙한 도덕 판단의 수준(1~3단계)에 해당하는 초등학생들에게는 타인의 처지와 관점을 읽고, 이해하며, 관심을 가져주는 역할 채택 훈련을 강화하여 개인과 사회의 이득을 균형적으로 바라볼 줄 아는 4단계로 올릴 수 있는 교육적 노력이 요구		4단계로 진입할 가능성을 지닌 중학교 시기에는 '개인과 사회의 이득을 균형 있게 고려할 줄 아는 능력'과 더불어 나의 행동이 남에게 어떤 파급효과를 가져다줄지를 헤아려 보는 '추론 능력과 감성적 예민성'을 길러줌으로써 4단계 수준으로 확실히 올리면서 5단계로 도덕 판단의 수준을 성숙시킬 수 있는 계기를 마련해야 한다.			
레스트	도덕 판단력 발달			4단계 〉 3단계 〉 5단계			4단계 〉 5단계 〉 3단계
	도덕 교육의 중점			중학교에서는 4단계 지향, 고등학교 시기부터는 5 & 6단계 지향			
문용린	도덕 판단력 발달			3단계 〉 5A단계 〉 4단계			3단계≥5A단계 〉 4단계
	도덕 교육의 중점			중학교에서는 4단계 지향, 10학년부터는 4단계 수준으로 확실히 올리면서 5단계로 도덕 판단의 수준을 성숙시킬 수 있는 계기 마련			

		초등 3~6학년		중등 7~10학년			
		초등 3~4	초등 5~6	7학년	8학년	9학년	10학년
김안중	도덕 판단력 발달	대부분 인습 이전	인습 이전 수준과 인습 수준의 중간		인습 수준이 다수	인습 수준. 인습 이후 수준 등장	
	도덕 교육의 중점	인습 수준 지향 (3단계)			인습수준 지향(4단계)	인습 이후 수준 지향	
버코 위츠	인격 발달의 특성	자아통제, 죄의식, 역할 채택 능력 발달		도덕적 추론의 발달과 도덕적 정체성의 형성			
	도덕 교육의 중점	도덕적 민감성의 형성 및 촉진		도덕 판단력의 향상 및 도덕적 정체성 형성을 돕기 위한 기회 제공			
데이먼 & 블라지	도덕 발달의 특성			도덕적 자아(moral self) 혹은 도덕적 정체성 (moral identity)의 형성			
	도덕 교육의 중점			도덕적 토론 및 공동체적 체험을 통해 학생들의 도덕적 정체성 형성을 돕기 위한 기회 제공			
호프만	공감적 발달의 특성	타인의 감정에 대한 공감		타인의 삶의 조건에 대한 공감 · 타인의 삶의 조건에 대한 복잡한 추론			
	도덕 교육의 중점	공감 및 역할 채택 훈련을 통한 타인 이해 및 친사회적 행동 촉진		공감적 정서와 도덕적 원리의 결합			
리코나	도덕적 추론 발달의 특성	사람들 상호간의 일치					체제에 대한 책임
	도덕 교육의 중점	자기 및 타인 존중의 구현					사회의 가치체제에 맞게 책임을 다하는 교육

청소년기의 인성 발달

01 청소년기 인성 발달 특징

가. 자아정체성 형성 시기

Erikson(1968)에 의하면, 청소년기는 정체성 위기(identity crisis)의 시기로서, "정체성 위기"를 개인이 아동기에서 성인기로의 전환과정에서 조직화된 자아감을 생성하는 과정에 있어 위험과 기회의 측면이 있다는 것으로 접근하였다. 즉, 청소년들이 발달하는 과정의 중요 시기마다 성공과 실패의 양면이 있어 이 시기는 자아정체성 성취 대 자아혼미의 두 상태로 나뉠 수 있다는 것이다(정광희, 2015). 이 시기가 되면 본인들에게 맞는 가치나 믿음, 목표를 탐색하기 위해 많은 역할을 시도하게 되고, 정체성 형성이 단지 자기 자신만을 포함하지 않고 다른 사람들과의 지속적 관계 형성을 통해 다른 사람과 다른 자기 자신을 포함하게 된다는 점을 중요하게 고려하였다(Hauser-Cram, Nugent, Thies, & Travers, 2014). 특히, 청소년 정체성 형성에 관해 연구한 Marcia(1980)는 청소년들이 그들 자신의 목표, 가치, 믿음, 역할에 대한 선택을 위해 적극적으로 탐색했는가의 여부와 이러한 선택에 관여한 정도에 따라 정체성 형성의 상태를 네 가지로 구분하였다.

표 4-14) Marcia의 청소년 정체성 상태 구분

구분		탐색 정도	
		아니요	네
관여 정도	아니요	정체성 혼미	정체성 유예
	네	정체성 폐쇄	정체성 성취

- 정체성 성취: 자신의 가치, 믿음, 목표를 탐색하고 이들에 대해 확신이 있는 상태
- 정체성 혼미: 자신의 가치, 믿음, 목표를 탐색하지 않고 확신도 없는 상태
- 정체성 폐쇄: 자신의 가치, 믿음, 목표를 탐색하지 않고 확신만 있는 상태
- 정체성 유예: 자신의 가치, 믿음, 목표를 탐색 중이나 확신은 없는 상태

나. 부모-자녀의 상호작용이 중요한 시기

청소년기에 부모와 안정적 애착을 지녔던 청소년들은 친구들과의 관계에서 보다 더 긍정적이었고, 사회적 기술면에서 더 탁월했으며, 타인과의 서로 다른 부분들에 대해 더 많은 절충 능력을 지니고 있는 것으로 나타났다(McElhaney, Allen, Stephenson, & Hare, 2009). 또한, 일반적으로 성장기 아동과 부모와의 애착은 유아나 아동기에 끝나는 것이 아니라 청소년기에도 지속되며 애착의 효과는 매우 지속적으로 나타난다(Laursen & collins, 2009).

특히, 청소년기에 발생하는 부모와의 갈등은 청소년과 부모가 갈등을 잘 관리하고 상호수용 가능한 방법으로 해결할 수 있다면 꼭 나쁜 것만은 아니라고 주장한다(Adams & Laursen, 2007). 이러한 연구결과들은 갈등을 원활하게 해결할 수 있도록 감정조절과 절충 및 타협능력에 대한 교육이 이 시기 인성교육의 한 부분으로 꼭 필요함을 시사한다(정광희 외, 2015).

다. 도덕적 사고력과 판단력을 기르는 시기

청소년기는 사회적 규칙과 추상적 도덕적 원리에 준하여 도덕성을 판단할 수 있는 시기로서(Hauser-Cram, Nugent,Thies, & Travers, 2014), 가족과 사회가 바람직하다고 판단하거나 착하고 선한 행동으로 규정하는 행동들에 대해 점차 이해하고 선택할 수 있게 되며, 더 나아가 사회는 하나의 기준으로만 움직여지는 것이 아니고 정의나 인권, 이러한 권리들을 보장하는 절차와 같은 추상적인 원리들이 도덕적 판단에 있어 매우 중요함을 이해하게 된다(정광희 외, 2015). 따라서

이 시기에 보다 원활한 도덕적 사고와 판단력을 지닐 수 있도록 도덕성 함양 교육을 강화하고 이를 통해 사회구성원으로 지녀야 할 도덕적 인성을 함양할 필요가 있다.

라. 사회적 행동 형성 시기

친사회적 행동은 초기에는 자신의 쾌락 여부, 상대방의 도움 필요 정도에 의해 영향을 받지만 17세 이후가 되면 이러한 기준은 점차 줄어드는 반면, 친사회적 행동 여부에 따른 자신의 내면적 느낌과 생각에 의해 행동하는 경향이 늘어난다(Eisenberg, Cumberland, Guthrie, Murphy,& Shepard, 2005). 또한 이 시기에는 폭력, 범죄와 같은 반사회적 행동이 늘어나는 경향을 보이는데, 그 이유로는 이 시기가 아동기에 비해 상대적으로 부모의 관리나 감독을 덜 받는 반면, 그들의 동료의 영향에 더 민감하게 반응한다는 점을 들 수 있다(정광희 외, 2015).

특히, 동료의 영향은 초등학교 고학년부터 시작하여 14세에 최고조에 달하며, 그 이후부터 감소하는 경향을 보인다(Steinberg & Silverberg, 1986). 동료의 영향이 청소년들의 행동에 미치는 영향을 연구한 바에 의하면, 동료의 요구나 압력은 청소년들로 하여금 오랜 시간 후의 더 좋은 보상보다는 덜 좋은 보상이라고 할지라도 단기적인 보상을 선택하는 데 더 많이 기여하는 경향이 있다(O'Brien, Albert, Chein, & Steinberg, 2011).

마. 제2차 두뇌성장 시기

사춘기를 맞이하는 중학생들이 경험하는 큰 변화 중의 하나는 호르몬의 변화이며, 이러한 변화 즉, 테스토스테론 또는 에스트로겐의 증가가 뇌 발달에도 영향을 미치게 된다(정광희 외, 2015). 남학생의 경우에는 테스토스테론이 늘어나면서 회백질(grey matter)이 함께 늘어나게 된다. 회백질은 대뇌피질을 구성하는 주요 물질로서, 상위 수준의 행동과 사고를 담당한다. 여학생의 경우는 에스트로겐이 증가하면서 감정 기능을 주관하는 '뜨거운 뇌' 부위인 대뇌변연계(limbic system)의 회백질이 증가하며, 특히 감정처리 기관인 편도체(amygdala)의 발달이 촉진된다. 사춘기에 호르몬은 뇌세포의 발달을 촉진하며, 이는 이후 성인 수준의 정신적인 기능에 도달하는 데 큰 역할을 하게 된다(Blakemore et al., 2010).

특히, 청소년기와 뇌 발달의 상관관계를 살펴보면, 전전두엽 부위(prefrontal region)의 성장을 나타내는 곡선은 상대적으로 완만한 반면, 감정을 처리하는 피질하 부위(subcortical region)의 발달은 급속도로 이루어지고 있음을 알 수 있다(그림 4-4). 이러한 발달 과정을 보여주는 두 곡선 사이의 격차가 위험 행동을 유발하는 요인이 되는데, 청소년기에 그 격차가 가장 크게 벌어지다가, 성인기로 접어들면서 줄어들게 된다. 그림에서도 알 수 있듯이, 청소년기는 피질 영역과 전두엽 영역의 불균형적인 성장이 최고조에 달하는 시기이다(Sommerville et al, 2010).

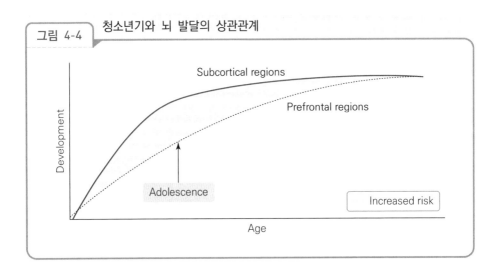

그림 4-4 청소년기와 뇌 발달의 상관관계

02 청소년기 인성 발달 단계

한편, 도덕성 발달 특성을 고려한 인성교육의 목표 설정은 학교급별로 교육을 중점화하는 방향에서 가능하며, 구체적인 내용은 아래에 제시된 <표 4−15>와 같다(유병열 외, 2012).

표 4-15   도덕성 발달 특성을 고려한 인성교육의 학교급별 교육내용의 계열화

		초등학교		중 · 고등학교	
		저학년	고학년	중학교	고등학교
지적 · 도덕적 발달 특성	피아제	구체적 조작기 초기	구체적 조작기 중 · 후기	형식적 조작기	
	콜버그	2단계 등장	3단계 등장	4단계 등장	5단계 등장
	호프만	타인의 감정에 대한 공감		타인의 삶의 조건에 대한 공감 타인의 삶의 조건에 대한 복잡한 추론	
	리코나	사람들 상호 간의 일치(자기존중 및 타인존중)			체제에 대한 책임
	버코위츠	자기통제, 죄책감(양심), 역할채택 능력의 발달		도덕적 추론능력의 발달 및 도덕적 정체성 형성	
	데이먼	신체적 자아(physical self), 활동적 자아(active self)의 형성	활동적 자아, 사회적 자아(social self)의 형성	도덕적 자아 혹은 도덕적 정체성의 형성	

종합	자기통제, 구성적 죄책감(양심), 공감, 관점채택, 배려, 평화적 갈등 해결능력, 자기존중, 타인존중	자기·타인존중, 생명존중, 3단계 정착 및 4단계 지향(사회질서 유지 및 법 준수)	도덕적 추론(4단계 정착 및 5단계 이상 지향), 도덕적 자아정체성, 인생관, 세계관
지혜	• 개별 덕목의 의미에 대한 기본 이해 • 구체적인 상황적 맥락(contexts)에서 덕목의 선택 능력 및 실천 의지	• 덕목 간 갈등 및 충돌 상황에서 도덕적으로 적절한 해결 방법 찾기	• 도덕적 추론 능력
용기	• 자신과 관련된 용기의 이해 및 실천 • 자신이 관계된 타인과 관련된 용기의 이해 및 실천	• 자신이 관계된 집단과 관련된 용기, 그리고 주로 타인과 관련된 용기의 이해 및 실천 • 옳음을 견지하기 위해 용기가 필요한 이유 이해 • 도덕적 용기의 중요성 및 사례 찾기	• 사회집단, 사회체제에 대한 용기 이해 및 실천
성실	• 가정, 학교, 학급에서 자기가 할 수 있는 일을 계획하고 실천 • 정직의 중요성 및 정직하게 될 수 있는 방법 알기	• 성실의 의미 및 성실하게 살아야 하는 이유에 대한 이해	• 도덕적 양심 및 도덕원리에 충실한 삶의 중요성 이해 및 실천 • 지행일치의 중요성에 대한 윤리학적 이해 및 관련 이유 탐색
절제	• 신체와 물질적 자아, 활동적 자아(데이먼) 혹은 신체적 욕구 및 물질적 욕구(매슬로)에 관련된 절제 이해 및 실천	• 사회적 자아와 관련된 내용(데이먼) 혹은 소속의 욕구, 애정의 욕구(매슬로)와 관련된 절제 이해 및 실천	• 심리적 자아(데이먼) 혹은 자신의 의무와 관련된 절제(게로드) 이해 및 실천
예절	• 예절의 형식에 대한 이해 및 실천	• 예의의 형식에 깃들어 있는 내면의 마음가짐	• 가족 친화력 및 결속력을 높일 수 있

	• 효도 및 우애의 실천 • 기본생활예절의 습관화	• 효도와 우애, 우정 등의 중요성 이해	는 방안 탐구 • 효도와 우애, 우정 등에 담긴 근본정신 심층 이해 및 실천 • 예절의 내용과 형식의 조화 추구 • 예절과 도덕의 관계 심층 이해
존중	• 자신에 대한 표현 및 자신을 소중하게 여기기 • 타인을 소중하게 여기기 • 나의 학교를 소중하게 여기기 • 나의 국가를 소중하게 여기기	• 자신의 장단점 이해 및 자기 존중감 확립하기 • 타인을 존중하기 위한 방법 이해 및 실천 • 나의 국가가 나를 자랑스럽게 여길 수 있는 방법 탐구 및 실천 • 생명과 자연에 대한 존중의 중요성 이해 및 실천	• 자기이해 및 자아성찰을 통한 자기존중 • 타인의 신념 및 타문화의 전통 존중하기 • 인간존중 및 생명존중의 윤리학적 이해 및 관련 이슈 탐색
배려	• 자기배려의 기초 이해 (좋은 습관 형성 및 건강하고 안전한 생활 실천 등) • 타인에 대한 관심 갖기 및 타인의 감정에 민감하게 반응하기 • 가족, 친구, 동식물에 대한 배려의 중요성 및 실천 방법 알기	• 공동체에서 배려의 대상 이해 및 배려적 실천 방법 탐구 & 실천 • 환경 보호의 중요성 및 실천방법 탐구 & 실천	• 자기이해에 바탕을 둔 진정한 자기배려의 실천 • 배려적인 공동체 실현의 중요성 이해 및 참여 • 인류 및 동식물에 대한 윤리학적 이해 및 실천
책임	• 자신의 행위 혹은 행위 결과에 대한 책임감 느끼기 • 학교 및 가정에서의 역할 책임에 대한 이해 및 실천	• 사회적으로 책임 있는 사람 혹은 책임 있는 팀 리더가 될 수 있는 방법 실천 • 사회적인 책임감을 가져야 하는 이유 알기 및 공동체의 책임 있는 구성원 되기	• 자기책임(self-re-sponsibility)의 중요성 이해 및 실천 • 자신의 미래에 대한 책임의 중요성 이해 • 책임 있는 의사결정 기능 익히기 • 공동체 및 환경에

		대한 책임의 심층 이해 및 실천
정의	• 평등에 기초한 정의 혹은 호혜적 정의 이해 및 실천 • 사회적 규칙 및 법 준수	• 타인과의 공정한 관계 이해 • 팀 구성원으로서의 개별적 책무감 및 공동체 의식을 바탕으로 협동적 관계 만들기 • 좋은 시민이 될 수 있는 방법 이해 및 실천	• 공정성의 원리 심층 이해 • 자유를 포함한 인간 권리를 존중하기 위한 도덕적·법적 근거 이해 • 정의의 종류에 대한 심층 이해 • 사회의 정의 문제에 대한 탐구 • 정의로운 공동체 구현을 위한 시민적 참여

제 **5** 부

인성교육 수업 사례

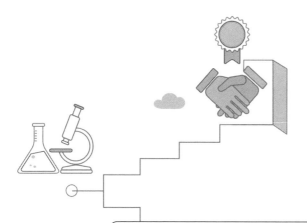

개념 기반 인성교육
수업 사례

01 언어 문화 개선 수업 개요

학년 : 7

단원명: 언어의 본질을 이해하고 언어생활을 하면 우리학교 언어문화가 개선 될까?

개념적 렌즈: 정체성

단원(학습) 기간: 8주

개발자: 노정은

단원 개요:

여러분은 우리 언어에 대하여 얼마나 알고 계신가요? 언어는 인간의 필요에 의해 만들어졌으며, 언어는 조직을 이끌어가기 위한 필수 요소이며, 조직의 문화를 형성합니다. 그럼 우리말의 본질은 무엇이며, 우리가 알고 지켜야 하는 것은 무엇일까요? 또한 우리 학교 학생들의 언어문화생활은 어떠한가요?

이 단원에서 우리는 우리학교 학생들이 우리말의 본질을 제대로 알고 올바른 언어생활을 하도록 유도하는 방안을 계획하고, 계획한 내용을 실천해 보도록 하겠습니다. 그럼 지금보다 더욱 공감하고 배려하는 언어생활로 따뜻한 문화가 형성될 거예요.

이 단원에서 다룰 성취기준 또는 국가교육과정:

[9국04-01]
언어의 본질에 대한 이해를 바탕으로 하여 국어생활을 종합적으로 이해한다.
[9국04-04]
품사의 종류를 알고 그 특성을 이해한다.
[9국04-05]
어휘의 체계와 양상을 탐구하고 활용할 수 있다.
[9국01-12]
언어폭력의 문제점을 인식하고 상대를 배려하여 말하는 태도를 지닐 수 있다.

02 언어 문화 개선 수업 적용

학년 : 7

단원명: 언어의 본질을 이해하고 언어생활을 하면 우리학교 언어문화가 개선
될까?

개념적 렌즈: 정체성

스트랜드 1		스트랜드 2
국어의 품사 종류 형태에 따른 분류 기능에 따른 분류 의미에 따른 분류 명사, 대명사, 수사 동사, 형용사 관형사, 부사 조사 감탄사		**언어의 본질** 언어의 개념 자의성 역사성 창조성 사회성
	단원명 언어의 본질을 이해하고 언어생활을 하면 우리학교 언어문화가 개선될까?	
스트랜드 3		스트랜드 4
우리말 어휘 어휘 체계 고유어 한자어 외래어 어휘 양상 지역방언 사회방언		**배려하는 말하기** 언어생활 돌아보기 비속어 언어폭력

학년 : 7

단원명: 언어의 본질을 이해하고 언어생활을 하면 우리학교 언어문화가 개선될까?

일반화	안내 질문 사=사실적; 개=개념적; 논=논쟁적
품사의 특성을 이해하면 우리말의 단어를 바르게 사용할 수 있다.	• 품사는 무엇일까? • 품사는 왜 알아야 할까? • 품사의 종류는 무엇인가? • 분류하는 기준에는 무엇이 있을까? • 분류할 수 있는 또 다른 기준은 없을까? • 품사를 나누는 이유는 무엇일까?
언어의 본질을 이해하면 효과적인 국어 생활에 도움이 된다.	• 언어는 그 나라 문화에 어떤 영향을 끼칠까? • 언어가 없다면 어떨까? • 언어의 본질은 무엇인가? • 언어는 왜 생겨났을까? • 언어는 인간이 지속하기 위한 필수 요소인가? • 언어는 사회 조직과 어떤 관계가 있을까?
우리말 어휘의 체계와 양상을 이해하면 상황에 맞게 적절한 어휘를 선택하여 말할 수 있다.	• 우리 말은 다른 나라 말과 어떻게 같고 다를까? • 우리 말만의 특징이 있을까? • 우리 말 어휘 체계는 역사와 어떤 관련이 있을까? • 시대의 변화는 언어에 어떤 영향을 줄까? • 공간의 차이에 따른 언어의 차이는 극복해야 할까? • 방언의 장점은 무엇인가? • 방언을 사용해야 하는 상황에는 어떤 것이 있을까?
상대방을 배려하며 말을 한다면, 생각과 느낌을 잘 전달할 수 있다.	• 나의 언어 생활은 바람직한가? • 언어 생활에서 우리가 지켜야 할 수칙에는 무엇이 있을까? • 우리말의 정체성을 지켜야 하는 이유가 무엇일까? • 바른 언어 생활을 주장할 때 또래 집단을 설득력 있게 뒷받침 할 수 있는 근거는 무엇이 있을까?

수업 교과	국어	수업 기간	3월~5월
수업 교사	노정은, 이소연	수업 학년	
단원(Unit)	언어의 본질을 이해하고 언어생활을 하면 우리학교 언어문화가 개선될까?		
성취기준	[9국04-01] 언어의 본질에 대한 이해를 바탕으로 하여 국어생활을 종합적으로 이해한다. [9국04-04] 품사의 종류를 알고 그 특성을 이해한다. [9국04-05] 어휘의 체계와 양상을 탐구하고 활용할 수 있다. [9국01-12] 언어폭력의 문제점을 인식하고 상대를 배려하여 말하는 태도를 지닐 수 있다.		
핵심개념	정체성, 변화	관계개념	본질, 문화
일상생활 연계	우리학교 언어문화 개선		
탐구진술	언어의 본질을 이해하고 바른 언어 생활을 위한 노력을 한다면 학교공동체의 언어문화를 개선하는 데 도움을 줄 수 있을 것이다.		
탐구질문	사실적	• 언어의 본질은 무엇인가? • 우리말 어휘의 체계와 양상은 어떠한가?	
	개념적	• '언어 문화'는 무엇을 의미하는가?	
	토론적	• 우리 언어생활 모습은 바람직한가?	

단원의 흐름	1차시	품사의 개념과 종류 이해하기(모둠활동)
	2-4차시	의미에 따른 품사를 분류, 분석(모둠활동)
	5차시	[형성평가] 품사 그리기
	6-7차시	언어의 개념 및 본질 이해하기(모둠활동:토의)
	8-9차시	우리말 어휘 체계 이해하기(모둠활동)
	10-11차시	우리말 어휘 양상 이해하기(개별 분석하고 학급 전체 공유)
	12차시	[형성평가] 우리말 인포그라피 표현하기
	13차시	비속어, 언어폭력의 의미 이해하고 실태 조사하기(모둠활동)
	14차시	우리 언어 생활 모습에 대한 토의
	15-16차시	바른 언어 생활을 위한 홍보물 제작 계획서 작성하기(모둠활동)
	17차시	[총괄평가] 모둠별 홍보물 제작 계획서 발표하기/언어의 본질과 바른 우리말 사용에 대한 타당성 판단하며 듣기
총괄 평가	기준 〈이해: 계획서의 근거〉	홍보물 제작의 근거가 될 만큼 내용이 충분하고 명료한가? 언어의 본질과 우리 말 어휘의 체계와 양상을 객관적이고 논리적으로 전개했는가?
	기준 〈분석: 실태 분석〉	또래 집단의 언어생활의 문제점을 정교하고 면밀하게 분석했는가?
	기준 〈조직: 계획서〉	의도에 맞게 타당성 있도록 계획서를 구성했는가? 독자의 수준에 맞게 설득력 있게 작성했는가?
학습자상		열린 소통인, 탐구하는 성찰인

CHAPTER

02

주제 중심 인성교육
수업 사례

01 소중한 생명

통합 활동

주제	생명

활동 흐름

통합수업주제	생명

통합수업목표	생명의 소중함을 깨닫고 존중과 배려 실천하기

운영 시기	3월-6월

순서	수업일자 (시수)	교과	단원명	성취기준	수업 내용 및 방법	인성 덕목	평가 내용 및 방법
1	6.5-6.14 (3차시)	한문	Ⅲ. 생활 속 한자와 단어 Ⅷ. 수천년의 지혜	한9221-2. 한자 어휘를 뜻에 맞게 언어생활에 활용할 수 있다. 한9211-1. 선인들의 삶과 지혜를 이해하고, 건전한 가치관과 바람직한 인성을 함양할 수 있다.	한자어 활용 생명존중 캠페인 문구 제작 선인들의 생명존중 사상이 담긴 단문 풀이	존중 공감	과정 평가

2	3.19- 3.22 (2차시)	체육	III. 경쟁활동 다. 네트형 경쟁	체9334. 배드민턴 경기방법과 유형별 경기기능, 경기전략을 이해하고 수행하며, 경기상황에 맞게 적용할 수 있다.	경기기능, 경기전략 이해 및 적용하기	배려 협력	과정 평가
3	4월 1째주 (2차시)	사회	6-3 독도의 중요성	사91133. 우리 국토에서 독도가 갖는 중요성을 영역·경제·환경·생태적 측면에서 설명할 수 있다.	독도에 대한 영역, 경제, 환경 생태적 측면의 중요성	사회적 (배려)	학습 과정 평가
4	5.17- 5.31 (3차시)	국어	1. 삶을, 보다 (3) 미리 쓰는 자서전	2937-2. 자신의 삶에서 의미 있는 사건들을 중심으로 쓸 내용을 정리할 수 있다. 2937-3. 여러 가지 표현 방법을 활용하여 자신의 삶을 성찰하고 계획하는 글을 쓸 수 있다.	1. 자신에게 의미 있는 사건을 선정하고 그 사건에서 의미를 성찰하여 정리함. 2. 여러 가지 표현방법을 활용하여 자서전을 씀.	긍정 존중 자존감	과정 평가
5	5.20- 5.31 (2차시)	음악	VI.음악과 함께하는 삶	음 9222. 음악을 듣고 현대 사회에서 음악의 다양한 쓰임에 대해 이야기할 수 있다.	생명존중과 관련된 음악을 찾아 생활 속 쓰임을 이해하고 감상하기.	긍정 배려	과정 평가

과목별 수업 실천

> ●●●●●●●●●
> ## 체육과-상대방을 배려하며 배드민턴 경기하기

≫ 수업안

☑ 교수 · 학습 지도안

소단원명	Ⅲ. 경쟁활동 다. 네트형 경쟁 – 배드민턴	교과서 쪽수	308~316
학습 주제	상대방을 배려하며 배드민턴 경기하기	차시 계획	7~8/8
학습 목표	1. 배드민턴 경기 방법을 잘 이해하고 설명할 수 있다. 2. 배드민턴 경기에 참여하여 자신의 역할을 잘 수행할 수 있다. 3. 배드민턴의 개념과 가치를 이해하고 상대방을 배려할 수 있다.		
교수 · 학습 방법	프로젝트 학습	평가 방법	학습과정평가
학습 자료	배드민턴 라켓, 셔틀콕, 네트, 점수판 등		
학습 단계	교수 · 학습 활동		유의 사항
도입	◉ 준비운동 및 동기유발 – 스트레칭 및 관절돌리기 – 서비스의 중요성에 대해 질문한다. – 배드민턴의 가치와 상대방의 배려가 경기력에 미치는 요소에 대해 설명한다.		◉ 경기시간 확보를 위 해 도입 부분의 진행 을 가속한다. ◉ 팀워크를 위해 응원 구호 및 응원 방법에 대해 이야기 한다.

전개	● 단식경기의 운영
	 - 전반적인 기술을 향상시키도록 연습하여야
	  한다.
	 - 상대방의 약점을 적절히 사용하여 경기를 운영
	  하고 자신의 특기 기술이 발휘되도록 한다.
	 - 자신의 약점을 상대에게 노출시키지 않도록 한다.
	 - 되도록 선제 공격을 하도록 하며 서비스권을 최
	  대한 이용한다.
	 - 수업이 진행되는 동안 교사는 학생들에게 피드
	  백을 계속 제공한다.
	● 복식경기의 운영
	 - 파트너와의 호흡을 잘 맞춰야 한다.
	 - 서브를 할 때 동료와 미리 사인을 교환하여 상
	  대방의 타구에 대한 위치를 파악할 수 있도록
	  한다.
	 - 상대의 두 선수 중에서 약한 쪽으로 공격한다.
	 - 한 번의 공격으로 득점하려 하지 말고 상대가
	  선제 공격을 하지 못하도록 방어하면서 기회를
	  포착한다.
	 - 단식 경기와 복식 경기에서 적절한 서비스를 연
	  습한다.
	 - 경기 상황에서 다양한 리시브를 연습한다.
	 - 복식 경기의 대형 연습: 한 사람이 움직이는 데
	  따라 다른 사람은 나란히 서기, 앞뒤로 서기, 대
	  각으로 서기 등으로 대형에 따라 움직임을 맞추
	  는 연습을 한다.
		● 배드민턴 경기의 운
		 영 방법을 이해할 수
		 있도록 한다.
		
		● 수업이 진행되는 동
		 안 교사는 학생들에
		 게 피드백을 계속 제
		 공한다.

정리	- 정리운동으로 간단한 스트레칭을 실시한다. - 단식 경기의 운영 방법에는 무엇이 있는가? - 단식 경기의 운영 방법에는 무엇이 있는가? - 위생교육 및 차시예고	● 학생들에게 연습하면 서 느낀 점을 상기하 도록 한다.

≫ 평가 계획

교육 과정	네트형 경쟁 스포츠의 경기 방법과 유형별 경기 기능 및 경기 전략을 이해하고 수행하며, 경기 상황에 창의적으로 적용한다.			
성취 기준	체9334. 배드민턴의 경기 방법과 유형별 경기 기능, 경기 전략을 이해하고 수행하며, 이를 경기 상황에 맞게 적용할 수 있다.	성취 수준	상	배드민턴의 경기 방법과 유형별 경기 기능, 경기 전략을 알고, 이를 경기 상황에 맞게 적용할 수 있다.
			중	배드민턴의 경기 방법과 유형별 경기 기능, 경기 전략을 제한적으로 알고, 이를 경기 상황에서 부분적으로 적용할 수 있다.
			하	배드민턴의 경기 방법과 유형별 경기 기능, 경기 전략을 제한적으로 알고, 이를 경기 상황에 적용하는 데 서투르다.
평가 방식	학습과정평가			

평가 내용	평가기준	평가 수준	
경쟁활동 (백핸드 쇼트 서브 넣기)	① 백핸드 쇼트 서브로 넣는다.(10회 실시) ② 목표 지점에 셔틀콕이 맞으면 성공으로 간주한다. * 서비스방법은 배드민턴 경기 규칙에 준함.	A	7개 이상 성공
		B	5~6개 성공
		C	3~4개 성공
		D	2개 이하 성공
수업준비도 및 참여도	수업과정평가 평가기준표에 의함.	A	0~1회 지적
		B	2회 지적
		C	3회 지적
		D	4회 지적

≫ 활동지

활동 1.	그립의 종류는?	
활동 2.	서비스의 종류는?	
활동 3.	스트로크의 종류는?	
활동 4.	경기할 때 상대방을 잘 배려하였는가?	
활동 5.	배드민턴 수업 및 경기를 하면서 내가 느낀 점을 자유롭게 기술하세요.	

≫ 결과물 및 활동 사진

활동모습

활동모습

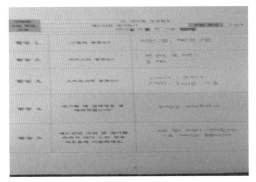

결과지

02 독도의 가치

사회과 - 독도의 가치 인터뷰 활동

≫ 수업안

학교명	○○○중학교	수업 학반	3-3
수업 교과	사회	수업 인원	34
수업 교사	○○○	수업 기간	2019. 4. 1.~ 4. 5.
지도 단원	6-3 독도의 중요성		
성취 기준	• 사91133. 우리 국토에서 독도가 갖는 중요성을 영역·경제·환경·생태적 측면에서 설명할 수 있다.		
수업 주제	독도의 가치 인터뷰 활동		
전체 단원 구성	1차시: 영토, 영해, 영공의 개념 파악하고 우리나라 영역 표현하기 2차시: 국가 간 영역 갈등 사례 조사 3차시: 독도의 영역·경제·환경·생태적 측면의 중요성 조사 4차시: 독도의 가치 인터뷰 과정중심 평가		

해당 차시 수업 흐름	구분	수업 내용	시간
	1차시	독도의 영역·경제·환경·생태적 측면의 중요성 조사	1
	2차시	독도의 가치 인터뷰 활동	1

평가 방법	◦ 학습 과정 평가: 관찰 평가
수업자 생각 (수업 디자인)	이 수업의 목표는 독도의 가치를 다양한 측면에서 알아보고, 이를 다른 사람들 앞에서 설명할 수 있도록 하는 데 있다. 먼저 국가의 영역 기준을 영토, 영해, 영공 각 요소별로 파악한 다음 국가 간 영역 갈등 지역으로서 독도에 대해 알아보면서 독도의 중요성을 인식한다. 독도의 다양한 가치에 대해 조사해 보고 이를 다른 사람들 앞에서 설명하는 인터뷰 평가를 실시한다.

≫ 평가 계획

교육 과정	사91133. 독도의 중요성을 영역 · 경제 · 환경 · 생태적 측면에서 설명할 수 있다.			
성취 기준	사91133 우리 국토에서 독도가 갖는 중요성을 영역 · 경제 · 환경 · 생태적 측면에서 설명할 수 있다.	성취 수준	상	우리 국토에서 독도가 가지는 중요성을 영역 · 경제 · 환경 · 생태적 측면에서 논리적으로 설명할 수 있다.
			중	우리 국토에서 독도가 가지는 중요성을 영역 · 경제 · 환경 · 생태적 측면에서 말할 수 있다.
			하	우리 국토에서 독도가 가지는 중요성을 말할 수 있다.
평가 방식	개별평가			

문항	평가요소	배점	평가 준거				
			A	B	C	D	E
내용 (개별 평가)	준비 과정의 성실도	20	인터뷰 준비 학습지를 정확하게 모두 채워서 제출함	인터뷰 준비 학습지를 부분적으로 미작성하여 제출함	인터뷰 준비 학습지를 대부분 미작성하여 제출함	인터뷰 준비 학습지를 제출함	
			20	15	10	5	
태도 (개별 평가)	태도	20	평가과정에 정중하고 진지하게 임한 경우	평가과정 중 태도와 관련해서 1회 지적받은 경우	평가과정 중 태도와 관련해서 2회 지적받은 경우	평가과정 중 태도와 관련해서 3회 지적받은 경우	평가과정 중 태도와 관련해서 4회 이상 지적받은 경우
			20	15	10	5	0
발표 (개별 평가)	어휘 사용의 적절성	20	핵심 어휘를 7개이상 사용하여 대답한 경우	핵심 어휘를 4개 이상 ~ 7개 미만으로 사용한 경우	핵심 어휘를 1개 이상 ~ 4개 미만으로 사용한 경우	대답하려고 노력은 했으나 핵심 어휘를 말하지 못한 경우	전혀 대답하지 않은 경우
			20	15	10	5	0
발표 (개별 평가)	유창함	20	막힘없이 유창하게 표현하는 경우	머뭇거림이 2회 이하인 경우	머뭇거림이 3회 이상인 경우	문장이 완성되지 않고 단어만 나열한 경우	전혀 대답하지 않은 경우
			20	15	10	5	0
발표 (개별 평가)	다양한 근거	20	3영역의 근거를 모두 말한 경우	2영역의 근거를 제시한 경우	1영역의 근거를 제시한 경우	1영역의 근거도 말하지 못한 경우	전혀 대답하지 않은 경우
			20	15	10	5	0
합계		100					

≫ 활동지

독도 인터뷰 준비 학습지

[6단원 기본 용어 이해하기]

1. 영해 :

2. 영공 :

3. 최저 조위선 :

4. 통상기선 :

5. 직선기선 :

6. 배타적 경제 수역 :

[독도는 우리땅!!! 근거는?]

1. 삼국사기(512) 신라 지증왕 본기편 [   ] 기술

2. 세종실록지리지(1454) [   ] 와 [   ] 를 분리해서 기술

3. 신증동국여지승람(1530) [   ] 로서 표기

4. 숙종실록(1693) [   ] 의 독도수호 활동

5. 고종(1900)황제는 [   ] 를 반포

[독도의 가치]

영역	영역적 가치	경제적 가치	환경 생태적 가치
내용			

☑ 영역적 가치

독도는 동해를 중심으로 대륙에 있는 국가들과 섬나라 일본에 마주 보고 있어 동북아시아의 군사적 요충지 역할을 할 수 있다. 뿐만 아니라 우리나라 동쪽 바다에 있다는 위치적 특성으로 항공과 방어 기지로서 국가 안보에 필요한 역할을 하게 될 것이다. 동시에 동해에서 조업하는 우리 어부들의 임시 대피소로도 활용되고 있다.

☑ 경제적 가치

독도 주변 바다는 한류와 난류가 교차하는 조경 수역으로 각종 어족 자원이 풍부하다. 또한, 메탄과 물이 해저나 빙하 아래에서 높은 압력을 받아 형성된 메탄하이드레이트와 해양 심층수 등의 해저 자원이 매장되어 있다.

☑ 환경·생태적 가치

독도는 경사가 급해 비가 내리면 빗물이 섬의 비탈을 따라 흘러내려 토양이 건조한 편이다. 게다가 화산암체로 이루어져 식물이 뿌리를 내리고 자라기 힘든 생태 환경을 가지고 있다. 그럼에도 불구하고 독도는 섬초롱꽃, 섬기린초, 해국 등 50~60여 종의 식물이 서식하고 있다. 이렇듯 독도는 다양한 동식물이 서식하는 생태계의 보고로 1999년 섬 전체가 독도 천연 보호 구역으로 지정되었다.

또한 동해안 지역에서 독도는 바다제비, 슴새, 괭이갈매기가 집단으로 번식하는 유일한 지역으로, 철새들이 이동하는 길목에 위치하고 있어 철새들의 중간 피난처 및 휴식처 역할을 하고 있다.

이 밖에도 독도는 여러 단계의 화산 활동에 의해 형성된 화산섬으로 다양한 암석, 지형과 지질 경관이 나타나 해저 화산의 형성과 진화 과정을 살펴볼 수 있는 세계적인 지질 유적이다.

>> 결과물 및 활동 사진

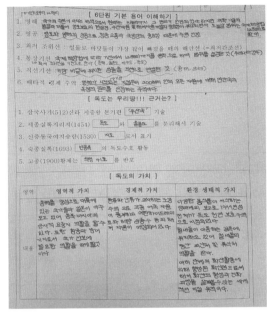

활동지

활동지

03 자서전 쓰기

> 국어과 - 자신에게 의미 있는 사건을 선정하고
> 그 사건에서 의미를 성찰하여 정리함

≫ 수업안

학교명	○○○중학교	수업 학반	3-2
수업 교과	국어	수업 인원	34명
수업 교사	○○○	수업 기간	2019. 5. 17 - 6. 20
지도 단원	1. 삶을, 보다 (3) 미리 쓰는 자서전		
성취 기준	2937-2. 자신의 삶에서 의미 있는 사건들을 중심으로 쓸 내용을 정리할 수 있다. 2937-3. 여러 가지 표현 방법을 활용하여 자신의 삶을 성찰하고 계획하는 글을 쓸 수 있다.		
수업 주제	1. 자신에게 의미있는 사건을 선정하고 그 사건에서 의미를 성찰하여 정리함. 2. 여러 가지 표현방법을 활용하여 자서전을 씀.		
단원 차시별 수업 흐름	의미 있는 사건 선정하고 배열하기	자신의 삶에서 의미 있고 중요했던 사건을 시간 순서에 따라 정리한다.	
	↓		
	의미 있는 사건 해석하기	사건이 일어났던 당시 상황과 느꼈던 점을 떠올려 보고, 솔직하고 진실하게 기술하도록 한다.	
	↓		
	표현 전략 세우기	많은 사건 중 자서전의 내용으로 들어갈 사건을 선정하고 다양한 표현법을 고려하여 정리한다.	
	↓		
	자서전 쓰기	자신을 성찰하며 자서전을 쓴다.	

평가 방법	◦ 학습 과정 평가: 교사 관찰 평가, 자기성찰평가
수업자 생각 (수업 디자인)	자서전은 글쓴이가 자기 자신의 과거를 되돌아보면서 자신을 발견한 내용과 후세에 전할 만한 가치가 있다고 판단한 일이나 경험을 기록한 글이며, 사실의 기록과 삶의 성찰이라는 특징을 지닌다. 수업자는 자서전 쓰기의 전 과정을 통해 다양한 관계 속에서 자신은 어떻게 소통하고 나누며 살아왔나를 생각하고, 앞으로의 삶을 계획하는 경험을 통해 자신을 바로 알고 자존감을 높여 미래의 삶의 진정한 주인이 되는 계기를 마련했으면 한다.

≫ 평가 계획

교육 과정	⑤-1. 일상생활에 관한 경험이나 계획에 대해 간단히 쓴다.			
성취 기준	2937-2. 자신의 삶에서 의미 있는 사건들을 중심으로 쓸 내용을 정리할 수 있다.	성취 수준	상	자신의 삶에서 의미 있는 사건을 선정하여 쓸 내용을 짜임새 있는 구조를 갖추어 정리할 수 있다.
			중	자신의 삶에서 의미 있는 사건을 선정하여 쓸 내용을 정리할 수 있다.
			하	자신의 삶에서 의미 있는 사건을 선정할 수 있다.
	2937-3. 여러 가지 표현 방법을 활용하여 자신의 삶을 성찰하고 계획하는 글을 쓸 수 있다.	성취 수준	상	여러 가지 표현 방법을 풍부하게 활용하여 효과적으로 자신의 삶을 성찰하고 계획하는 글을 쓸 수 있다.
			중	여러 가지 표현 방법을 부분적으로 활용하여 자신의 삶을 성찰하고 계획하는 글을 쓸 수 있다.
			하	한 가지 표현 방법만 활용하여 자신의 삶을 성찰하고 계획하는 글을 쓸 수 있다.
평가 방식	개별+모둠별			

영역	자서전 쓰기 프로젝트				
과제명	1. 성찰하며 쓰기 2. 진지하게 참여하기				
성취기준	2937. 자신의 삶을 성찰하고 계획하는 글을 쓴다.				

문항	평가 요소	배점	평가 준거		
			상	중	하
성찰하며 쓰기 (개별 평가)	내용	30	진솔하게 자기 경험을 표현하였으며, 자신의 삶에 대한 성찰이 잘 드러난다.	자신의 의견을 주장하기 위해 사용하는 자료가 적합하지만 주장을 뒷받침하는 근거와 반박 근거를 각각 2개 작성하였다.	자신의 의견을 주장하기 위해 사용하는 자료를 1개 이하로 준비하였다.
			30	25	20
	표현	30	자서전의 구성이 자신의 삶을 잘 드러내고, 표현 방법을 적절히 활용하였으며, 글의 완결성이 뛰어나다.	자서전의 구성이 자신의 삶을 어느 정도 드러내고, 표현 방법을 활용하였으나, 글의 완결성이 다소 부족하다.	자서전의 구성이 자신의 삶을 드러내지 못하며, 표현 방법 활용이 미흡하며, 글의 완결성이 부족하다.
			30	25	20
진지하게 참여하기 (개별 평가)	참여도	40	과제를 수행하는 태도가 진지하며 집중하였다.	과제를 수행하는 태도가 진지하나 집중하는 모습이 다소 부족하였다.	과제를 수행하는 태도가 다소 산만하였고, 과제를 제대로 수행하지 않았다.
			40	30	20
합계		100			

≫ 활동지

〈 학생 사전 안내 자료 〉

[수행 평가]	1. 삶을, 보다	(3) 미리 쓰는 자서전
	〈학습 목표〉	• 자신의 삶을 성찰하고 계획하는 자서전을 쓸 수 있다.

1. 자료 수집 (①, ②는 필수, ③, ④, ⑤는 선택)

　① 인생그래프 작성을 통해 자서전에 쓸 내용을 떠올려 봅시다.

　② 자신의 과거를 보여주는 자료(어릴 적 찍은 사진이나 사용하던 물건, 상장, 성적표, 일기장 등)를 찾아옵니다. 그리고 그것과 관련된 내용을 간단하게 적어봅시다.

　　－ 자서전 쓰기에서 보조 자료로 활용할 수 있도록 복사본을 가지고 오도록 하고, A4 용지에 붙일 수 있도록 준비합니다.

　　－ 의미 있고 내용과 밀접한 관련이 있는 자료 2개 이상 포함할 것!

　③ 자신의 삶에서 중요한 사건이나 인물 등을 떠올려 보고 간단하게 내용을 적어봅시다.

　④ 자신에 대해 잘 알고 있는 사람과 인터뷰를 하고 그 내용을 적어봅시다.

　⑤ 기타: 그 외의 방법으로 자서전 쓰기에 필요한 자료를 수집해 봅시다.

2. 개요 작성(시간 순서 혹은 주제 중심으로 내용을 구성) * 각 문단마다 소제목 붙이기

처음	1문단
중간	4문단
끝	1문단

3. 표현

　① 2개 이상의 비유적 표현(직유, 은유, 의인)을 사용할 것!

　② 1개 이상의 관용 표현(관용구, 명언, 속담)을 사용할 것!

　＊ 비유적 표현과 관용 표현이 사용된 부분에 색깔 펜 혹은 형광펜 등을 이용하여 표시하고, '비유적 표현'인지 '관용 표현'인지 적기 (해당 내

용 없을 경우 감점)

    * 명확하지 않거나 틀렸을 경우 인정하지 않음.

4. 내용

① 자신의 삶에서 의미 있는 경험을 진솔하게 담는다.

② 내용의 통일성과 긴밀성이 드러나도록 한다.

③ 구성 단계 중, 끝 부분에 자신의 '미래에 대한 꿈과 계획 등'의 내용을 포함한다.

④ 독자가 공감할 수 있게 쓴다.

5. 보조 자료 첨부

– 사진, 그림, 도표 등의 보조 자료는 본문 내용 속에는 '보조 자료 1, 보조 자료 2'의 형식으로 표시만 하고, 수행평가지 4쪽(분량: A4 1면)에 첨부한다.

6. 분량: 60줄 (±10줄)

    * 소제목은 분량에 포함.

    * 보조 자료는 분량에서 제외.

〈 학생 활동지 〉

[자서전 쓰기]

01 의미 있는 사건 선정하고 배열하기

    ① 자서전에 쓸 자료 수집하기

내 삶의 이야기 꺼내보기

"꼭 기억하세요. 이 이야기는 당신만이 쓸 수 있는 세상의 유일한 것입니다. 당신만의 언어가 진실한 이야기를 만듭니다."

나를 가장 잘 표현할 수 있는 나의 기록, 〈나의 자서전〉에 들어갈 내용을 골라 ○표 해봅시다.

예 서문-나의 인생을 한마디로 말해본다면? 예 출생과 태몽 예 유치원 때 인상적인 사건 예 초등학교 때의 연애 이야기 예 부모님과의 갈등과 나의 방황 예 수학여행의 추억 예 ~가 되고 싶은 나의 꿈 예 마무리-좌우명 예 내가 그려보는 미래의 나의 모습	〈내가 덧붙이고 싶은 질문은?〉

〈나의 출생과 어린 시절〉

1. 가족 계보에서 최대한 많은 이름을 기록해 본다. 부모님과 조부모님분 아니라 조상들에 대해 알고 있는 것과 들었던 것 모두에 대해 이야기해 보라. 태어난 곳을 비롯해 살았던 곳, 그리고 특별한 의미가 있고 중요한 날들도 모두 기록하라.

2. 언제 어디서 태어났는가? 탄생이나 유아기에 대해 들은 것에는 무엇이 있으며 누가 그런 이야기를 해 주었는가?

3. 가장 어릴 적 기억은 무엇인가?

4. 어릴 때는 어디에 살았으며 누구와 함께 살았는가?

5. 학교는 언제부터 다니기 시작했는가?

6. 어린 시절 친구들은 누구였는가? 그 친구들과 함께 어떤 일을 하고 싶었는가?.

7. 학교에서 집으로 돌아오면 무엇을 했는가? 집에 있는 사람은 누구였나?

8. 일상적인 식사시간의 모습을 그려 보라. 내 주위에 누가 있었는가? 주로 무엇을 먹었는가?
    일상적인 저녁 시간을 그려 보라. 토요일과 일요일은 어떠했는가?

9. 가족의 명절맞이는 어떠했는가? 가족 고유의 전통이 있었는가? 가장 두드러지는 명절에 대한 기억을 이야기해 보라. 가장 두드러지는 명절에 대한 기억을 이야기해 보라. 가족들이 함께 모여 즐거워했던 때를 묘사해 보라.

10. 선물로 받은 것 중 가장 기억에 남는 것은 무엇인가? 가장 특별한 선물을 준 사람은 누구인가?

---

11. 어린아이로서 내게 주어진 일은 무엇이었는가? 어린아이로서 내가 지켜야 할 일은 무엇이었으며, 그 일이 어떻게 느껴졌는가?

12. 어릴 때 앓았던 병 가운데 기억나는 것이 있는가? 홍역, 볼거리, 감기 등에 걸렸다면 누가 돌봐주었고 돌보면서 무엇을 해 주었는가? 병원에 간 일에 대해 이야기해 보라. 무엇을 보고 느꼈는가?

13. 어린 시절 이웃이나 살고 있는 마을은 어땠는지 머릿속에 그려 보라. 그때의 기억 속으로 한번 찬찬히 걸어 들어가 보라. 무엇이 눈에 보이는가? 어린 시절 특별한 감정이나 의미가 있던 곳으로 가 보자. 그렇게 느꼈던 이유는 무엇인가?

    살았던 곳에 대한 느낌을 계속 써 보라. 날씨는 어떠했고 이러한 환경이 어린 시절에 어떤 영향을 미쳤는지도 써 보라. 가장 좋아했던 곳은 어디인가? 또 좋아하지 않았던 곳은 어디인가? 지금 생각해 볼 때 그 각각의 장점과 단점은 무엇이었는가? 그런 장소들이 오늘날의 자신을 만드는 데 어떻게 영향을 미쳤는가?

14. 이웃에는 누가 살았는가? 그들은 당신의 가족과 어떻게 지냈는가?

15. 어린 시절 일어난 가장 역사적인 사건은 무엇이었고, 어떻게 그 사건을 접하게 되었는가?

16. 흥분되거나 모험심을 느꼈던 때에 대해 이야기해 보라.

17. 위험에 처했다고 느꼈던 때를 설명해 보라.

18. 거짓말은 해야 한다고 생각했던 때는 언제인가?

19. 부러움의 감정을 자각한 것은 무엇이었나?

20. 스스로에 대해 자신감을 얻은 때에 대해 이야기해 보라.

    어린 시절, '나는 할 수 있다.'고 느끼게 한 계기가 있었는가? 자신을 가장 자랑스럽게 만든 것은 무엇이었는가?

21. 어릴 때 재미 삼아 하던 일 중 지금도 하고 있는 것 혹은 다시 해보고 싶은 것은 무엇인가?

22. 비밀 이야기는 누구에게 했는가?

    평온을 찾고 싶을 때는 어디로 갔는가? 어린 시절 용기를 주던 것은 무엇인가? 누구의 인정을 받는 것이 가장 중요했는가? 그 인정을 받기 위해 무엇을 했는가? 누군가가 자신을 보호하거나 옹호했던 때를 이야기해 보라.

23. 어린 시절의 영웅은 누구였는가?

24. 어린 시절 자신에 대해 가졌던 믿음에는 무엇이 있는가?

25. 사랑 받는다고 느꼈던 특별한 경험을 될 수 있는 한 정확하게 이야기해 보라.

    인생을 살면서 사랑의 감정을 강하게 느끼게 해 준 사람은 누구인가? 평화롭다고 느낀 장소나 사람에 대해 묘사하려고 하면 무엇이 떠오르는가? 진정 의지할 수 있다고 느낀 사람은 어떻게 알게 되었는가? 당신이 좋아하는 사람에게서 어떤 애정을 받았으며 그 사람은 누구인가? 어떻게 칭찬받고 벌을 받았으며 그에 대해 어떻게 반응했는가? 정의와 불의에 대한 감정을 계발하도록 도와준 사람은 누구인가?

26. 어떤 두려움을 느꼈는가? 두려움을 어떻게 숨겼는가? 두려움을 표현하면 보통 어떤 반응을 얻었는가? 공포감을 느꼈던 특별한 시간에 대해 이야기해 보라.

27. 아이로서 상처 받은 감정을 어떻게 숨겼는가? 드러냈다면 어떻게 드러냈는가?

    크게 상처 받았던 때를 이야기해 보라.

28. 어른들에게 실망한 때는 언제인가?
29. 부모님이나 조부모님 외에 어린 시절에 중요한 역할을 한 어른에 대해 이야기해 보라.
30. 가족 전체가 함께한 일이나 행사를 기억해 보라. 어른들은 그때 무엇을 했는가?
    또 아이들은 무엇을 했는가? 기억에 강하게 남아 있는 장면을 서술해 보라.
31. 처음으로 가족과 멀리 떨어진 때는 언제였는가? 그때 느꼈던 감정을 묘사해 보라.
    떨어져 있는 시간이 특별히 힘들었거나 즐거웠던 경우를 기억해 보라.
32. 가족이나 친지, 친구 중에 싫어한 사람은 누구였고 그 이유는 무엇이었는가? 좋아했던
    사람에 대해서도 이야기해 보라.
33. 어릴 때 하고 싶었지만 할 수 없었던 일은 무엇인가? 그중 해서는 안 되는 것은 무엇이
    었나? 하고 싶었지만 어린아이의 능력을 벗어난 활동은 무엇이었는가?
34. 괴로웠거나 슬펐던 때를 기억해 보라. 어떤 일이 있었는가? 어떻게 대응했고 그것에 잘
    대처하는 데 도움을 준 것은 무엇이었다고 생각하는가?
35. 죽음이라는 것을 처음으로 가까이 접한 때를 묘사해 보라. 무슨 일이 일어났고 사람들이
    어떤 말을 나누었으며 당신에게는 무슨 말을 했는가? 무엇을 생각하고 느꼈는가?
36. 어린 시절 가족의 재정 상태는 어떠했던 것으로 기억하는가?
    그 시절 부모님이 하시던 일과 관련해서 무엇을 보고 들었는가? 가족이나 일 외에 부모
    님의 주요 관심사는 무엇이었는가? 부모님이 서로 대하는 모습은 어떻게 느껴졌는가? 어
    린아이의 관점으로 볼 때 두 분은 행복해보였는가? 슬퍼 보였는가, 화가 나 보였는가?
37. 지울 수 없을 만큼 강하게 남아 있는 어린 시절의 기억에는 어떤 것이 있는가?
    어린 시절을 되돌아볼 때, 오늘날까지도 진정 가치 있다고 느끼는 배움과 깨달음에는 어
    떤 것이 있는지 말해 보라.
38. 어린아이인 자신을 돌이켜 보았을 때, 오늘날의 자신을 만든 밑거름이 된 행동과 경험은
    무엇이었는가?
39. 어린 시절부터 간직하고 있는 물건이 있다면 그것은 무엇인가?
    그것을 만졌을 때는 어떤 느낌이고 무엇을 기억하게 하는가? 오래도록 간직하고픈 물건
    에는 무엇이 있는가?
40. 어린 시절의 자신을 그려 보라. 그런 다음 그 아이 앞에 지금의 당신이 서 있는 모습을
    상상해 보라. 당신을 바라보고 있는 그 아이에게 무엇을 이야기하고 싶은가?

〈청소년기, 지금 여기의 나〉
1. 당시 어디에 살았고 누구와 살았는가? 그 시기 가족들은 어떻게 지냈는지 묘사해 보라.
2. 어느 학교를 다녔는가? 학교 전체와 학급의 학생 수는 몇명이나 되었는가? 어느 학년을
   가장 좋아했는가? 추구하고자 했던 관심사에는 무엇이 있었는가? 돌이켜 볼 때, 미래를
   대비하기 위해 당시 반드시 학습했어야 하는 것은 무엇인가?
3. 청소년기의 당신이 학교 앞에 서 있는 모습을 상상해 보라. 문을 열고 교정에 들어서 보
   라. 무엇이 들리고 누가 보이는가? 또 교실에도 들어가 보라. 맨 처음 느껴지는 전반적인
   감정은 무엇인가? 자신이 앉아 있던 교실을 바라보자. 어떤 구체적인 기억이 떠오르는가?

선생님이 용기를 북돋워 주었거나 좌절하게 했던 경우가 있었는가?

4. 학교 수업 말고 다른 학교 활동에도 참여했는가? 그러한 경험에 대해 서술해 보라.

5. 가장 친했던 친구에 대해 말해 보라. 어떻게 친구가 되었는가? 만나서 보통 무엇을 함께 했는가? 서로에게 어떤 영향을 끼쳤다고 생각하는가?

   * 좋은 친구가 있다고 확신했던 순간을 말해 보라. 시간이 지남에 따라 이 같은 우정이 지속되었는가, 사라졌는가? 그 이유는 무엇인가? 오늘날 그 친구에 대해 어떻게 느끼고 있는가?

6. 재미 삼아 즐겨 했던 것을 구체적으로 써 보라.

7. 청소년기에 즐겼던 음악에 대해 써 보라.

   * 어떤 음악을 좋아했는가? 어디서 주로 들었는가? 특별한 기억을 불러일으키는 노래 혹은 악보가 있는가? 노래를 직접 불렀거나 악기를 연주했다면 그 경험에 대해 이야기해 보라. 이 시기 음악은 당신에게 어떤 의미였는가?

8. 그 시절 어떤 춤이 유행했고 당신은 어떤 것을 좋아했는가? 사람들은 춤을 추기 위해 어디로 갔는가?

9. 운전은 언제 어떻게 배웠는가? 자동차 사용에 대해 어떤 제재는 없었는가?

10. 데이트나 성, 술, 흡연에 대해 어른들로부터 들은 규칙은 무엇인가?

    * 당시 또래들 사이에서는 데이트나 성, 술, 흡연을 어떻게 바라보았는가? 그러한 쪽에 가장 큰 영향을 준 사람은 누구인가? 또 어떤 것의 영향을 받았는가? 자신은 어떤 경험을 했는가?

11. 첫눈에 반한 일에 대해 이야기해 보라.

    * 첫 데이트에 대해, 또는 좋아하는 사람과 함께 보낸 특별한 시간에 대해 묘사해 보라. 경험했던 로맨스에 대해 이야기해 보라.

12. 어른들이나 반 친구들이 당신을 어떻게 생각한다고 느꼈는가?

    그러한 생각에 대해 어떤 부분에 동의하고 어떤 부분에 동의하지 않는가?

    * 어디에서 누구로부터 가장 인정받았는가? 자신이 어떤 방면에 유능했다고 생각하는가? 당신이 발견한 자신만의 강점은 무엇이었는가? 또래들과 자신이 어떻게 다르다고 느꼈는가?

13. 당시 자신에게 가장 중요한 일은 무엇이었는가?

    * 열정적이고 지속적으로 매달렸던 중요한 일은 무엇이었는가? 하고는 싶었지만 할 수 없었던 일은 무엇이었는가?

14. 위험한 행동을 한 적이 있는가?

    * 자신이 했던 반항적인 행동에 대해 이야기해 보라. 무엇이 그런 행동을 하게 만들었고 어떤 결과를 가져왔는가?

15. 10대 시절, 가장 어렵게 느꼈던 일은 무엇이었나? 그 일에 대한 자신의 생각은 어떠했고 그 결과는 어떻게 되었는가?

16. 그 시절 알게 된 가족의 불화가 있었는가? 그 일은 당신에게 어떤 영향을 끼쳤는가?

17. 당신은 가족과 주위 사람들로부터 어떤 기대를 받았는가? 그에 대해 자신은 어떻게 느꼈는가?

* 자신이 맡은 집안 일은 무엇이었으며, 피하고 싶었던 일은 무엇인가? 용돈은 어떻게 마련했는가?

18. 동아리나 조직에 속해 있었는가?
    * 어떤 식으로든 공동체에 속해 있었는가? 독립심을 느끼기 시작한 때는 언제인가? 독립적인 사람이라고 인식한 때는 언제인가?

19. 방과 후에는 무엇을 했는가?

20. 살았던 지역에 대해 이야기해 보라. 그곳의 날씨와 환경은 사람들의 생활에 어떤 영향을 미쳤는가? 학교나 집 외에 자주 갔던 곳은 어디인가?

21. 이웃은 누구였는가? 당신 가족과의 관계는 어떠했는가?

22. 10대 시절, 부모님은 무슨 일을 하셨는가? 두 분이 일에 대해 말씀하시는 것을 들은 적이 있는가? 두 분이 하시던 일에 대해 당신이 생각하거나 느낀 것은 무엇인가?

23. 청소년기를 거치며 아버지, 어머니와의 관계는 어떻게 변화 했는가? 어머니 또는 아버지와 보낸 시간에 대해 가능한 한 구체적인 기억을 떠올려 보라.

24. 부모님이 무엇을 해 주기를 바랐는가?
    * 자신이 다른 가족 구성원과 다른 점이 있다고 느꼈는가? 그것은 무엇인가?
    평상시보다 가족에 대해 더욱 강한 친밀감을 느꼈을 때를 써 보라. 부모님이나 가족의 지지를 받았던 때를 기억해 보라.

25. 듣기 싫었던 말은 무엇인가?
    * 당시의 걱정과 두려움에 대해 이야기해 보라. 어떤 압박을 받았는가?
    가장 편안하다고 느낀 때는 언제인가? 부끄러웠을 때 또는 자신감을 느꼈을 때에 대해 설명할 수 있는가? 적절한 예를 들어 보라.

26. 10대 시절 경험한 여름밤에 대한 느낌을 적어 보라. 별자리를 바라보며 나눈 대화나 품었던 희망이 있는가?

27. 당시 가장 믿었거나 존경했던 사람은 누구인가?

28. 할 수 없으리라고 생각했지만 끝내 해낸 일에 대해 말해 보라. 어떤 사람이나 사건으로 용기를 얻었던 때를 기억해 보라.

29. 열광적으로 임했던 사건에 대해 설명해 보라.
    지금까지도 생생하게 살아 있는 경험에 대해 서술해 보라.

30. 인생의 중요한 10대 시절에 가장 많은 것을 가르쳐 준 사람은 누구였다고 생각하는가? 배운 것 중에서 이후에 크게 도움이 되었던 것에 대해 말해 보라.

31. 그 시절 가장 힘들었던 부분은 무엇이었는가? 그것을 잘 이겨 내도록 도와준 사람이나 일은 무엇이었는가?

32. 자신의 10대 시절 모습을 어떻게 묘사할 수 있겠는가?

33. 승리감을 느끼게 한 일은 무엇인가?

34. 10대로서, 가치 있다고 여긴 일은 무엇이었는가? 자신에게 가장 중요한 이상은 무엇이었는가?

35. 자신의 10대 시절의 어떤 면이 진정 고맙게 느껴지는가? 당신이 가장 감사한 일과 사람은 누구였는가?

나의 미래

1. 나의 20대
   (1) 나의 20대의 생활은?
   (2) 어떤 직업을 가졌나요?
2. 결혼생활
   (1) 결혼하기까지 과정과 결혼 초기에 가장 신경 쓰고 싶은 부분은 무엇이며 그 생활을 어떻게 묘사할 수 있는가?
   (2) 아이가 태어나면 배우자와의 관계, 당신의 부모님과의 관계는 어떻게 변할까?
3. 부모가 되어
   (1) 아이가 태어난 날에 대해 설명 해보라. 첫아이에 대한 가족들의 반응을 상상해 보라.
4. 중년으로 접어들어
   (1) 40내의 어느 날 평일 하루를 어떻게 보냈는지 설명해 보라.
   (2) 당시 하고 있을 모든 압박과 스트레스를 느낄 때 무엇으로 풀었는지, 40년의 인생을 통해 무엇을 배웠는지 상상해 보라.
   (3) 자신의 힘으로 가장 잘했다고 생각 하는 일, 가장 두려워하고 걱정한 일은 무엇일 것 같은가?
5. 할아버지 할머니가 되어
   (1) 당신 부모님이 더 이상 세상에 없다는 것은 어떤 느낌일까?
   (2) 태어난 손자를 처음 봤을 때의 느낌과 당시의 상황을 설명해 보라.
   (3) 자식과 손자들과의 관계는 어떠했는가? 할아버지 할머니로서 자신의 모습을 묘사해 본다면 배우자와의 관계, 자식들과의 관계는 어떻게 변화 했는가?
6. 노년을 보내며
   (1) 노년의 자신을 묘사해 봐라 어디에서 어떻게 살고 있으며 수입원은 무엇인가?
   (2) 젊은 시절 꿈과 비교해 지금 만족스러운 것과 불만족스러운 것이 있다면?
   (3) 이 순간 가장 걱정 하는 것, 가장 화나게 하는 것, 가장 기쁘게 하는 것은 무엇인가?
   (4) 당신이 세상을 떠난다면 당신의 자식과 손자들은 어떤 느낌이 들까?
   (5) 자식과 손자, 친구와 친척들에게 남길 유언장을 멋지게 작성해 보라.

② 자신의 삶과 관련된 단어를 떠올려 보자.
   <나의 묘비명에 쓸 한 줄의 글 : "나의 삶은~~~~">

묘비명에 쓸 한 줄의 글 :
(글의 제목과 관련됨)

③ 자신의 삶에서 의미 있고 중요한 사건을 떠올려 보고 시간 순서에 따라
   인생 곡선으로 정리해 보자.

02 의미 있는 사건 해석하기

  '과정01' ①, ②의 도움을 받아 나의 삶에 의미 있는 사건을 정리해 보자. 사
건이 일어났던 당시 상황과 느꼈던 점을 떠올려 보고, 솔직하고 진실하게 기술
하도록 한다. 과거 사진을 보거나 주위 사람들과 이야기를 나누며 그때의 일들
을 떠올려 보면 더욱 효과적이다. 5에는 앞으로의 삶의 계획을 간단하게 정리해
보자.

연번	시간적 순서	사건	사건의 의미	표현전략
1				
2				
3				
4				
5				

03 표현 전략 세우기

'과정02'에서 정리한 사건 중 다양한 표현법을 고려하여 사건을 효과적으로 표현할 수 있는 방법을 생각해 보자.

- 서술상의 표현 방법: 자서전에서 당시의 상황을 어떻게 서술하느냐에 따라 다른 효과를 줄 수 있다. 시간에 따른 사건의 나열이나 당시 나눴던 대화를 직접 제시해 주는 방법 등을 통해 그 당시 상황을 생생하게 표현할 수 있다. 그리고 현재의 관점에서 과거의 사건을 재해석함으로써 주관적 생각이나 심리를 강조하여 서술할 수 있다.
- 신빙성 있는 자료 제시: 자서전을 쓸 때, 그림, 도표, 사진, 증언, 일기, 편지, 신문 등의 자료를 사용하면 과거의 일이라도 잘 기억날 수 있게 하는 회상의 매개체가 되며, 독자에게는 현장감과 진실성을 느끼게 해 준다.
- 다양한 수사법과 관용 표현의 사용: 강조, 변화, 비유 등의 수사법을 사용하면 글쓴이의 사상과 감정을 보다 효과적으로 나타낼 수 있다. 또한 속담, 관용어, 격언, 명언과 같은 관용 표현의 사용은 자서전의 내용을 신선하고 재미있게 해 준다. 이는 자서전을 읽는 독자에게도 흥미를 준다.

≫ 결과물 및 활동 사진

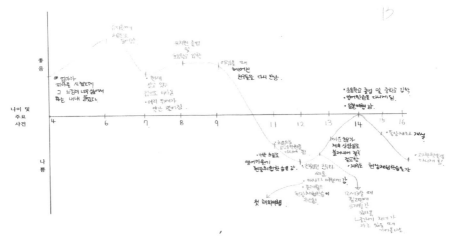

활동 과정

< 의미 있는 사건 해석하기>

'과정01' [1], [2]의 도움을 받아 나의 삶에 의미 있는 사건을 정리해 보자. 사건이 일어났던 당시 상황과 느꼈던 점을 떠올려 보고, 솔직하고 진실하게 기술하도록 한다. 과거 사진을 보거나 주위 사람들과 이야기를 나누며 그때의 일들을 떠올려 보면 더욱 효과적이다. 5에는 앞으로의 삶의 계획을 간단하게 정리해 보자.

연번	시간적 순서	사건	사건의 의미	표현전략
1	1	현재 사는 집으로의 이사	오빠가 다니던 초등학교에서 원래 살던 집이 너무 멀어서 오빠의 초등학교 근처로 이사를 왔는데, 이사하기 전에 친구들이랑 제대로 인사를 못해 아쉬웠고, [illegible]	수필
2	2	처음으로 다니게 된 교과학원	[illegible]	수필
3	4	첫 해외여행이자 첫 비행기 탑승	초등학교 5학년 여름방학 때 [illegible]	수필 기행문
4	3	기대하던 현장체험학습의 취소	[illegible]	수필
5	5	친했던 친구와의 갈등	[illegible]	수필

활동 과정

<개요 작성>

제목	15년의 삶 되돌아보기
처음	<소제목: 되돌아보기> 아직 15년밖에 살지 않았고, 그렇게 큰 사건이라고 할 만한 것도 없다고 생각은 해왔지만, 다시 한 번 내 삶을 되돌아보며 나름 인상 깊었던 일들이 있다는 것을 알게 되었고 이러한 일들 중에서도 좀 더 기억에 남아 있는 일들을 되짚어보려 한다
중간 1	<소제목: 현재 사는 집으로의 이사>
중간 2	<소제목: 처음으로 다니게 된 교과학원>
중간 3	<소제목: 기대하던 현장체험학습의 취소>
중간4	<소제목: 첫 해외여행이자 첫 비행기 탑승>
끝	<소제목: 과거, 현재, 그리고 미래> 사실 나는 내가 현재를 살아가고 있어서 과거와 미래에는 큰 신경을 쓸 필요가 없다고 생각했었다. 그렇지만 내 삶을 되돌아보면서 그렇지 않다는 것을 깨닫게 되었다. 과거를 되돌아보면서 깨달음을 얻을 수 있고, 미래를 계획하지 않으면 현재가 될 미래에 큰 문제가 닥친다는 것을 알았다. 앞으로는 과거로부터 얻은 [illegible] 미래를 계획하며 앞으로 나아가는 사람이 되어야겠다고 생각했다.

활동 과정

04 음악과 함께하는 삶

음악과 - 자연 및 생명과 관련된 음악 감상하며
생명존중에 대해 이해하기

≫ 수업안

학교명	○○○중학교	수업 학반	3-5
수업 교과	음악	수업 인원	33명
수업 교사	○○○	수업 기간	2019. 5. 20.~ 5. 31.
지도 단원	VI. 음악과 함께하는 삶		
성취 기준	음 9222. 음악을 듣고 현대 사회에서 음악의 다양한 쓰임에 대해 이야기할 수 있다.		
수업 주제	자연 및 생명과 관련된 음악 감상하며 생명존중에 대해 이해하기		
전체 단원 구성	1차시: 다양한 시대의 음악적 특징 대해 이해하기 2차시: 자연을 표현한 다양한 음악을 찾아 감상하기 3차시: 음악 속 자연과 생명의 소중함을 생각하며 감상문 쓰기		

해당 차시 수업 흐름	구분	수업 내용	시간
	1차시	자연을 표현한 다양한 음악을 찾아 감상하기	1
	2차시	음악 속 자연과 생명의 소중함을 생각하며 감상문 쓰기	1

평가 방법	◦ 수행 평가: 개별평가, 관찰평가
수업자 생각 (수업 디자인)	이 수업의 주제는 자연을 표현한 음악을 찾아 감상하면서, 그 속에서 나타난 다양한 자연과 생명의 모습을 상상하며 이야기를 나눔으로써 생명의 소중함을

느끼고 아낄 수 있도록 하기 위한 것이다. 그리고 이러한 활동을 통해 작고 보잘 것 없는 것이라도 모든 생명은 존중받을 가치가 있으며, 아끼고 배려해야 한다는 하는 생각을 기를 수 있을 수 있다. 그리고 더 나아가 이 수업을 통해 스스로도 가치있고 소중한 존재라는 것을 느끼는 시간이 되기를 기대해 본다.

>> 평가 계획

교육과정	9222. 음악을 듣고 현대 사회에서 음악의 다양한 쓰임에 대해 이야기할 수 있다.			
성취 기준	9222. 음악을 듣고 현대 사회에서 음악의 다양한 쓰임에 대해 이야기 할 수 있다.	성취 수준	상	현대 사회에서 활용되는 다양한 음악을 듣고 음악의 다양한 쓰임을 적절한 사례를 들어 자세하게 이야기할 수 있다.
			중	현대 사회에서 활용되는 다양한 음악을 듣고 음악의 다양한 쓰임을 비교적 자세하게 이야기할 수 있다.
			하	현대 사회에서 활용되는 다양한 음악을 듣고 음악의 쓰임의 일부를 간단히 이야기할 수 있다.
평가방식	개별 평가, 관찰 평가			

평가 내용	평가 기준	평가 수준	
수행평가 (감상)	음악을 듣고 그 음악의 특징을 이해하고 현대사회에서 음악의 다양한 쓰임에 대해 이야기할 수 있는가?	상	다양한 음악을 듣고 악곡의 특징을 이해하고 음악의 다양한 쓰임을 적절한 사례를 들어 자세하게 이야기할 수 있다.
		중	다양한 음악을 듣고 악곡의 특징을 이해하고 음악의 다양한 쓰임을 비교적 자세하게 이야기할 수 있다.
		하	다양한 음악을 듣고 악곡의 특징을 이해하고 음악의 쓰임의 일부를 간단히 이야기할 수 있다.

≫ 활동지

음악 3학년 활동지	배움 주제	자연 및 생명과 관련된 음악 감상하며 생명존중에 대해 이해하기
학년 반 번 이름		

* 자연을 소재로 한 음악을 모둠별로 찾아 제목과 특징을 적어봅시다.

작곡가, 작품제목 :   작곡가, 작품제목 :

    특징   특징

작곡가, 작품제목 :
    특징

음악 3학년 활동지	배움 주제	자연 및 생명과 관련된 음악 감상하며 생명존중에 대해 이해하기
학년 반 번 이름		

음악 속 자연의 모습을 상상하며 자연과 생명의 소중함에 대해 모둠원들과 이야기를 나누세요. 그리고 자신의 생각을 정리하여 자유롭게 적어보세요.

≫ 결과물 및 활동 사진

활동모습

PPT

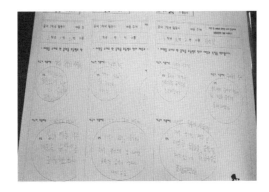

활동지

CHAPTER

03

교과 융합 인성교육
수업 사례

01 Only-One 프로젝트 개요

꿈 · 끼 · 행복을 찾아 떠나는 Only-One 프로그램 운영계획

1. 목적

○ 다양한 5월 학교교육활동에 주인의식을 갖고 적극적이고 능동적으로 참여하기 위한 기회 제공

○ 학교교육활동과 교실수업을 연계한 프로젝트 수업 및 평가, 기록의 일체화를 통한 자유학년–연계학기 운영의 내실화

○ 중점연계학기 중, 자신의 적성과 미래에 대한 진로를 탐색하고 설계할 수 있는 다양한 활동을 지원

2. 운영개요

○ 운영 방법

　– 5월 학교교육활동과 교과수업을 연계

융합 교과	성취 기준	단원	교수 방법	학습 방법
국어	사회적으로 의미가 있는 내용을 매체 자료로 구성하여 발표한다.	2. 알림의 기술 (2) 매체 자료 활용하여 발표하기	팀티칭	모둠활동 프로젝트 학습

융합 교과	성취 기준	단원	교수 방법	학습 방법
영어	실생활에서 일어나는 일들을 계획하고 실행할 수 있다.	3. Growing Vegetables in a Bag	팀티칭	모둠활동 프로젝트 학습
수학	문제의 뜻을 파악하고, 그 결과를 예측할 수 있다.	Ⅲ. 방정식과 부등식		

- 학급별 자치회를 통한 의견 수렴 과정을 통해 수요자 중심의 맞춤형 프로그램 운영
- 두 집단(2학년 1반~3반, 4반~6반)으로 나누어 진행

○ 지도교사: 2학년 국어, 영어, 수학 교과 교사
○ 대상: 2학년 전 학급
○ 추진 절차:

일자	추진 내용
5월 첫째 주	사전 안내 및 희망 의견 수렴 및 결과 안내
5월 8일	• 확정된 소규모 프로젝트 프로그램 안내 및 프로그램별 학생 팀 구성 (1차시) • 기획안 작성(붙임 파일. 기획안 예시 참고), 2~3교시
5월 9일 ~ 5월 30일	• 5월 학교교육활동 참여를 통한 자료 수집 및 준비 - 5월 9일: 전일제 동아리활동 - 5월 15일: 스승의 날(도서관 행사) - 5월 16일: 재난대피훈련 - 5월 18일: 체육대회 - 5월 23일: 전문직업인의 날 - 5월 29일: 주제가 있는 현장체험학습 - 5월 30일: 직업체험 ※ 선택프로그램, 교과수업 등 모든 교육활동내용을 소재로 함.
6월 5일	소규모 프로젝트 과제 수행

○ 기간: 5월 1주~6월 1주

○ 프로그램 내용:

활동 영역	활동 목표	활동 주제
소규모 프로젝트	■ 자신의 진로적성 및 흥미에 맞는 소규모 프로젝트 과제를 기획-준비-실행하는 과정을 통해 성취감을 맛본다.	* 플래시몹
		* UCC제작
		* 디베이트
		* 랩 제작
		* 학급 반티 디자인
		* 웹툰
		* 학급 응원가 만들기
		* 미니어처
		* 나는 대곡 도서부
		* 광고콘티
		* 5월 학교신문
		* 골든벨 퀴즈 만들기
		* 함께 쓰는 보고서
		* 보드게임 만들기
		* 브로셔 만들기

※ 학생 수요에 따라 프로그램 운영 및 내용의 변동이 있을 수 있음

3. 평가 및 일반화

1) 평가 계획

	국어	영어	수학
평가 방법	교사평가	교사평가, 모둠평가	자기평가
평가 내용	• 계획서의 충실성 • 표현 방법의 적절성 • 주제에 대한 적합성	• 내용 및 구성 • 언어사용 및 문장 완성도 • 주제 관련성 및 명료성	프로젝트 수행 과정 태도의 성실성

2) 일반화 계획

영역	공유 방법
전시물	대곡 인성 러닝페어 시 작품 전시
공연물	꿈·끼 탐색주간 및 축제 시 무대 공연 및 시청

4. 기대효과

○ 학생들의 학교교육활동 참여 인식 개선 및 참여 태도 증진

○ 능동적 배움 활동을 통한 정보의 구성 및 표현력, 자기 주도적 학습 능력, 통찰력의 신장

○ 학생 개인의 적성과 미래에 대한 진로를 탐색·설계·공유하는 교육 활동의 장 마련

02 Only-One 프로젝트 적용

학생 안내 자료

> Only-One 프로젝트로 꿈·끼·행복을 찾아 떠나요!

○ 목적: 2학년 학생들에게 5월 학교교육활동에 주인의식을 갖고 적극적이고 능동적으로 참여하기 위한 기회를 제공하기 위해

○ 대상: 2학년 전 학급

○ 일정

일자	추진 내용
5월 첫째 주	사전 안내 및 희망 의견 수렴 및 결과 안내
5월 8일	• 확정된 소규모 프로젝트 프로그램 안내 및 프로그램별 학생 팀 구성(1차시) • 기획안 작성(붙임 파일. 기획안 예시 참고), 2~3교시

5월 9일 ~ 5월 30일	• 5월 학교교육활동 참여를 통한 자료 수집 및 준비
	  – 5월 1일: 사랑의 도시락데이
	  – 5월 3, 4일: 중간고사
	  – 5월 9일: 전일제 동아리활동
	  – 5월 15일: 스승의 날(도서관 행사)
	  – 5월 16일: 재난대피훈련
	  – 5월 18일: 체육대회
	  – 5월 23일: 전문직업인의 날
	  – 5월 29일: 주제가 있는 현장체험학습
	  – 5월 30일: 직업체험
	  ※ 선택프로그램, 교과수업 등 모든 교육활동내용을 소재로 함.

6월 5일	소규모 프로젝트 과제 수행

○ 프로그램 내용

활동 영역	활동 목표	활동 주제
소규모 프로젝트	■ 자신의 진로적성 및 흥미에 맞는 소규모 프로젝트 과제를 기획-준비-실행하는 과정을 통해 성취감을 맛본다.	* 플래시몹
		* UCC제작
		* 디베이트
		* 랩 제작
		* 학급 반티 디자인
		* 웹툰
		* 학급 응원가 만들기
		* 미니어처
		* 나는 대곡 도서부
		* 광고콘티
		* 5월 학교신문
		* 골든벨 퀴즈 만들기
		* 함께 쓰는 보고서
		* 보드게임 만들기
		* 브로셔 만들기

국어과 활동지 사례

인성 요소	효, 정직, 자율성, 책임감, 긍정, 존중감, 도전정신, 소통, 배려심, 협력, 예절, 통합, 창조정신	2학년 ( )반 ( )번 이름( )

★ 사진으로 쓰는 가치 있는 이야기

〈주의사항〉	〈나는 어떤 경험을 했나요?〉
1. 내가 경험한 내용이 생생하게 전달되도록 자세하게 표현합니다.	- 주변에서 이야기로 만들고 싶은 소재(경험)를 찾아보세요.
2. 이야기의 흐름이 매끄럽게 진행되도록 합니다.	- 가치 있는 경험은 자신의 경험(일상)에 자신이 의미를 부여하게 되면 가치 있는 경험이 됩니다.
3. 나의 이야기를 경험한(공유한) 친구들은 깨달음을 얻어야 합니다.	- 실제 경험했던 일, 읽었던 이야기, 영상을 통해 본 이야기, 들었던 노래 가사, 영화의 한 장면, 다른 사람에게 들은 이야기, 수업 시간에 배운 새로운 내용, 책을 통해 얻게 된 정보 등 무엇이든 떠올려보세요.
4. 활용한 보조자료(사진 또는 그림)는 내용과 관련이 있어야 합니다.	
5. 경험을 통한 깨달음(교훈)은 위에 선택한 인성요소를 포함하여야 합니다.	

사진 제목	사진	이야기

사진 제목	사진	이야기

생각 떠올리기	개요
	처음(이야기의 시작): 중간(흥미진진 이야기의 전개): 끝(이야기의 결말):

과정 중심 평가 인성교육 수업 사례

01 한 학기 한 권 책 읽기
프로젝트 개요

1. 생각의 절차

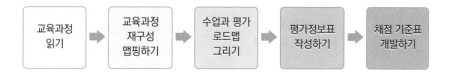

교육과정 읽기 → 교육과정 재구성 맵핑하기 → 수업과 평가 로드맵 그리기 → 평가정보표 작성하기 → 채점 기준표 개발하기

2. 교육과정 재구성과 맵핑 작업하기

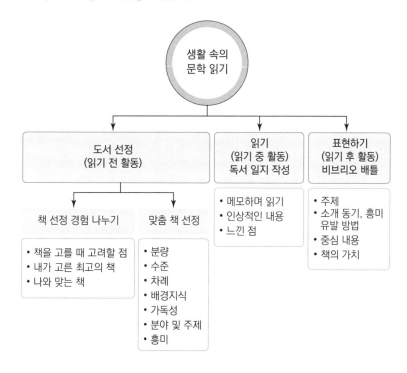

생활 속의 문학 읽기

- 도서 선정 (읽기 전 활동)
- 읽기 (읽기 중 활동) 독서 일지 작성
- 표현하기 (읽기 후 활동) 비브리오 배틀

책 선정 경험 나누기
- 책을 고를 때 고려할 점
- 내가 고른 최고의 책
- 나와 맞는 책

맞춤 책 선정
- 분량
- 수준
- 차례
- 배경지식
- 가독성
- 분야 및 주제
- 흥미

읽기 (읽기 중 활동) 독서 일지 작성
- 메모하며 읽기
- 인상적인 내용
- 느낀 점

표현하기 (읽기 후 활동) 비브리오 배틀
- 주제
- 소개 동기, 흥미 유발 방법
- 중심 내용
- 책의 가치

3. 교육과정 재구성과 로드맵 그리기

성취기준	평가기준		가르쳐야 할 것, 학생들이 무엇을 배워야 하는가? [학습요소]	수업디자인	평가방법
[9국02-10] 읽기의 가치와 중요성을 깨닫고 읽기를 생활화하는 태도를 지닌다.	상	읽기의 가치와 중요성을 알고 평소 책을 읽는 습관을 형성함으로써 읽기를 생활화하는 적극적인 태도를 지닌다.	읽기의 가치와 중요성 이해, 읽기를 생활화하는 태도 기르기, 책을 읽으면서 느낀 점을 바탕으로 발표하기, 발표자의 의도에 부합하는 핵심 정보가 잘 드러나도록 내용 구성	맞춤 책 선정 → 독서일지 작성 → 비브리오 배틀	– 맞춤 책 선정 '자기 평가' – 독서일지 작성 '관찰 평가' – 비브리오 배틀 '교사 평가'
	중	읽기의 가치와 중요성을 알고 읽기를 생활화하는 태도를 지닌다.			
	하	읽기의 가치와 중요성을 알고 책을 읽는 긍정적인 태도를 지닌다.			

4. 평가 정보표

학교급	중학교	학년	2학년
교과(과목)	국어	교육과정 내용영역	한 권 읽기 활동

과제명	• 맞춤 책 선정 • 독서 일지 작성 • 비브리오 배틀		

성취기준 및 평가기준	[9국02-10] 읽기의 가치와 중요성을 깨닫고 읽기를 생활화하는 태도를 지닌다.	상	읽기의 가치와 중요성을 알고 평소 책을 읽는 습관을 형성함으로써 읽기를 생활화하는 적극적인 태도를 지닌다.
		중	읽기의 가치와 중요성을 알고 읽기를 생활화하는 태도를 지닌다.
		하	읽기의 가치와 중요성을 알고 책을 읽는 긍정적인 태도를 지닌다.

교과 역량	☑ 비판적 · 창의적 사고 역량 ☑ 의사소통 역량 ☑ 문화 향유 역량	☑ 자료정보 활용 역량 ☑ 공동체 · 대인관계 역량 ☑ 자기성찰 · 계발 역량

평가 방법	☑ 서술·논술	☑ 조사·발표	☑ 토의·토론	☐ 프로젝트
	☐ 실험·실습	☐ 포트폴리오	☐ 보고서	☑ 동료평가
	☑ 자기평가	☑ 관찰평가	☐ 기타	

과정중심 평가의 방향(의도)	2학기 한 권 문학읽기 활동은 독서 수행 과제를 최소한으로 줄이고, 책 읽기 그 자체에 집중하는 수업 모형이다. 자신이 직접 선택한 한 권의 책을 수업 시간을 활용해 꾸준히 읽고, 그에 대한 기록을 독서일지로 남기는 활동에 중점을 두었다. 교사는 독서일지를 검사하면서 학생의 책 읽기를 돕고, 적절한 피드백을 통해 학생들의 읽기 능력 및 사고의 성장이 이루어질 수 있도록 한다. 이 과정에서 교수·학습 성패를 가르는 핵심 지점은 '좋은 책을 선정하여 제시하고, 학생들이 자신이 스스로 읽고 싶은 책을 골랐는가?'와 '학생들이 몰입하여 다 같이 책을 읽는 분위기가 조성되었는가?'의 여부라고 판단이 된다.

5. 신뢰도와 타당도가 있도록 채점 기준표 만들기

※ 교과역량 (☑ 비판적·창의적 사고 역량   ☑ 자료정보 활용 역량   ☑ 의사소통 역량   ☑ 공동체·대인관계 역량   ☑ 문화 향유 역량   ☑ 자기성찰·계발 역량)

영역			생활 속의 문학 읽기		
과제명			1. 맞춤 책 선정 2. 독서 일지 작성 3. 비브리오 배틀		
성취기준			[9국02-10] 읽기의 가치와 중요성을 깨닫고 읽기를 생활화하는 태도를 지닌다.		
문항	평가요소	배점	평가 준거		
			상	중	하
맞춤 책 선정 (교사 평가)	책 선정 경험 나누기	30	책을 선정하기 위한 경험 나누기 활동에 참여하는 태도가 진지하고 활동지를 성실하게 작성하였다.	책을 선정하기 위한 경험 나누기 활동에 참여하는 태도가 진지하지 못하였거나 활동지를 성실하게 작성하지 않았다.	책을 선정하기 위한 경험 나누기 활동에 참여하는 태도가 진지하지 못하였으며, 활동지를 성실하게 작성하지 않았다.
			30	25	20
독서 일지 작성 (교사 평가)	참여도	20	모든 시간 책을 읽는 태도가 진지하며 집중하였다.	모든 시간 책을 읽는 태도가 진지하고 집중하지는 않았다.	모든 시간 책을 읽는 태도가 진지하고 집중하지 않았다.
			20	15	10
	충실성	20	모든 시간 좋은 메모, 인상적인 구절 등 내용이 충실하게 독서 일지를 작성하였다.	모든 시간 좋은 메모, 인상적인 구절 등 내용이 충실하게 독서 일지를 작성하지는 않았다.	모든 시간 좋은 메모, 인상적인 구절 등 내용이 충실하게 독서 일지를 작성하지 않았다.
			20	15	10
비브리오 배틀 (교사 평가)	표현	30	말하기의 속도 및 성량, 자세와 시선이 자연스럽고, 듣는 사람들과의 교감이 충분히 이루어졌으며, 발표 시간을 지켰다.	말하기의 속도 및 성량, 자세와 시선이 어느 정도 자연스러웠고, 듣는 사람과의 교감이 어느 정도 이루어졌으나, 시간을 지키지 못했다.	말하기의 속도 및 성량, 자세와 시선이 어색하였고, 듣는 사람과의 교감이 부족했으며, 시간을 지키지 못했다.
			30	25	20
합계		100			

02 한 학기 한 권 책 읽기 프로젝트 적용

읽기 전 활동 1. 책 선정 경험 나누기

■ 개인 작성 후 모둠 대화

• 나는 책을 고를 때, 무엇을 살펴보는가?

• 내가 고른 최고의 책은? 어떤 책인지, 어떻게 골랐는지?

• 내가 고른 최악의 책은? 어떤 책인지, 어떻게 골랐는지?

• 나와 맞는 책은 어떤 책일까? 생각나는 대로 다 이야기해 보자.

■ 모둠 대화 후 개인 작성

• 책을 고를 때, 나와 달리 친구들이 고려하는 것은?

• 모둠 대화를 통해 새롭게 알게 된 점은?

읽기 전 활동 2. '맞춤 책' 활동

이 름		학 번	
제 목			
저 자		출판사	
출판 연도		읽은 날	

단계	선정 기준	평가
1	쪽수가 읽기에 좋은 정도인가? 적당하지 않다면 너무 적은가, 많은가? 책의 두께는 읽기에 적당한가?	
2	아무 쪽이나 펴서 크게 읽어보자. - 막힘없이 술술 잘 읽히는가? - 읽으면서 낱말의 뜻이 잘 통하는가?	
3	차례는 어떻게 구성되어 있는가? 책의 크기와 글자 크기가 읽기에 편안한가?	
4	앞, 뒤표지를 읽고 알게 된 내용을 써보자. 주제나 글쓴이, 삽화가에 대해 이미 알고 있던 내용 이 있으면 써보자.	

단계	선정 기준	평가
5	책을 펴서 읽어보자. – 낱말들이 이해하기 쉬운가, 어려운가? – 읽은 내용은 잘 이해되는가?	
6	어떤 분야/갈래의 책인가? 이전에 이 분야/갈래를 읽어 보았는가? 내가 좋아하는 분야/갈래인가? 내가 읽고 싶은 분야/갈래인가?	
7	이 책의 주제는 읽기에 불편하지 않은가? 이 주제에 관해 읽을 준비가 되었는가?	
8	책 내용과 연결할 수 있는 경험이 있는가? 책의 주제나 삽화, 낱말 등에서 떠오르는 것이 있는가?	
9	책의 주제에 대하여 흥미를 느끼는가? 글쓴이나 책표지에 흥미를 느끼는가? 책을 누구에게 추천받았는가?	

읽기 중 활동 연습. '메모하며 읽기 방법' 알아보기

■ 메모하며 읽기 방법

기호		기호의 의미	메모하는 방법
?	궁금증	이건 무슨 뜻이지? 이게 정말 옳은 이야기일까?	궁금하거나 이해가 되지 않는 점을 질문으로 적어보기
✔	인상적인 부분	이 부분은 정말 재미있다. (또는 슬프다, 화가 난다, 놀랍다) 이 표현 정말 멋있다.	왜 재미있는지, 왜 슬픈지, 왜 화가 나는지, 왜 놀라운지, 왜 멋있는지 그 이유를 적어보기
!	공감	맞아, 이 부분은 내 생각과 똑같아.	왜 공감되는지, 어떤 면에서 공감되는지 적어보기
X	비공감	이 부분은 전혀 공감이 되지 않아. 이 의견에는 동의할 수 없어.	왜 공감되지 않는지, 어떻게 반박할 수 있는지 적어보기
*	배경지식	예전에 내가 겪었던 일이 떠오르네. 이건 영화 ○○○(또는 가요, 또는 드라마) 내용과 똑같네. 요즘 뉴스에 이런 내용이 자주 나오던데.	밑줄 친 내용과 관련 있는 자신의 경험, 각종 매체에서 보고 들은 이야기를 적어보기
★	중심 내용	이 부분이 중요한 내용인 것 같아.	짧게 요약해 보기

그 후로도 날마다 똑같은 일들이 반복됐다.

하지만 시간이 지날수록 요우꼬 그룹도 힘이 빠지는지 상습적으로 나를 차고 때리던 발길질은 조금씩 줄어들었다. 그 대신 말로 마음에 생채기를 냈다. 특별활동 시간에도 마찬가지였다. ✔배구부에 가면 아이들은 내 눈을 쳐다보면서 "왜 왔어?", "우리 2학년 배구부는 열 명밖에 없는데 왜 한 명이 더 많을까?" 같은 말들을 늘어놓았다.

사람을 앞에 두고 이런 말을 하다니, 정말 유치하고 못됐다.

그 말들은 갈고리처럼 내 가슴속을 파고들어 심장 저 깊숙한 곳에 단단히 박혔다. 그럴 때마다 나는 귀를 막고 최대한 걸음을 빨리해 도망가곤 했다.

딱 한 번, 아이들과 함께 있는 장면을 선생님께 들킨 적이 있다. 그때도 나는 요우꼬 패거리들에게 둘러싸여서 괴롭힘을 당하고 있었다. ?그런데도 선생님은 싸늘한 눈길로 우리를 한 번 쓱 훑어봤을 뿐 모른 척하고 그냥 지나가 버렸다. 선생님도 다른 아이들과 똑같았다. 이제 나란 존재는 선생님의 눈에도 보이지 않는 모양이다.

선생님은 왜 스이카를 모른 체 한 걸까? 따돌림을 방관한 다른 아이들은 아무 잘못이 없는 걸까?

괴로워. 괴로워서 미칠 것 같아.

*!그러나 부모님께 털어놓을 수는 없었다. 엄마 앞에서는 아무렇지도 않은 얼굴로 "응응~ 모두 잘 지내요."라고만 했다.

내 주변에서도 이런 일을 겪는 친구들이 많아지는 것 같아.

맞아, 부모님이 걱정하시는 게 싫으니까 말씀 드릴 수 없지. 나도 초등학교 때 그런 적이 있었어.

거짓말쟁이 스이카. 진실을 말할 수 있다면 얼마나 좋을까. 내가 얼마나 지옥 같은 나날을 보내고 있는지 말할 수 있다면……

하지만 그럴수록 입을 여는 건 더 힘들어졌다. 거짓말은 하면 할수록 쉬워진다. 하지만 마음은 점점 더 무거워진다.

– 「미안해, 스이카」, 하야시 미키

읽기 중 활동 연습. '메모하며 읽는 연습하기' 학습지

■ [메모하며 읽기 방법]을 활용하여 아래의 예문을 메모하며 읽어 봅시다.

(최소한 5가지 이상 메모할 것!)

시장에서 쉽게 살 수 있는 씨앗은 어떤 것일까? 종묘상에서 사 온 개량종 씨앗을 '일대잡종'이라고 한다. 이 씨앗들은 수확량이 많고 일찍 수확할 수 있다. 또, 열매가 크고 과육도 많다. 농부들은 많이 수확해서 좋은 값에 팔아야 자식들 학교도 보내고 생활도 할 수 있기 때문에 개량종 씨앗을 선택했다. 그런데 개량종은 특정한 병에 강하게 개량한 것인데, 그 병에는 강할지 모르지만 자가 치유력이 없어 다른 병에는 아주 약하고 금방 전염이 되어 퍼진다. 그래서 농약과 화학비료가 필요하다.

이 씨앗의 또 다른 특징은 불임이라는 것이다. 이 작물을 키워 씨를 받고 다시 심으면 싹이 트는 발아율도 떨어지고, 자라면서 병에 약하고 열매도 잘 맺지 못한다. 또, 부모를 닮지 않고 제각각으로 생긴 열매를 맺는다. 그래서 농부들은 다시 씨앗을 사다 써야 한다.

그런데 종묘 회사는 왜 이런 씨앗을 만들까? 그 이유는 해마다 씨앗을 팔기 위해서다. 농부들이 씨앗을 산 뒤 다시 사지 않으면 수익이 없기 때문이다. 다국적 회사에서 개발한 종자 가운데 '터미네이터 종자'가 있는데, 이것은 아예 싹이 트지 않게 만들어졌다. 다국적 회사는 어떻게 하면 농부들이 해마다 종자를 사게 할까를 고민하다가 다음 해에는 싹이 트지 않도록 유전자를 조작하는 기술을 개발한 것이다.

■ 칠판에 여러분이 메모한 내용을 적어 봅시다.

■ 반 친구들이 메모한 내용 중 '좋은 메모'라고 생각되는 것을 두 가지 선정하고, 그 이유가 무엇인지 이야기해 봅시다.

좋은 메모	좋은 메모라고 생각한 이유

읽기 중 활동

읽은 날짜	책 제목	지은이	읽은 쪽수
20 . . . 교시			( )~( )쪽
메모하며 읽기			
인상적인 문장과 그 이유			
책을 읽으면서 든 생각			
그 밖에 쓰고 싶은 내용			

 **참고자료**

강선보 외(2008). 21세기 인성교육의 방향설정을 위한 이론적 기초연구. 교육문제연구. 제 30집. 1-38.

강선보 외(2008). 『인성교육』. 파주: 양성원.

강선보·박의수·김귀성·송순재·정윤경·김영래·고미숙(2008). 21세기 인성교육의 방향 설정을 위한 이론적 기초. 교육문제연구, 30, 1-38.

강영혜·양승실·유성상·박현정(2011). 민주 시민교육 활성화 방안 연구. 한국교육개 발원 연구보고 RR 2011-09.

강충열·권동택·손민호·이진웅·정진영·한상우·장진희(2013). 인성교육 중심 수업을 위 한 교육과정 편성·운영 방안 연구. 교육부.

계보경, 박태정, 차현진(2016). 4차 산업혁명 시대 it 융합 신기술의 교육적 활용 방안 연 구. 연구보고 RR 2016-7. 한국교육학술정보원.

고미숙(2004). 배려윤리와 배려교육. 한국교육학연구, 10(2), 37-62.

_____(2005). 대안적 도덕교육. 서울: 교육과학사.

고미숙(2008). "도덕철학적 관점의 인성교육".

고진호(1997). 교과교육을 통해서 본 인성교육과 교원양성. 한국교육문제연구, 12, 33-35.

곽병선·유병열·윤현진(1997). 『인성교육의 실제』. 중앙교육심의회 장학편수분과.

관계부처합동(2012). 학교폭력근절 종합대책.

_____(2013). 박근혜정부 국정과제(2013. 5. 28).

교육개혁위원회(1995). 세계화·정보화 시대를 주도하는 新교육체제 수립을 위한 교육개혁 방안.

교육개혁위원회(1995). 신 교육 체제 수립을 위한 교육 개혁 방안. 서울: 대한 교과서 주식 회사. pp.46-47.

교육과학기술부 보도자료(2010. 1. 4). 창의인성교육기본방안.

_____(2012. 7. 10). 초·중등학교 인성교육 대폭 확대된다!

_____(2012. 9. 4). 교과부, 인성교육 설문조사 결과 발표. 교육부(1992a). 국민학교 교육 과정. 교육부 고시 제1992-16호.

_____(1992b). 국민학교 교육과정 해설(Ⅰ) -총론, 국어, 수학-. 교육부 고시 제1992-16호

에 따른.

_____(1992c). 중학교 교육과정. 교육부 고시 제1992-11호.

_____(1992d). 중학교 교육과정 해설(총론, 특별활동). 교육부 고시 제1992-11호에 따른.

_____(1997a). 초·중등학교 교육과정 - 국민 공통 기본 교육과정 -. 교육부 고시 제
       1997-15호 [별책 1].

_____(1997b). 도덕과 교육과정. 교육부 고시 제1997-15호 [별책 6].

_____(1997c). 초등학교 교육과정 해설(Ⅰ) - 총론, 재량 활동 -. 교육부 고시 제1997-15호
       에 따른.

교육과학기술부(2002). 중등학교 교육과정 해설. 교육인적자원부. p.18.

교육과학기술부(2008). 초등학교 교육과정 해설(Ⅰ) - 총론, 재량활동 -. 교육인적 자원
       부 고시 제2007-79호에 따른.

_____(2009a). 창의적 체험활동. 교육과학기술부 고시 제2009-41호 [별책 18].

_____(2009b). 초등학교 교사용 지도서 도덕 4-1. 서울: 지학사.

_____(2012a). 초·중등학교 교육과정 총론. 교육과학기술부 고시 제2012-31호 [별책 1].

_____(2012b). 국어과 교육과정. 교육과학기술부 고시 제2012-14호 [별책 5].

_____(2012c). 도덕과 교육과정. 교육과학기술부 고시 제2012-14호 [별책 6].

_____(2012d). 사회과 교육과정. 교육과학기술부 고시 제2012-14호 [별책 7].

교육과학기술부(2012). 『학교폭력근절 종합대책 관계부처 보도자료』. 2. 5.

교육부 보도자료(2013. 5. 9). 학교교육 정상화로 행복한 학교 구현.

_____(2014. 9. 2). 학교·가정·지역사회가 함께하는 실천 중심 인성 교육 확산을 위한
       2014 인성교육 우수 학교·교사동아리·지역네트워크 선정.

_____(2014. 11. 28). 2014년 2차 학교폭력 실태조사 분석결과 발표. 교육인적자원부

_____(2003). 초등 도덕 교사용 지도서. 서울: 대한교과서주식회사.

_____(2007a). 초·중등학교 교육과정. 교육인적자원부 고시 제2007-79호 [별책 1].

_____(2007b). 도덕 교육과정. 교육인적자원부 고시 제2007-79호 [별책 6].

교육부(2002). 중등학교 교육과정 해설. 교육부. p.18.

교육부(2013). 「배려」와 「나눔」으로 모두가 행복한 인성교육 강화 기본계획 (안).

교육부(2014). 소통과 존중으로 꿈과 끼를 키우는 행복한 사회 구현을 위한 2014 년도 인성교육
       강화 기본계획.

교육부(2016). 지능정보사회에 대응한 중장기 교육정책의 방향과 전략(시안). 2016년 1월
       발표자료. 교육부.

권성호(1994). 문제해결력 증진을 위한 비디오디스크 매크로 컨텍스트 구성에 관한 연구.

교육공학연구, 9(1), 3 – 26.

권순환(2005). 고등학교 「도덕·윤리과」 교육과정 변천과정과 전망. 도덕윤리과 교육, 20, 93 – 128.

권영창 외(2006). 효과적인 교수 – 학습을 위한 교육방법론. 형설출판사.

권혁환(2005). 초등학교 도덕과 교육과정의 변천. 도덕윤리과교육, 20, 43 – 68.

금교영(2004). 한국 인성교육의 사례분석과 유기체론적 통합인격교육. 윤리교육 연구, 5, 47 – 68.

_____(2006). 제7차 도덕교과교육에 대한 독일 인격론적 소고. 윤리교육연구, 9, 33 – 52.

김경은(2012). 사회과 핵심역량 중심의 창의·인성교육 수업 자료 개발: 공감적 활동에 기반한 문제해결형. 사회과교육, 51(3), 87 – 101.

김광민(2013). '교과 외 활동'의 성격. 도덕교육연구, 25(2), 87 – 105.

김국현(2007). 국민공통 도덕과 교육과정 개정의 주요 특징과 개정 의의: 중등학교 7 – 10 학년을 중심으로. 교원교육, 23(1), 59 – 68.

김기민. "도덕교육의 세 가지 방식". 『삶의 원리와 도덕교육』(제주도: 제주도교육위원회, 1988), p.234.

김기수(1997). "아리스토텔레스의 '실천적 지혜'와 교육의 실제". 『교육철학』제17집.

김남준(2009). "도덕 판단의 기준으로서 '자연스러움' – 자연, 자연스러움, 그리고 자연주의적 오류, 『환경철학』, Vol.8.

김대현(2011). 교육과정의 이해. 서울: 학지사.

김동위(1993). 청소년의 인간화 교육. 서울: 교육과학사.

김동위(1993). 청소년의 인간화 교육. 서울: 교육과학사.

김명진(2007a). 도덕과 교육을 통한 인성교육의 방법 연구. 윤리교육연구, 14, 181 – 206.

_____(2007b). 학교교육을 통한 인성교육의 방법 연구. 윤리교육연구, 13, 291 – 312.

김미화(2000). 인성교육의 발전 방향. 공주대학교 교육대학원 도덕·윤리과 인성교육리포트.

김민경 외(2005). 초등교육방법 탐구. 교육과학사.

김민성(2014). 수업에서의 인성교육 원리: 대화와 참여를 촉진하는 배움의 공동체 형성. 교육심리연구, 28(1), 117 – 142.

김봉섭, 김현철, 박선아, 임상수(2017). 4차 산업혁명시대, 지능정보사회의 '디지털 시민성(Digital Citizenship)'에 대한 탐색. 2017 KERIS 이슈리포트 연구자료 RM 2017 – 6. 한국교육학술정보원.

김봉제(2008). "도덕교육을 위한 초월성과 도덕성의 관계 모색". 서울대학교 사회교육연구소. 『사회과학교육』 제11집. pp.33 – 60.

김상한(2013). 국어교육학: 초등 국어과 교육과정의 배려 교육 양상과 동화를 활용한 실행 방안. 새국어교육, 95, 93 – 126.

김수동(2002). 배려의 교육적 개념 – Noddings 도덕교육론을 중심으로 –. 교육 철학, 22, 25 – 42.

김수진(2015). 인성교육의 주요 접근 및 쟁점 분석. 박사학위논문. 이화여자대학교 대학원

김신일 외(2001). 「인성교육의 확대와 정착에 관한 연구」. 한국교원대학교 교과교육공동연구소. 연구보고 RR 2000 – I – 3.

김완순(2008). 배려윤리의 이론적 배경. 윤리문화연구, 4, 47 – 89.

김재식(2009). 초등 도덕과 교육의 이해. 서울: 울력.

_____(2011). 2007 개정 초등 도덕과 교육과정의 통합적 관점 분석. 윤리교육연구, 26, 95 – 112.

김재춘·강충열·소경희·손민호·진동섭(2012). 실천적 인성교육이 반영된 교육과정 개발 방향 연구. 서울: 교육과학기술부.

김진모(2001). 기업의 인적 자원 개발을 위한 역량 중심의 교육과정 설계. 직업교육연구, 20(2), 109 – 128.

김진숙(2017). 4차 산업혁명 대응 미래교육 방향. 4차 산업혁명 대응 미래교육을 말하다. 2017 KERIS 이슈리포트. 연구자료 RM 2017 – 7. 한국교육학술정보원.

김진호 외(2002). 실기·예비 교사를 위한 교육방법의 기초. 문음사.

김충렬(1994). 『유가윤리 강의』(서울: 예문서원).

김태기 외(2002). 생애단계별 능력형성의 관점에서 본 기업교육의 현황과 과제. 한국교육개발원 연구보고서 RR 2002 – 19 – 7.

김태훈(1997). 「도덕과교육에서 인성교육 방안 연구」, 『도덕윤리과교육』, 8.

김태훈(1999). 『덕교육론』(서울: 양서원).

김태훈(2006). 리코나(T. Lickona)의 인격교육론에 대한 비판적 고찰. 서울대학교 대학원 석사학위논문.

남궁달화(1995). 콜버그의 도덕교육론. 서울: 철학과 현실사.

_____(1999). 인성교육론. 서울: 문음사.

남궁달화(2003). 교과를 통한 인성교육. 한국실과교육학회 하계학술대회논문집. pp.1 – 28.

노영란(2009). 『덕윤리의 비판적 조명』. 서울: 철학과현실사.

류청산·진흥섭(2006). 인성교육을 위한 인성덕목의 요인분석. 경인교육대학교 교육논총, 26(1), 139 – 166.

문교부(1954). 국민학교·중학교·고등학교·사범학교 교육과정 시간배당기준령. 문교부령 제35호.

_____(1955). 국민학교 교과과정. 문교부령 제44호.

_____(1963). 국민학교 교육과정. 문교부령 제119호.

_____(1973). 국민학교 교육과정. 문교부령 제310호.

_____(1981). 국민학교 교육과정. 문교부 고시 제442호 [별책2].

_____(1987a). 국민학교 교육과정. 문교부 고시 제87-9호.

_____(1987b). 국민학교 교육과정 해설.

_____(1987c). 중학교 교육과정. 문교부 고시 제87-7호. 문용린·최인수·곽윤정·이현주

_____(2010). 창의·인성교육 활성화 방안 연구. 한국과학창의재단.

문용린 외(2011). 배려와 나눔을 실천하는 창의인재육성을 위한 창의·인성교육 활성화 방안 연구.

문용린(1994). 『한국 청소년의 도덕성 발달 진단을 위한 연구』. 한국학술진흥재단.

문용린(1997). 인성 및 시민교육. 한국교육의 신세기적 구성. 서울: 한국교육개발원. p.407.

문용린(2011). 배려와 나눔을 실천하는 창의인재육성을 위한 창의·인성교육 활성 방안 연구. 과학창의재단.

박균섭(2008). "학교 인성교육론 비판". 『교육철학』제35집.

박남기(2017). 제4차 산업혁명기의 교육개혁 새패러다임 탐색. 교육학연구, 55(1), 211-240.

박미랑(2013). 여성주의적 배려윤리의 도덕교육적 의미와 가능성. 교육철학연구, 35(4), 51-75.

박민서(2015). 초등학교 교사들이 생각하는 창의·인성교육에 대한 암묵적 이론 탐색 연구. 성균관대학교 석사학위논문.

박병기·추병완(2004). 윤리학과 도덕교육 1. 경기: 인간사랑.

박병춘(1998). 나딩스의 배려윤리와 도덕교육. 도덕윤리과교육연구, 9, 381-398.

_____(2002). 배려윤리와 도덕교육. 서울: 울력.

_____(2005). 배려윤리의 초등 도덕과교육에의 적용방안. 도덕윤리과교육연구, 20, 241-264.

_____(2009). 정의 공동체 접근에 대한 도덕 교육적 고찰. 교과교육학연구, 13(1), 23-40.

박석주(1994). 6차 교육과정 개정에 따른 국민학교 도덕교육 접근방향. 도덕교육연구, 6, 135-150.

박성익 외(2003). 교육방법의 교육공학적 이해. 교육과학사.

박숙희·염명숙(2007). 교수-학습과 교육공학. 학지사.

박순경(2009). 국가 교육과정 개정과 교육과정 연구자의 역할. 한국교육과정학회 추계학술
　　대회 자료집, 19−35.

박순경·이광우·이미숙·정영근·민용성·이근호·이경진·김평국(2008). 초·중등학교 교
　　육과정 선진화 개혁 방안 연구(Ⅰ)−총괄. 한국교육과정평가원 연구보고 CRC
　　2008−28−1. 한국교육과정평가원.

박영하(2005). "칭찬을 활용한 도덕교육". 한국도덕윤리과교육학회.『도덕윤리과교육』제20호.

박재윤·이정미·김택현(2010). 미래교육비전연구. 한국교육개발원 연구보고 RR 2010−08.
　　한국교육개발원.

박재환 외(2003). 실기교육방법론. 형설출판사.

박종덕(2012). 인성교육과 가정교육. 도덕교육연구, 24(3), 153−174.

_____(2014). 인성교육과 교과교육: 인성교육은 가능하고 필요한가? 도덕교육연구, 26(1),
　　177−194.

박찬석(2005). 초등 도덕과 교육에서의 인격교육적 접근. 도덕윤리과교육, 20, 317−338.

박창언 외(2013). 인성교육중심수업강화를 위한 교수·학습 자료 개발 − 초·중·고 기본
　　인성덕목 −. 교육부.

박창언·오은주·강임숙(2014). 인성교육중심수업강화를 위한 기본인성덕목 교수·학습 자
　　료 − 고등학교−. 교육부·세종특별자치시교육청·대구광역시교육청.

박창언·정광순·조상연(2014). 인성교육중심수업강화를 위한 기본인성덕목 교수·학습 자
　　료 − 초등학교−. 교육부·세종특별자치시교육청·대구광역시교육청.

박창언·최호성·나장함·이욱재·김경선·서미라·김성태·김영철(2014). 인성교육중심수업
　　강화를 위한 기본인성덕목 교수·학습 자료 − 중학교−. 교육부·세종특별자치시교
　　육청·대구광역시교육청.

박춘성(2010). 창의·인성의 특성과 학교에서의 발현을 위한 방안 탐색. 창의력교육연구,
　　10(2), 61−72.

박효정·정광희(2000). 한국 사회의 도덕성 지표 개발 연구. 한국교육개발원 연구 보고 RR
　　2000−7.

박효종(2007). "윤리와 논술Ⅰ".『도덕·윤리과 연수교재』. 서울대학교 사범대학 윤리교육과.

박휴용(2012). 교육과정. 서울: 학지사.

배상식·서미옥(2012). 인성교육에 대한 교사와 학부모들의 인식 및 실태. 교육학 논총,
　　33(1), 57−76.

백영균 외(2006). 유비쿼터스 시대의 교육방법 및 교육공학. 학지사.

변순용(2004). "현대윤리학에서의 책임윤리에 대한 규범적 접근".『국민윤리연구』제55호,

149−171.

변영계(1999). 교수−학습 이론의 이해. 서울: 학지사.

변영계(2005). 교수·학습이론의 이해. 학지사.

서강식(2010). 도덕·윤리과 교육의 초·중등 연계 방안 모색 − 도덕·윤리과 교육과 정의 변천 분석을 중심으로 −. 초등도덕교육, 32, 151−182.

서경혜·최진영·노선숙·김수진·이지영·현성혜(2013). 예비교사 교직 인성 평가도구 개발 및 타당화. 교육과학연구, 44(1), 147−176.

서덕희(2012). 학교현장 안정화를 위한 인성교육 방안 − 미래 지향적인 인성교육 의 비전 제시 −. 한국교육개발원 현안보고 OR 2012−02−01.

서영진(2013). 국어과 교육에서의 이성 교육 방법 탐색 − 자기 성찰적 교수·학습 모형의 탐색 −. 국어교육, 142, 297−332.

서울시교육연구원(1994). 힘들었지만 재미있었다. 서울: 동양문화사. p.78.

서울특별시교육정보연구원(2010). 『더불어 사는 삶, 미래를 여는 힘』.

서혜숙(2017). 디지털교과서의 현재와 미래. 4차 산업혁명 대응 미래교육을 말하다. 2017 KERIS 이슈리포트. 연구자료 RM 2017−7. 한국교육학술정보원.

선재순(2002). 도덕교육에서 <무엇을> <어떻게> 가르칠 것인가?: 리코나의 인격 교육론을 중심으로. 전남대학교 교육대학원 석사학위논문.

성은영(2014). "창의·인성 도덕과 수업 모델 적용으로 신명나는 도덕 수업"을 상상하면서. 한국초등도덕교육학회 학술대회 자료집, 116−118.

성태용 외(2011). 『동서양 철학 콘서트: 동양철학 편』(서울: 이숲).

성태제(2017). 제4차 산업혁명시대의 인간상과 교육의 방향 및 제언. 교육학연구, 55(2), 1−21.

손경원·이인재(2009). 청소년 일탈행동 예방을 위한 사회정서학습의 특징과 교육적 함의. 윤리교육연구, 19, 169−199.

손경원·이인재·지준호·한성구(2010). 초등학생의 인성함양을 위한 사회·정서적 기술 교육프로그램 개발 연구 − 정서인식 및 정서관리 기술함양 능력을 중심으로 −. 동양고전연구, 38, 331−336.

손승희(1997). 돌봄과 길리건의 여성윤리. 기독교 사상, 41(6), 109−125.

신동훈(2017). 제4차 산업혁명과 뇌−기반 교육. 교육비평, (39), 386−421.

신재한(2016). 뇌과학적 고찰을 통한 뇌교육 기반 인성교육 방향 탐색. 아동교육, 25(2), 365−381.

신차균(2000). 「체험중심 인성교육의 이념과 실제」, 『교육철학』, 23.

신현숙(2011). 학업수월성 지향 학교에서 사회정서학습의 필요성과 지속가능성에 관한 고찰. 한국심리학회지: 학교, 8(2), 175－197.

심성보(1996). '보살핌'의 윤리와 도덕교육론. 초등교육연구, 9, 1－26.

심성보(1999). 『도덕교육의 담론』, 서울: 학지사.

안병희(2005). 미국 학교에서의 인성교육 내용 및 특성연구. 인문과학연구, 13, 133－169.

안종배(2017). 4차 산업혁명에서의 교육 패러다임의 변화. 미디어와 교육, 7(1), 21－34.

양승실(2012). 창의적 체험활동을 통한 인성교육 활성화 방안. 한국교육개발원 현안보고 OR 2012－05－5.

양용칠(2000). 교육공학의 발전과 심리학: 영향과 전망. 교육공학연구. 16(3), 27－50.

양정실·조난심·박소영·장근주·은지용(2013). 교과교육을 통한 인성교육 구현 방안. 한국교육과정평가원 연구보고 RRC 2013－6.

울산광역시교육청(1998). 98 초등연구. 시범학교 담당자 회의자료. p.3.

유구종·강병재(2005). 교육방법 및 공학. 창지사.

유병열 외 역(2006). 『인격교육의 실제』(파주: 양서원).

유병열 외(2001). 『윤리학과 덕교육』(성남: 한국정신문화연구원).

유병열 외(2012). 인성교육의 체계화 연구. 2012 교육정책 연구과제 보고서. 서울특별시교육연구정보원.

유병열(2000). Thomas Lickona의 인격교육론에 관한 연구. 한국 초등교육, 11(2), 1－34.

_____(2011). 2009 개정 교육과정의 도덕·인성교육적 오류와 초등 도덕과의 존재 의의. 초등도덕교육, 35, 91－126.

유병열(2006). 『도덕교육론』(파주: 양서원).

유병열(2011). 『도덕과교육론』(파주: 양서원).

유병열(2015). 인성교육의 덕교육적 접근과 실천 원리에 관한 연구. 한국초등교육, 26(1), 309.

유병열·김남준·정창우·김봉제·박영하·정병석·조석환(2012). 인성교육 체계화 연구. 서울특별시교육연구정보원.

유한구(2007). 초등학교 인성교육의 방향. 한국초등교육학회 학술대회 자료집, 1－14.

유현숙·이정미·최정윤·임후남·권기석·서영인·류장수(2011). 고등교육 미래비전 2040 수립을 위한 정책 연구. 한국교육개발원 연구보고 CR2011－24. 한국교육개발원.

윤광보·김용욱·최병옥(2003). 교육방법과 교육공학의 이해. 양서원.

윤병오(2011). "긍정심리학의 '인격 강점과 덕목'의 도덕교육적 함의". 『도덕윤리과교육』제33호. pp. 155－182.

윤영돈(2009). "효과적인 학교 인성교육의 방향: 범교과 학습과 도덕과 학습의 관계를 중심으로". 한국도덕윤리과교육학회. 『도덕윤리과교육』, 29.

은지용(2013). 사회과 인성교육 개념 및 요소에 대한 탐색. 시민교육연구, 45(3), 143－174.

이강주·양승실·차성현(2013). 한국교육개발원 교육여론조사. 한국교육개발원 연구 보고 RR 2013－35.

이광우(2007). 특별활동 교육과정 개정의 쟁점과 개선 방향 － 초·중등학교 교육 관계자의 인식을 중심으로 －. 한국교원교육연구, 24(1), 169－195.

이광우(2008). 미래 한국인의 핵심역량 탐색을 위한 세미나 －초·중등학교교육에서 강조해야 할 핵심역량－. 연구자료 ORM 2008－14. 한국교육과정평가원.

이광우·민용성·전제철·김미영(2008). 미래 한국인의 핵심역량 증진을 위한 초·중등교육 교육과정 비전 연구(Ⅱ) － 핵심역량 영역별 하위 요소 설정을 중심으로. 연구보고 RRC 2008－7－1. 한국교육과정평가원.

이광우·전제철·허경철·홍원표(2009). 미래 한국인의 핵심역량 증진을 위한 초·중등교육 교육과정 설계 방안 연구. 연구보고 RRC 2009－10－1. 한국교육과정평가원.

이규호. 『현대인을 위한 10가지 덕성론』(서울: 문우사, 1988).

이근철(1996). 초등학교 도덕·인성 교육의 발전방향. 경인초등 도덕교육학회.

이근호·곽영순·이승미·최정순(2012). 미래 사회 대비 핵심역량 함양을 위한 국가 교육과정 구상. 한국교육과정평가원 연구보고 CRC RRC 2012－4. 한국교육과정평가원.

이나현(2008). 배려윤리의 교사양성교육 적용을 위한 탐색적 연구. 교육과정연구, 26(1), 127－150.

이대식(2011). 초등학교에서의 학습 및 인성지도 현황. 교육발전연구, 27(1), 59－88.

이돈휘(2002). 도덕성 회복과 교육. 교육과학사.

이명준 외(2011). 교과교육과 창의적 체험활동을 통한 인성교육 활성화 방안. 연구보고 RRC 2011－7－1. 한국교육과정평가원.

이명준·진의남·서민철·김정우·이주연·김병준·박혜정(2011). 교과교육과 창의적 체험활동을 통한 인성교육 활성화 방안. 한국교육과정평가원 연구보고 RRC 2011－7－1.

이미숙(2012). 인성교육과 교육과정 개선. 제6회 청람교육포럼 자료집, 제53차 교육정책포럼 자료집, 25－45.

이미식(2003). 배려의 윤리의 활용 방안에 관한 연구: 인성교육의 측면에서. 열린 교육연구, 11(2), 109－129.

이범웅(2012). 「인성과 창의성의 상호관계에 관한 연구」. 한국윤리학회. 『제20차 한중윤리

학 국제학술대회: 현대사회의 윤리문제』.

이성호(2014). 미국 학교 인성교육의 동향과 시사점. 한국교육, 41(3), 35－59.

이숙정(2008). 돌봄의 학교공동체 형성을 위한 여성윤리적 접근: 나딩스(N. Noddings)와 트론토(J. C. Tronto)의 돌봄의 윤리를 중심으로. 도덕교육연구, 20(1), 141－168.

이승미(2012). 인성 교육을 위한 도덕 교과 교육과정의 편성 방향 탐색. 학습자 중심교과 교육연구, 431－456.

이원희·강현석(1999). 인성교육의 접근방식. 논문집, 34, 291－317.

이윤옥(1998). 유아를 위한 인성교육 프로그램. 서울: 창지사.

이인재(2009). 초등학생들의 사회·정서적 능력 함양을 위한 이론적 토대 연구. 한국 철학 논집, 25, 7－40.

이인재·손경원·지준호·한성구(2010). 초등학생들의 사회·정서적 능력 함양을 위한 인성 교육 통합 프로그램의 효과 분석. 도덕윤리과교육, 31, 49－82.

이재봉·유병렬·박병기·고대만·권혁환·기항인·김찬우(1995). 국민학교 도덕과 교육과 정의 이론적 탐색(Ⅰ). 도덕윤리과교육, 6, 1－32.

이재호(2012). 2011 개정 도덕과 교육과정에서의 주요 쟁점과 초등도덕교육의 방향 모색. 초등도덕교육, 39, 169－196.

이주연(2013). 2009 개정 교육과정에 따른 미술과에서 인성교육 적용 방안. 조형 교육, 48, 383－406.

이창우, 김재홍, 강상진 역(2006). 아리스토텔레스 저. 『니코마코스 윤리학』(서울: 이제이 북스).

이혜정(2002). 나딩스의 보살핌 윤리 연구. 인문학연구, 7, 205－232.

이홍민·김종인(2003). 핵심역량 핵심 인재－인적 자원 핵심역량 모델의 개발과 역량 평 가. 리드출판.

이홍우(1996). 전인교육론. 도덕교육연구, 8(1), 1－21.

이홍우(2000).「인간본성론」, 이홍우·유한구 편.『교육의 동양적 전통 Ⅰ』. 서울: 성경재.

이화여자대학교 교육공학과(2007). 21세기 교육방법 및 교육공학. 교육과학사.

인성교육범국민실천연합·교육과학기술부(2012). 인성교육 비전 － 인성이 진정한 실력이 다! －.

인성교육진흥법안(정의화의원 대표발의), 의안번호 10733, 발의연월일 2014. 5. 26.

임규혁(2004). 교육심리학. 서울: 학지사.

임승권(1994). 교육의 심리학적 이해. 서울: 학지사. p.251.

임언(2008). 미래 한국인의 핵심역량 탐색을 위한 세미나 －직업세계에서 요구하는 핵심역량—. 연구자료 ORM 2008—14. 한국교육과정평가원.

임정연·유재봉(2012). 나딩스 배려교육론의 도덕교육적 함의. 도덕교육연구, 24(2), 135—162.

임종헌, 유경훈, 김병찬(2017). 4차 산업혁명사회에서 교육의 방향과 교원의 역량에 관한 탐색적 연구. 한국교육, 44(2), 5—32.

장사형(2011). 공교육을 통한 인성교육 강화 방안. 교육철학, 43, 193—22.

장성모(1996). 인성의 개념과 인성교육. 한국초등교육학회 학술대회 자료집, 23—43.

장영은(2010). 유아·초등교육 내에서의 인성교육 활성화 방안. 교육과학기술부.

장필화(1995). 여성주의 윤리학·보살핌의 윤리를 중심으로. 한국교육, 27(1), 1—29.

정광희 외(2015). 초중등 학생 인성교육 활성화 방안 연구(Ⅲ). 연구보고 RR2015—08. 한국교육개발원.

정윤경(2000). 나딩스의 배려윤리와 도덕교육. 한국교육, 27, 1—29.

정은경(2013). 음악과 교육과정에 나타난 역량 및 인성교육에 관한 고찰. 국악교육연구, 7(2), 107—127.

정찬문(2005). 한문교육을 통한 인성교육 방안 연구 — 고등학교 한문교과를 중심으로 —. 국어교과교육연구, 10, 213—248.

정창우 역(2008). 『도덕심리학과 도덕교육』(파주: 인간사랑).

정창우(2003a). "도덕교육의 통합적 접근법으로서 구성주의적 인격교육에 관한 연구". 도덕교육연구, 15(1), 95—140.

정창우(2003b). "도덕적 자아 형성을 위한 도덕교육방법". 초등도덕교육, 13, 183—225.

정창우(2004). 『도덕교육의 새로운 해법』. 파주: 교육과학사.

정창우(2010). 인성 교육에 대한 성찰과 도덕과 교육의 지향. 윤리연구, 77, 1—33.

정창우·손경원·김남준·신호재·한혜민·양해성·김하연(2013). 학교급별 인성교육 실태 및 활성화 방안. 교육부.

정현숙(2013). 교과의 틀을 넘어 학교교육의 목표를 새롭게 조명할 때. 교과교육을 통한 인성교육 지원 정책 탐색 세미나, 156—163.

조난심(1991). 도덕교육의 목적으로서 자율성: 그 의미와 한계. 서울대학교 대학원 박사학위논문.

_____(2004). 제7차 도덕과 교육과정의 특징과 개선 방향: 도덕과 교육과정 개정에 대한 반성적 고찰. 교육과정연구, 22(1), 1—18.

_____(2013). 학교 인격교육의 재음미. 교육철학연구, 35(2), 93—117.

조난심(1997). 한국 교육의 신세기적 구성. 서울: 한국교육개발원.

조난심(2003). 「인성교육과 도덕과교육」.

조난심(2004). 인성평가 척도 개발을 위한 기초연구. 한국교육과정평가원 연구보고서(미교육부, 2007, clearinghouse).

조난심·문용린·이명준·김현수·김현지·이우용(2003). 인성평가 척도 개발을 위한 기초연구. 한국교육과정평가원 CRC 2004-4-14.

조난심·윤현진·이명준·차우규. 『도덕교육학신론』. 서울: 문음사.

조석환 외(2010). "도덕과 교육의 입장에서 본 2009 개정 교육과정의 문제점 및 개선 방향. 도덕윤리과교육연구, Vol. - No.30.

조석환·이언주(2010). 도덕과 교육의 입장에서 본 2009 개정 교육과정의 문제점 및 개선 방향. 도덕윤리과교육연구, 30, 261-288.

조성민(2010). 정의윤리와 배려윤리 교육의 통합적 접근. 윤리철학교육, 14, 15-36.

_____(2012). 나딩스 배려윤리의 도덕교육적 의의와 한계. 윤리철학교육, 17, 1-26.

조성일·신재흡·최혜영(2006). 지식기반사회에서 교육방법 및 교육공학의 이론과 실제. 동문사.

조연순(2007). 초등학교 아동의 특성변화와 인성교육의 요구, 초등학교 인성교육의 현상과 과제(제1발표). 한국초등교육학회 학술대회 발표논문.

조연순·김아영·임현식·신동주·조아미·김인전(1998a). 정의교육과 인성교육의 구현: 인성교육을 위한 교육환경분석 및 개선방안 연구 - 교사, 학생 간의 인간관계에 대한 심리학적, 철학적 접근 -. 한국학술진흥재단.

_____(1998b). 정의교육과 인성교육 구현을 위한 기초연구 Ⅰ. 교육과학연구, 28, 131-152.

조연주 외(1997). 구성주의와 교육. 서울: 학지사.

조주연·황규호·김승호·이경환·박정자·박제윤(1998). 남·북한 학생의 과외활동 비교·분석 연구. 서울교육대학교 교육과정 연구위원회.

조주영(2008). 새로운 도덕 패러다임으로서의 보살핌 윤리 - 헤크만의 길리건 해석을 중심으로 -. 한국여성철학, 9, 103-125.

조한혜정(2008). 토건국가에서 돌봄 사회로. 조한혜정(편). 가족에서 학교로 학교에서 마을로(pp.13-41). 서울: 또 하나의 문화.

조헌국(2017). 4차 산업혁명에 따른 대학교육의 변화와 교양교육의 과제. 교양교육연구, 11(2), 53-89.

지은림, 도승이, 이윤선, 박소연, 주언희, 김해경(2013). 인성지수 개발 연구. 서울: 교육부.

진의남(2012). 학교 교육에서 인성교육의 인식과 개선 요구. 실과교육연구, 18(3), 145-169.

진의남·김선혜(2012). 실과(기술·가정) 교과에서의 인성교육 방안 탐색. 한국기술교육학회지, 12(2), 250－274.

진홍섭(2003). 인성교육을 위한 인성덕목의 요인분석. 인천교육대학교 교육대학원 석사학위논문.

차성현(2012). 인성교육 개념의 재구조화. 제6회 청람교육포럼, 제53차 교육정책 포럼 자료집, 3－24.

차우규(2007). 초등학교 교육과정으로서 인성교육의 독자성과 통합성. 한국초등 교육학회 학술대회 자료집, 55－68.

천세영·김왕준·성기옥·정일화·김수아·방인자(2012). 인성교육 비전 수립 및 실천 방안 연구. 교육과학기술부.

최승현·곽영순·노은희(2011). 학습자의 핵심역량 제고를 위한 교수학습 및 교사교육 방안 연구: 중학교 국어, 수학, 과학교과를 중심으로. 한국교육과정평가원 연구보고 RRI 2011－1. 한국교육과정평가원.

최영환(1999). 국어교육을 통한 인성 교육 방안 연구. 한국교과교육학회 학술대회 자료집, 242－267.

최용성(2003). 도덕교육에 있어서 정의와 배려의 공동체에 관한 연구. *교사교육 연구*, 42, 163－193.

최의창·박경준·윤기준·김기철·백승수(2012). 학교체육에서의 인성교육 실태 분석 및 정책 실천 과제 개발 연구보고서. 대한체육회.

최준환 외(2009).「인성교육의 문제점 및 창의·인성교육의 이론적 고찰」. 한국창의력교육학회.『창의력교육연구』, 제9권, 제2호.

추병완(1997).「미국의 인격교육」. 한국국민윤리학회.『국민윤리연구』, 36.

추병완(2003). 나딩스(Nel Noddings)의 도덕교육론. 교육연구, 21, 99－124.

추병완(2004).『도덕교육의 이해』. 서울: 백의.

추병완.『열린 도덕과 교육론』(서울: 도서출판 하우, 2000).

한경호(2016). 제4차 산업혁명과 교육. "제4차 산업혁명 시대와 여성인재 양성". 2016 추계학술세미나집. (사)전국여교수연합회, 128－146.

한국교육개발원(1994). 인간성 함양을 위한 학교교육 모형 개발 및 평가 방안 연구. 서울: 한국교육개발원.

한국교육개발원(2004). 인성교육. 서울: 문음사. p.8.

한국교육과정평가원(2011). 교과 교육과 창의적 체험활동을 통한 인성교육 활성화 방안 세미나 － 국어과 교육을 통한 인성교육 활성화 방안. 한국교육과정평가원 연구자료 ORM 2011－58.

한국교육과정평가원(2011). 『교과교육과 창의적 체험활동을 통한 인성교육 활성화 방안』.
　　연구보고 RRC 2011-7-1.

한국교육연구원(1997). 인성교육지도자료. p.22.

한국국민윤리학회(1993). 『한국인의 민족정신』(서울: 한국국민윤리학회).

한국청소년개발원 편(2005). 청소년 자원봉사 및 동아리활동론. 서울: 한국청소년개발원.

한글학회(1957). 『큰 사전』(서울: 을유문화사).

한동숭(2016). 4차 산업혁명 시대, 대학 교육과 콘텐츠. 인문콘텐츠, (42), 9-24.

한유경·정제영·김성기·정성수·윤신덕·이윤희·선미숙(2010). 인성교육 강화를 위한 학
　　교문화 선진화 방안 연구. 한국교육개발원 수탁보고 CR 2012-36.

한은미(2016). 제4차 산업혁명 시대, 노동시장의 위기와 기회. "제4차 산업혁명 시대와 여
　　성인재 양성". 2016 추계학술세미나집. (사)전국여교수연합회, 112-124.

허경철·조난심(1994). 『인간성 함양을 위한 학교 교육 모형 개발 및 평가 방안 연구』. 한
　　국교육개발원.

허라금(2008). 돌봄의 사회화. 조한혜정(편). 가족에서 학교로 학교에서 마을로 (pp.42-
　　58). 서울: 또 하나의 문화.

허재복(2005). 도덕과 교육과정의 제자리 찾기 - <덕목 중심>에서 <도덕문제 중심>
　　으로 -. 초등도덕교육, 18, 135-199.

허형(1997). 유아교육과정의 방향: 구성주의적 접근. 유아교육학의 연구동향. 제3회 유아교
　　육학술대회 발표자료집, 87-111.

허희옥 외(2003). 컴퓨터교육방법 탐구. 교육과학사.

현주 외(2004). KEDI 종합검사도구 개발을 위한 기초연구. 한국교육개발원 연구보고서 RR
　　2004-18.

현주 외(2009). 학교 인성교육 실태분석 연구 - 중학교를 중심으로 -. 한국교육개발원.

현주(2012). 학교 인성교육의 의의와 과제. 한국교육개발원 현안보고 OR 2012-05-2.

현주·이혜영·한미영·서덕희·류덕엽·한혜성(2013). 초·중등 학생 인성교육 활성화 방안
　　연구(Ⅰ) - 인성교육 진단 및 발전 과제 탐색 -. 한국교육개발원 연구 보고 RR 2013-01.

현주·최상근·차성현·류덕엽·이혜경·유지연(2009). 학교 인성교육 실태분석 연구 - 중
　　학교를 중심으로 -. 한국교육개발원 연구보고 RR 2009-09.

홍선주, 이명진, 최영진, 김진숙, 이인수(2016). 지능정보사회 대비 학교 교육의 방향 탐색.
　　연구자료 ORM 2016-26-9. 한국교육과정평가원.

황규호(2012). 창의인성교육을 위한 교육과정 정책의 발전 방향과 과제. 한국교원교육학회
　　정책 세미나, 1-13.

Adams, R. E., & Laursen, B. (2007). The correlates of conflict: Disagreement is not necessarily detrimental. Journal of Family psychology, 21(3), 445－458.

Althof, W., & Berkowitz, M. (2006). "Moral education and character education". *Journal of Moral Education*, 35(4).

Aristoteles, *Aristotelis Ethica Nicomachea*, recognovit brevique adnotatione critica instruxit I. Bywater, Clarendon Press, Oxford, 1894 (1988). (약호: EN); 아리스토텔 레스. 『니코마코스 윤리학』. 이창우·김재홍·강상진 옮김. 이제이북스. 서울, 2008.

Arthur, J. (2008). "Traditional Approaches to Character Education in Britain and America", in: Larry Nucci & Darcia Narvaez(eds.), *Handbook of Moral and Character Education*, New York: Routledge.

Bandura, A. (1986). Social foundations of thought and actions. A social cognitive theory. Englewood cliffs, New Jersey: Prentice－Hall.

Battistich, V., Solomon, D., Watson, M., & Schaps, E. (1997). Caring School Communities. *Educational Psychologist, 32*, 137－151.

Battistich. V. A. (2008). The child development project: creating caring school communities. In Nucci, L, P. & Narvaez, D.(Eds.), *Handbook of moral and character education*(pp.328－351). New York: Routledge.

Benninga, J. S., Tracz, S. M., Sparks Jr, R. K., Solomon, D., Battistich, V., Delucchi, K. L., Sandoval, T., & Stanley, B. (1991). Effects of two contrasting school task and incentive structures on children's social development. *The Elementary School Journal, 92*(2), 149－167.

Berkowitz, M. (2002). "The science of character education", In W. Damon (Ed.), *Bringing in a new era in character education*, Stanford, CA: Hoover Press.

Berkowitz, M. W., & Bier, M. (2005). The interpersonal Roots of character education. In Lapsley, D. K. & Power, F. C.(Eds.). *Character psychology and character education*. Notre Dame, Ind. : University of Notre Dame Press.

_____(2007). What works in character education. *Journal of Research in Character Education, 5*(1), 29－48.

Berkowitz, M. W., & Grych, J. H. (1998). Fostering goodness: teaching parents to facilitate children's moral development. *Journal of Moral Education, 27*(3), 371－391.

Berkowitz, M., & Grych, J. H. (2000). "Early character development and education",

Early Education & Development, 11(1).

Bigge, M. L. (1982). Learning Theories for Teachers(4th Ed.), N. Y.: Happer & Row.

Bigge, M. L., & Shermis, S. S. (1999). Learning theories for teachers(6th ed.), 55−58. Longman Inc.

Blakemore, S. J., Burnett, S., & Dahl, R. E. (2010). The role of puberty in the developing adolescent brain. Human brain mapping 31(6), 926−933.

Blasi, A. (1984). "Moral identity: Its role in moral functioning". In W. Kurtines & J. Gewirtz (Eds.), *Morality, moral behavior and moral development*, New York: Wiley, 128−139.

Blasi, A. (2005). "Moral Character: A Psychological Approach", in D. Lapsley and C. Power (ed.) *Character Psychology and Character Education* (Notre Dame: University of Notre Dame Press).

Boyatzis, R. E. (1982). The competent Manager: A Model for effective performance. New York: Wiley.

Carr, David & Steutel, Jan (1999). "The Virtue Approach to Moral Education: Pointers, Problems and Prospects", in David Carr & Jan Steutel(eds.), *Virtue Ethics and Moral Education* London & New York: Routledge.

Channing−Bete Company (2014a). *Implementing the PATHS program*. Retrieved September 11, 2014, from http://www.channing−bete.com/prevention−programs/ paths/program−implementation.html. *(2014b). PATHS grade 5/6 curriculum manual sample pages. MA: Channing−Bete Company.*

_____(2014c). PATHS program objectives and goals. Retrieved September 11, 2014, from http://www.channing−bete.com/prevention−programs/paths/objectives−go als.html.

Character Education Partnership (2010). Eleven principles of effective character education.

Colby, A., & Damon, W. (1992). *Some do care: Contemporary lives of moral commitment*, New York: The Free Press.

Collaborative for Academic, Social, and Emotional Learning (2003). *Safe and sound: An educational leader's guide to evidence−based social and emotional learning(SEL) programs. (2013). Effective social and emotional learning programs(Preschool and elementaryschool edition).*

Conduct Problems Prevention Research Group (1999). Initial Impact of the Fast Track prevention trial for conduct problems: Ⅱ. Classroom effects. *Journal of Consulting and Clinical Psychology, 67*(5), 648−657.

Damon, W. (1984). "Self−understanding and moral development from childhood to adolescence", In W. Kurtines & J. Gewirtz (Eds.), *Morality, moral behavior and moral development*, New York: Wiley.

Damon, W. (1997). "The youth charter: Towards the formation of adolescent moral identity", *Journal of Moral Education*, 26.

Davidson, M., Lickona, T., & Khmelkov, V. (2008). Smart & good schools: A new paradigm for high school character education. In Nucci, L, P. & Narvaez, D.(Eds.), *Handbook of moral and character education*(pp.370−390). New York: Routledge.

Davis, M. (2003). What's wrong with character education? *American Journal of Education, 110*, 32−57.

DeVries, R., Hildebrandt, C., & Zan, B. (2000). Constructivist early education for moral development. *Early Education and Development, 11*, 5−35.

Domitrovich, C. E., Cortes, R. C., & Greenberg, M. T. (2007). Improving Young Children's Social and Emotional Competence: A Randomized Trial of the Preschool "PATHS" Curriculum. *The Journal of Primary Prevention, 28*(2), 67−91.

Downes, L., & Nunes, P. (2014). Big bang disruption: Strategy in the age of devastating innovation. Penguin.

Dubois, d.(1993). competency−Based Performance Improvement: A Strategy for Organization Change. Amberst, MA: HRD Press.

Durlak, J. A., Weissberg, R. P., Dymnicki, A. B., Taylor, R. D., & Schellinger, K. B. (2011). The impact of enhancing students' social and emotional learning: A meta−analysis of school−based universal intervention. *Child Development, 82*(1), 405−432.

Dusenbury, L., Weissberg, R. P., Goren, P., & Domitrovich, C. (2014). *State standards to advance social and emotional learning: findings from CASEL's state scan of social and emotional learning standards, preschool through high school, 2014.* Chicago: Collaborative for Academic, Socia and Emotional Learning.

Eggen, P. D., & Kauchak, D. P. (2001). Educational Psychology: Windows on classrooms

(5th ed.), 201, 259, 262-263. Upper Saddle River, NJ Merrill/Prentice-Hall.

Eisenberg, N., Cumberland, A., Guthrie, I. K., Murphy, B. C. & Shepard, S. A. (2005). Age changes in prosocial responding and moral reasoning in adolescence and early adulthood. Journal of Research on Adolescence, 15(3), 235-260.

Elias, M. J. (2003). *Academic and social-emotional learning*. Educational Practices Series.

Elias, M. J., Parker, S. J., Kash, V. M., Weissberg, R. P., & O'Brien, M. U. (2008). Social and emotional learning, moral education, and character education: A comparative analysis and a view toward convergence. In Nucci, L, P. & Narvaez, D.(Eds.). *Handbook of moral and character education*(pp.248-266). New York: Routledge.

EPIS Center (2014a). *Promoting Alternative THinking Strategies*. Retrieved September 11, 2014, from http://episcenter.psu.edu/ebp/altthinking*(2014b). Promoting Alternative THinking Strategies overview presentation.*

Erikson, E. H. (1968). The life cycle: Epigenesis of identity. Identity: Youth and crisis. New York: WW Norton. KO, & Hansson, 205-216.

Finnish National Board of Education(2004). *National curriculum for basic education 2004.*

Frankena, W. K. (1963). Ethics, NJ: Prentice-Hall.; 황경식 역(1992), 『윤리학』, 서울: 종로서적.

Gibbs, J. (1999). *Internalizing character education values by living and learning within a caring school community*. Educational Resource Information Center.

Gilligan, C. (1982). *In a different voice*. Harvard University Press. 허란주 역(1997). 다른 목소리로. 서울: 동녘.

Glanz, J. (2008). "Five essential virtues for leading ethically", *Principal Leadership*, May 2008.

Goetz, J. L., Keltner, D., & Simon-Thomas, E. (2010). "Compassion: An evolutionary analysis and empirical review". *Psychological Bulletin*, 136(3), 351-374.

Goleman, D. (1995). *Emotional intelligence*. New York: Bantam Books.

_____(2007). *Social intelligence: the new science of human relationships*. New York: Bantam Books.

Gorden, R., Ji, P., Mulhall, P., Shaw, B., & Weisssberg, R. P. (2011). Social and emotional learning for Illinois students: policy, practice and progress. *Institute of Government and Public Affairs, The Illinois Report*, 68−83.

Greenberg, M. T., Weissberg, R. P., O'Brien, M. T., Zins, J. E., Fredericks, L., Resnik, H., et al. (2003). Enhancing school−based prevention and youth development through coordinated social and emotional, and academic learning. *American Psychologist, 58*, 466−474.

Griffin, P., McGaw, B., & Care, E.(Eds.) (2012). Assessment and Teaching of 21st Century skills. Springer: New York.

Hamel, G., & Prahalad, C. K. (1990). The Core Competence of the Corporation, Harvard Business Review, 68(3), 79−93.

Hauser−Cram, p., Nugent, J. K., Thies, K. M. & Travers, J. F. (2014). Development of children and adolescents, John Wiley & Son.

Higgins, A. (1989). *The just community educational program. In Brabeck, M. (Ed.). Who cares? Theory, research, and educational implicationsofthe ethics ofcare.* New York: Praeger.

Hildebrandt, C. & Zan, B. (2008). Constructivist approaches to moral education in early childhood. In Nucci, L, P. & Narvaez, D.(Eds.). *Handbook of moral and character education*(pp.352−369). New York: Routledge.

Hoffman, M. (1976). "Empathy, role taking, guilt, and development of altruistic motives", in Thomas Lickona (ed.), *Moral development and behavior* (New York: Holt, Reinhant and Winston).

Hoffman, M. (1987). "The contribution of empathy to justice and moral judgment", In N. Eisenberg & J. Strayer (Eds.), *Empathy and its development*, Cambridge: Cambridge University Press.

Hoffman, M. (1991). "Empathy, social cognition, and moral action". In W. M. Kurtines & J. L. Gewirtz (Eds.), *Handbook of moral behavior and development*. Theory, Hillsdale, NJ: Lawrence Erlbaum.

Hoffman, M. L. (1988). "Moral development", In M. H. Bornstein & M. E. Lamb (eds.), *Developmental Psychology: An advanced textbook* (2nd ed., pp. 479−548), Hillsdale, NJ: Erlbaum.

Hoge, J. (2002). Character education, citizenship education, and the social studies. Social Studies, 93(3), 103−108.

286 참고자료

Howard, R. W., Berkowitz, M. W., & Schaeffer, E. F. (2004). Politics of character education. *Educational Policy, 18*(1), 188−215.

Howard−Hamilton, M. F. (1995). A just and democratic community approach to moral education: developing voices of reason and responsibility. *Elementary School Guidance& Counseling, 30*(2), 118−130.

Hursthouse, R. (1996). "Normative virtue ethics", in Roger Crisp (ed.) *How should one live?* (New York: Oxford University Press).

Hursthouse, R. (1999). *On Virtue Ethics*, Oxford: Oxford Univ. Press.

Ingram, J. B. (1979). *Curriculum integration and lifelong education.* New York: Pergamon Press Inc.

Jensen, E. (2007). Introduction to brain−compatible learning. Corwin Press.

Kam, C. M., Greenberg, M. T., & Kusche, C. A. (2004). Sustained effects of the PATHS curriculum on the social and psychological adjustment of children in special education. *Journal of Emotional and Behavioral Disorders, 12*(2), 66−78.

Kariuki, P., & Williams, L. (2006). The Relationship between Character Traits and Academic Performance of AFJ ROTC High School Students. A paper presented at the Annual Conference of the Mid−South Educational Research Association, Birmingham, Alabama. Nov. 8−10. 2006.

Kim, S. I. (2006). Brain−based Learning Science: What can the Brain Science Tell us about Education?. Korean Journal of Cognitive Science, 17.

Klemp, G. P.(Ed). (1980). The Assessment of Occupational Competence. Washington D. C.: Report to the National Institute of Education.

Koehn, D. (1998). *Rethinking Feminist Ethics: Care, Trust and Empathy.* New York: Routledge.

Kohlberg, L. (1971). Cognitive−developmental theory and the practice of collective moral education. In Wolins, M. Gottesman, M.(Eds). *Group Care: An Israeli Approach*(pp.342−379). New York: Gordon and Breach.

_____(1985). The just community approach to moral education in theory and practice. In Berkowitz, M. & Oser, F.(Eds.). *Moral education theory and application*(pp.27−87). N. J. : Lawrence, Erlbaum Associates Publisher.

Lapsley, D. (1996). *Moral Psychology* (Boulder, Colorado: Westview Press).

Laursen, B., & Collins, W. A. (2009). Parent and child relationships during adolescence

In R.M. Lener & L. Steinberg(Eds.) Handbook of adolescent psychology: vol. 2, contextual influences on adolescent development(3rd ed., pp.3−42. Hoboken, NJ: Wiley.

Lewis, C., Schaps, E., & Watson, M. (2003). Building community in school: The child development project. In Elias, M., Arnold, H., & Steiger Hussey, C.(Eds). *EQ + IQ: How to build smart, nonviolent, emotionally intelligent schools*(pp.100−108). CA: Corwin Press.

Lewis, S. V., Robinson Ⅲ, E. H., & Hays, B. G. (2011). Implementing an authentic character education curriculum. *Childhood Education, 87*(4), 227−231.

Lickona, T. (1984). *Rasing good children*, Bantam Books.

Lickona, T. (1992). *Educating for character: How our schools can teach respect and responsibility.* New York: Bantam Books.

_____(1996). Eleven principles of effective character education. *Journal of Moral Education, 25*(1), 93−100.

Lickona, T. (1993). "The Return of Character Education", *Educational Leadership*, 51(3).

Lickona, T. (1998). "Character Education: Several Crucial Issues", *Action in Teacher Education*, 20(4).

Lickona, T. (2004). Character matters (New York: Simon and Schuster). 유병열 외 공역 (2006), 『인격교육의 실제』(파주: 양서원, 2006).

Lickona, T., & Davidson, M. (2005). *Smart and good high schools: Integrating excellence and ethics for success in school, work, and beyond* (Washington, D. C.: Character Education Partnership.).

Lickona, 정세구(역). 자녀와 학생들을 올바르게 기르기 위한 도덕교육. 교육과학사, 1994.

Liddell, H. G. & R. Scott (1968). *Greek−English Lexicon.* Oxford: The Clarendon Press.

MacIntyre, J. (1984). *After virtue* (Notre Dame: University of Notre Dame Press).

Marcia, J. E. (1980). Identity in adolescent. In J.Anderson(Ed.), Handbook of adolescent psychology(pp.159−187). New York, NY:Wiley.

Mayer, J, D. & Salovey, P (1997). What is emotional intelligence. In P. Salovey & D. J. Sluyter (Eds). Emotional development and emotional inteligence. New York: Basic Books.

McElhaney K. B., Allen, J. P. Stephenson, J. C., & Hare, A. L. (2009). Attachment and autonomy during adolescence. In R.M. Lener & L. Steinberg(Eds.) Handbook of adolescent psychology: vol. 1, Individual basis of adolescent development(3rd ed., pp.358−403). Hoboken, NJ: Wiley.

McKay, Roberta (1997). "Character Education", *Canadian Social Studies*, 32.

McLaughlin, Terence H. & Halstead, J. Mark (1999). "Education in Character and Virtue", in: J. Mark Halstead & Terence H. McLaughlin(eds.), *Education in Morality*, London: Routledge.

Merrell, K. W. & Gueldner, B. A. (2010). *Social and emotional learning in the classroom promoting mental health and academic success.* New York: Guilford Press. 신현숙 역(2011). 사회정서학습 − 정신건강과 학업적 성공의 증진 −. 서울: 교육과학사.

Ministry of Education, Singapore (2013). Values−In−Action handbook 2013.

_____(2014a). *2014 Syllabus character and citizenship education secondary.*

_____(2014b). *A holistic education for secondary school students− LEAPS 2.0.*

National Institute of Justice (2014). Promoting Alternative THinking Strategies. Retrieved September 11, 2014, from https://www.crimesolutions.gov/ProgramDetails.aspx?ID＝193

Noddings, N. (1999). Caring, justice, and equality, in M. S. Katz, N. Noddings, and K. A. Strike. (eds.), *Justice and caring* (The Search for Common Ground in Education), 7−20.

Noddings, N. (2002). *Educating moral people: A caring alternative to character education* (New York: Teachers College Press).

Noddings, N. (2003a). *Caring: Feminine approach to ethics & moral education(2nd ed.).* Berkeley: University of California Press.

_____(2003b). *Happiness and Education.* 이지헌 외 역(2008). 행복과 교육. 서울: 학이당.

_____(2005). *The challenge to care in schools: An alternative approach toeducation (2nd ed.).* New York: Teachers College Press.

_____(2008). Caring and Moral Education. In Nucci, L, P. & Narvaez, D.(Eds.). *Handbook of moral and character education*(pp.161−174). New York: Routledge.

Nucci L. (2008). Effective Character Education. A guide book for future educators; Mcgraw−Hill.

Nucci, L, P. & Narvaez, D. (2008). *Handbook of moral and character education.* New York: Routledge.

O'Brien, L., Albert, D., Chein, J., & Steinberg, L. (2011). Adolescents prefer more immediate rewards when in the presence of their peers. Journal of Research on Adolescence, 21(4), 747－753.

OECD (2003). Definition and selection of competencies: Theoretical and conceptual foundation(DeSeCo), OECD Press.

Oser, F. K. (1990). Kohlberg's educational legacy. *New Directions for child Development, 47,* 81－87.

Peters, R. S. (1972). The education of the emotions. In Dearden, R. F. Hirst, P. H., & Peters. R. S.(Eds.). *Education and the development of reason*(pp.346－359). London: R. K. P.

Peterson, C. & Seligman, M. E. P. (2004). *Character Strengths and Virtues: A Handbook and Classification.* Oxford University Press. 문용린 외 역(2009), 『긍정 심리학에서 본 성격 강점과 덕목의 분류』, 한국심리상담연구소.

Peterson, C., & Seligman, M. (2004). *Character strengths and virtues: A handbook and classification* (New York: Oxford University Press).

Pillkahn, M. (2011). Trends und Szenarien Als Werkzeuge Zur Strategieentwicklung. Public corporate Public, Erlangen. 박여명 역(2009). 트랜드와 시나리오. 서울: 웅진 씽크빅.

Power, F. C., Higgins, A., & Kohlberg, L. (1989). *Lawrence Kohlberg's approach tomoral education.* New York: Columbia University Press.

Public Agenda (1997). Getting by: What American teenagers really think about their schools. www.publicagenda.org.

Rest, J., Narvaez, D., Bebeau, M. J., & Thoma, S. J. (1999). 『Postconventional moral thinking: A neo－Kohlbergian approach』, Mahwah, NJ: Erlbaum.

Riggio, R. E., Zhu, W., Reina, C., & Maroosis, J. A. (2010). "Virtue－based measurement of ethical leadership: The Leadership Virtues Questionnaire". *Consulting Psychology Journal: Practice and Research,* 62(4),235－250.

Ryan, K. (2003, January 29). Character education: Our high schools' missing link. *Educ ation Week.* Retrieved October 20, 2014, from http://www.edweek.org/ew/articles/2003/01/29/20ryan.h22.html?qs＝Kevin＋Ryan.

_____(2012). The failure of modern character education. *Revista Española de Pedagogia, 254,* 141－146.

Ryan, K., & Bolin, K. E. (1999). *Building character in schools: practical ways to bring moral instruction to life*. San Francisco: Jossey−Bass.

Salovey. P & Mayer. J. D. (1990). Emotional Intelligence. Imagination, Cognition & Personality. 9, 185−211.

Schaps, E., Battistich, V., & Solomon, D. (2004). Community in school as key to student growth: findings from the child development project. In Zins, J., Weissberg, R., Wang, M., & Walberg, H.(Eds.). *Building academic success on social and emotional learning: what does the research say*(pp.189−205)? New York: Teachers College Press.

Schwab, K. (2016). The Fourth Industrial Revolution: what it means, how to respond. Paper Presented at World Economic Forum Annual Metting 2016.

Schwartz, M. (2007). *Effective character education* (NY: McGraw−Hill Higher Education).

Schwartz, M. J. (2008). Teacher education for moral and character education. In Nucci, L, P. & Narvaez, D.(Eds.). *Handbook of moral and character education*(pp.583−600). New York: Routledge.

Seligman, M. (2004). *Authentic Happiness: Using the New Positive Psychology to Realize Your Potential for Lasting Fulfillment*. New York: Free Press.

Simpson, D. J. (2011). Neo−deweyan moral education. In DeVitis & Yu, T.(Eds.), *Character education and moral education*(pp.207−226). New York: Peter Lang.

Singer, A., & Kaufman, J. (2006). Concerns about Character Education. *Social Science Docket, 6*(1), 21−24.

Slote, Michael (2002). 『덕의 부활』, 장동익 역, 서울: 철학과현실사.

Snarey, J. & Samuelson, P. (2008). Moral education in the cognitive developmental tradition: Lawrence Kohlberg's revolutionary ideas. In Nucci, L, P. & Narvaez, D.(Eds.). *Handbook of moral and character education*(pp.53−79). New York: Routledge.

Somerville, L. H., Jones, R. M., & Casey, B. J. (2010). A time of change: Behavioral and neural correlates of adolescent sensitivity to appetitive and aversive environmental cues. Brain and cognition 72(1), 124−133.

Spencer, L. M., & Spencer, S. M. (1998). 민병모 외(역). 핵심역량 모델의 개발과 활용. PSI컨설팅.

Steinberg, L. & Silverberg, S. B. (1986). The vicissitudes of autonomy in early adolescence. Child Development, 57(4) 841－851.

Stiff－Williams, H. R. (2010). Widening the lens to teach character education alongside standards curriculum. *The Clearing House, 83*, 115－120.

Suzanne, H. S. (2004). Character education in contemporary America: McMorals? *Taboo: The Journal of Culture and Education, 8*(2), 113－124.

Verbeke, Gerard (1990). *Moral Education in Aristotle*, Washington, D.C.: The Catholic University of America Press.

Walker, R. & Ivanhoe, P. (2007). "Introduction", in: R. Walker & P. Ivanhoe(eds.), *Working Virtue*, Oxford: Clarendon.

Washington State Department of Early Learning (2012). Washington state early learning and development guidelines － Birth through 3rd grade 2012 －.

Watson, M. (2008). Developmental discipline and moral education. In Nucci, L, P. & Narvaez, D.(Eds.). *Handbook of moral and character education*(pp.175－203). New York: Routledge.

Williams, D. D., Yanchar, S. C., & Jensen, L. C. (2003). Character education in a public high school: A multi－year inquiry into unified studies. *Journal of Moral Education, 32*(1), 3－33.

Williams, M. M. & Schaps. E. (1999). *Character education: thefoundation for teacher education: report of the National Commission on Character Education. Character Education Partnership.*

Williams, M. M. (2000). Models of Character Education: Perspectives and Developmental Issues. *Journal of Humanistic Counseling, Education & Development, 39*(1), 32－40.

Wilson, D. B., Gottfredson, D. C., & Najaka, S. S. (2001). School－based prevention of problem behaviors: A meta－analysis. *Journal of Quantitative Criminology, 17*, 247－272.

World Economic Forum (2016). The Future of Jobs: Employment, Skills and Workforce Strategy for the Fourth Industrial Revolution. Colony/Geneva: World Economic Forum. January 2016.

Wynne, Edward, A. (1997). "For－Character Education", in: Alex Molnar(ed.), *The Construction of Children's Character*, Chicago: The University of Chicago Press.

Zeidner, P., & Roberts, R. D. & Matthews, C. (2002). Can emotional intelligence be school?: A critical review. *Educational Psychologist, 37*(4), 215-231.

Zinsser, K. M., Weissberg, R. P., & Dusenbury, L. (2013). *Aligning preschool through high school social and emotional learning standards: A critical and doable next step.* Chicago: Collaborative for Academic, Social and Emotional Learning.

미교육부(2008). Partnerships in characrer education state pliot projects, 1995-2001. lesson learned.

Character Education Partnership. http://www.character.org

Collaborative for Academic, social, and Emotional Learning. http://www.casel.org Developmental Studies Center. http://www.devstu.org

Finnish National Board of Education. http://www.oph.fi/english Ministry of Education, Singapore. http://www.moe.gov.sg Josephson Institute. http://charactercounts.org/home/index.html

NCIC 국가교육과정 정보센터. http://www.ncic.go.kr/nation.index.do

저자 소개

신재한

국제뇌교육종합대학원대학교 뇌교육학과 학과장
경북대학교 교육학 박사(교육공학)
한국교육개발원 연구위원
한국교육과정평가원 교수학습센터 운영위원
인성교육연구원 원장
교육부 연구사

논문

- 뇌과학적 고찰을 통한 뇌교육 기반 인성교육 방향 탐색
- 뇌교육 기반 인성놀이 프로그램이 초등학생의 인성지수에 미치는 효과
- 뇌교육 기반 인성계발 통합프로그램이 아동의 자아존중감 및 사회성에 미치는 영향
- 뇌교육 기반 인성교육과정이 청소년의 인성지수에 미치는 영향
- 에너지집중력 스톤을 활용한 자석놀이가 초등학생의 집중력과 두뇌활용능력에 미치는 영향
- 테니스 운동 경력자와 비경력자의 뇌파와 두뇌활용능력의 차이 분석
- 두뇌활용능력의 이론 및 원리 탐색

학술연구

- 인성교육 평가 모형 및 지표 개발 연구
- 2015개정 교육과정 및 교과서 개발 연구
- 학교폭력 예방을 위한 학교장 연수프로그램 개발 연구
- 진로캠프 프로그램 개발 연구
- 집중력 향상 프로그램 개발 연구

저서

- 인성교육의 이론과 실제
- 뇌기반 자기주도학습의 이론과 실제
- 교육 프로그램 개발의 이론과 실제
- 창의인성교육을 위한 수업 설계 전략
- 융합교육의 이론과 실제
- 자유학기제의 이론과 실제
- 구조중심 협동학습 전략
- 수업컨설팅의 이론과 실제

박소영

충청북도 진로교육원 상담사
보담브레인연구소 연구원
인성교육연구원 선임연구원

노정은

대곡중학교 교사
한국교원대학교 석사

인공지능 시대 인성 역량 향상을 위한 인성교육의 이해와 실제

초판발행   2021년 10월 25일

지은이   신재한·박소영·노정은
펴낸이   노 현

편 집   김민조
기획/마케팅   오치웅
표지디자인   이수빈
제 작   고철민·조영환

펴낸곳   ㈜ 피와이메이트
            서울특별시 금천구 가산디지털2로 53, 210호(가산동, 한라시그마밸리)
            등록 2014. 2. 12. 제2018-000080호
전 화   02)733-6771
f a x   02)736-4818
e-mail   pys@pybook.co.kr
homepage   www.pybook.co.kr
ISBN   979-11-6519-196-2   93370

copyright©신재한 외, 2021, Printed in Korea

정 가   21,000원